Sölle / Steffensky

Löse die Fesseln der Ungerechtigkeit

Dorothee Sölle/Fulbert Steffensky

Löse die Fesseln der Ungerechtigkeit

Predigten

Kreuz

Dieses Buch widme ich Hans-Jürgen Benedict, Marianne und Peter Cornehl, Heidi und Wolfgang Grünberg, Annette und Tim Schramm, Bärbel Wartenberg-Potter und Philipp Potter, Karin und Wolfram Weiße. An vielen Abenden nach dem Tod meiner Frau waren sie bei mir und haben mir in der Trauer beigestanden. Und da sie dann auch immer essen und trinken wollten, habe ich sie meine verfressenen Tröster genannt. Ihnen verdanke ich, dass Hamburg auch noch nach ihrem Tod meine Heimat geblieben ist.

Inhalt

Einleitung

Peter Cornehl

Dorothee Sölle als Predigerin

Dorothee Sölles Rang als Predigerin ist – soweit ich sehe – bislang noch nicht richtig gewürdigt worden. Sie hat großartige Predigten gehalten. Und ich meine damit nicht nur die politischen und feministischen Predigten, sondern auch und gerade die persönlichen, religiös-existenziellen Predigten. Das möchte ich an einem Beispiel zeigen (und weil es dabei auch auf die Eindrücklichkeit ihrer Sprache ankommt, sie ausführlicher zu Worte kommen lassen.)

Im Mai 1988 hat Dorothee Sölle bei uns in Hamburg im Universitätsgottesdienst gepredigt. Sie hat das oft und gern getan, und wir haben sie immer wieder eingeladen, insgesamt neun Mal seit 1979. Diese Predigt über die Geschichte von Jakobs Kampf am Jabbok (Gen. 32) ist mir besonders eindrücklich in Erinnerung. Es war der zweite Gottesdienst einer Reihe über Väter- und Müttergeschichten aus der Genesis. Wir haben ihn wie immer mit einer studentischen Gruppe erarbeitet. Es war ein besonders intensiver Vorbereitungsprozess. Eigentlich müsste man den ganzen Gottesdienst vorstellen, die Liturgie, die Art der Lesungen, die Lieder, die Form des Gemeindegebetes. Aber ich beschränke mich auf die Predigt[1].

Die Form ist bemerkenswert. Die Predigt wird gerahmt und gegliedert durch ein Gedicht aus vier Strophen. Alle Strophen beginnen mit einer Aussage, einer Feststellung. »Jeder / jede von uns – hat einen Engel ... kämpft mit Gott ... wird gesegnet ... hat einen geheimen Namen«. Es folgt eine Anrede, mit ein oder zwei Bitten. Den Abschluss bildet wieder eine Aussage, zugleich Ansage bzw. Zusage. Die

1 Sie ist in etwas verkürzter Form – die erste Strophe des Gedichts fehlt – abgedruckt in Dorothee Sölle: Es muss doch mehr als alles geben. Nachdenken über Gott, Hamburg 1992, 64–74, © 1992 by Hoffmann und Campe Verlag, Hamburg

Schlusszeilen enthalten die Themenstichworte des nächsten Teils: »Auf uns wartet ein Engel ... ein Kampf ... ein Segen ... Gottes Name«. Die Verse – das merkt man beim Hören – haben eine mehrfache Funktion. Sie unterbrechen den Gedankengang und verdichten ihn. Sie vollziehen den Wechsel. Man hält inne und wird weiter geführt. Am Ende ihrer Predigt hat Dorothee Sölle den ganzen Text wiederholt. Und dabei die Form verändert. Mit der Einleitung »Lasst uns beten« wird das Gedicht zum Gebet.

Die erste Strophe:

Jede von uns hat einen Engel
lass uns ihn erkennen
auch wenn er als blutgieriger Dämon kommt
Jeder von uns hat einen Engel
der auf uns wartet
Lass uns nicht vorbeirasen am Jabbok
und die Furt versäumen

Auf uns wartet ein Engel.

Die Erzählung vom nächtlichen Kampf am Jabbok ist eine faszinierende Geschichte. Was ist daran faszinierend? Es ist, sagt Dorothee Sölle, nicht so sehr die Frage »Wer ist Jakob?«, sondern:

»Wer ist Gott in dieser Geschichte? Nicht als sei die Frage ›Wer ist Jakob?‹ von dieser anderen ablösbar, aber ich ertappte mich bei dem Gefühl, dass mich Jakob nicht so interessiert, weil ich Jakob ja schon bin. Ich kenne ja diese Lebensübergänge, bei denen wir in der Tat einen Fluss überschreiten müssen, ich erinnere mich an diese ›rites de passage‹ in meinem Leben, z. B. an den Tag, an dem ich aus der Kindheit herausgeworfen wurde, ich erinnere mich an die enormen Schwierigkeiten, die ich mit dem Erwachsenwerden hatte, auch das ein Überfall des Trivialen, unser Tun und Träumen brutal verzweckenden Alltagsgeistes, und ich habe, ganz natürlich, heute tiefe Ängste vor dem dunklen Fluss vor mir: Altwerden, Verlassenwerden, diese langsam in mir hochkriechende Hinfälligkeit anzunehmen. Und so suche ich nicht Jakob auf in der Geschichte, ich bin ja schon Jakob, ich suche den anderen, der überfällt und töten will, ich suche den, der segnet. Ich möchte von Jakob etwas über Gott erfahren, aber das ist zu bescheiden ausgedrückt, was soll das überhaupt heißen: ›über Gott‹ etwas zu erfahren, als sei Gott ein wissbares Objekt meiner Wissbegierde. Mich interessiert nicht Jakob, sondern sein Ziel, sein Abgrund. ›Ich lasse dich nicht‹, ich will diesen Satz nicht zitieren, ich will ihn tun.«

Was geschieht eigentlich in einer guten Predigt? Was erwarten wir? Dass sie den biblischen Text nicht nur auslegt und dabei auf Distanz bleibt, sondern sich in die Geschichte hineinziehen lässt und sich identifiziert. Das geschieht hier, indem die Predigerin sagt, dass sie nicht nur »zitieren«, sondern »tun« will, was Jakob tut dort am Jabbok: Stehen bleiben, standhalten, nicht »vorbeirasen«; kämpfen, schreien, beten, und so erfahren, was Jakob widerfährt: gesegnet werden, einen neuen Namen bekommen.

Wer überfällt Jakob, wer segnet ihn? Gott? Ein Dämon? Viele Ausleger, vor allem Maler sehen den Kampf als Kampf mit einem Engel, halten also »eine mittlere Ebene zwischen … Dämon und Gott, in der die Züge beider aufgenommen sind.«

Die zweite Strophe lautet:

Jeder von uns kämpft mit Gott
lasst uns dazu stehen
auch wenn wir geschlagen werden
und verrenkt
Jede von uns kämpft um Gott
der darauf wartet
gebraucht zu werden

Auf uns wartet ein Kampf.

Kampf ist das Thema des zweiten Teils.

»Beim Überfallenwerden«, sagt Dorothee Sölle, »denke ich an meine Freundin Lore, die in Düsseldorf lebt. Vielleicht ist die Rheinbrücke dort eine Furt über den Jabbok. Meine Freundin, ein überdurchschnittlich begabter Mensch, mit einer hellen, klaren, zupackenden Rationalität war jahrelang Leiterin eines Studienseminars. Im Sommer vorigen Jahres hat sie etwas erleben müssen, das ich mit den Worten unserer Geschichte so nennen möchte: Da rang jemand mit ihr und überfiel die wehrlose Seele.

Lore ist seit Monaten in der geschlossenen Abteilung eines psychiatrischen Krankenhauses. Sie hat viele Nächte hindurch geschrieen. Sie hat den Putzfrauen ihre Wagen mit Putzmitteln umgeworfen, sie hat ihre Brille – also das Instrument, mit dem sie lesend die Welt wahrnimmt – zertrampelt. Sie hat mich angefleht »Hol' mich hier raus!« Lore hat viele und verlässliche Freunde. Sie bezieht eine gute Pension – aber sie ist so allein wie Jakob, nachdem er Familie und Besitz, diese unsere Barrikaden gegen das Unglück, vorausgeschickt hat. Sie ist überfallen worden, als hätte der nächtliche Angreifer sich meine Freundin ausgesucht, um ihr seine Macht zu zeigen.«

Wieder wird aus dem Erzählen ein Tun. Die Predigerin reflektiert nicht theologisch, wer der Angreifer sein könnte, sie stellt sich praktisch an die Seite der Freundin, fragt, kämpft, ringt zusammen mit ihr – ohne sich als Gegenüber aufzugeben.

»Überfall, Angriff, Bedrohung und die namenlosen Ängste der psychisch Kranken – wann wird der Quäler von ihr ablassen? Wann bricht der Tag an? Und wird sie den Kampf, der sie zerstört, als Segen erfahren? Ist es denkbar, dass sie dem hereinstürzenden Unglück so standhält, ihm so viel Liebe zum Leben entgegensetzt, dass es sich verwandelt? ›Denen, die Gott lieben‹, sagt Paulus im Römerbrief, ›müssen alle Dinge zum Besten dienen.‹ (Röm. 8,28) Wirklich alles? Auch die Krankheit der Seele, des Geistes? Auch die Vernichtung?

Jakob muss so etwas geglaubt haben. Anders ist seine Stärke nicht zu erklären, sein Ringen und vor allem nicht die archaische Bedingung, die er dem Ringer, dem Überfalltäter stellt. ›Ich lass dich nicht los, es sei denn du gäbest mir Anteil an deiner Macht.‹«

»Ich lass dich nicht los«. Die Predigerin ist ganz bei ihrer Freundin und ganz bei Gott. Sie trennt beides nicht, und sie bleibt damit im Raum des Textes.

»Einer der schönsten Züge der Geschichte liegt für mich

darin, dass Jakob, nachdem er die ganze Nacht gekämpft hat, am Ende nicht froh ist, den unheimlichen Gast loszuwerden […] Jakob will mehr, will trotz und mit verrenkter Hüfte mehr als gerade noch davongekommen sein. Er will Gott anders haben, als Gott jetzt ist. Der Dämon, der Menschenersticker, der Heimzahler-Gott muss noch anders sein. Was soll mit Gott ›ringen‹ eigentlich anderes heißen als Gott so zu bedrängen, dass er Gott wird und nicht nur seine dunkle Seite auslebt?! Mit einem Wort gesagt: Jakob liebt Gott!«

Ein überraschender Satz, der zum Schlüssel für alles Folgende wird: »Jakob liebt Gott.« Was heißt das? Dorothee Sölle: Es heißt: »Er will etwas von ihm. Er lässt ihn nicht wie er ist. Er lässt nicht los. Er gibt sich nicht mit der Ermäßigung Gottes zufrieden.«

Eine neue Gedichtstrophe, die dritte, führt das Wort »Segen« ein. Die Anrede wechselt von der Anrede an die Mithörenden zur Anrede an Gott.

Jede von uns wird gesegnet
Lasst uns daran glauben
auch wenn wir aufgeben wollen
Gib uns die Dreistigkeit mehr zu verlangen
Mach uns hungrig nach dir
lehr uns beten: ich lass dich nicht
das kann doch nicht alles sein

Auf uns wartet ein Segen.

Was folgt, ist eine andere Form von Nachtgebet. Nachts am Jabbok wird das Gebet sehr persönlich und sehr politisch.

»Wir fragen manchmal nach dem Sinn des Gebets. Mit Gott ringen, damit Gott Gott sei, ist eine Antwort auf diese Frage. Beten heißt: Gott die schwarzen Kinder Südafrikas, die heute im Gefängnis sind, gedemütigt und gefoltert werden, immer wieder vorhalten. Beten heißt Gott nicht freisprechen. ›Es sind doch Deine Kinder, mein Gott!‹ Zur Freiheit geschaffen, wenig niedriger als die Engel, Töchter und Söhne des Lebens. Du kannst sie doch nicht einfach verrecken lassen! Fürbitte tun heißt Gott erinnern an die, die allen Grund haben, sich von Gott vergessen zu glauben. Ringen, Kämpfen, Beten ist ein Vorgang.«

Wie sieht eigentlich in diesen Wochen in unseren Gottesdiensten unser Gebet aus, unsere gottesdienstliche Fürbitte – angesichts dessen, was zur Zeit im Irak, in Israel, im Gazastreifen passiert, angesichts der grauenvollen Bilder, die wir täglich zu sehen bekommen, angesichts von Terror, Gewalt, Folter, Enthauptung vor der Kamera, wenn wir hören, dass im Sudan erneut über eine Million Menschen in den sicheren Hungertod getrieben werden? Wie bestürmen wir Gott, endlich Gott zu sein?

Dann bekommt die Predigt noch einmal eine neue Wendung. Mit dem Stichwort »Segen« nimmt die Predigerin den Faden »Liebe« auf (»Jakob liebt Gott«) und verwebt noch einen anderen Text mit dem Text, indem sie ein Lied einfügt: »Wrestling Jacob« von Charles Wesley, einem der Mitbegründer der methodistischen Kirche. Ein schönes weiches Lied, mit einer eingängigen Melodie und einem romantischem vierstimmigen Satz, das Dorothee Sölle damals aus Armerika mitgebracht hat und das wir in jenem Uni-Gottesdienst nach der Predigt gesungen haben. Ein Lied mit einem Text, der die Stimmung der Erzählung mit einem Mal verwandelt. Aus dem brutalen Überfall wird (ähnlich wie in Rembrandts bekanntem Gemälde) eine liebevolle, eher schützende Umarmung, aus dem Ringkampf ein Gebetskampf. Dorothee Sölle beschreibt die Veränderung, ohne sie zu kritisieren (ein Indiz, dass sich hier schon die Öffnung für die Mystik anbahnt, die in den Jahren darauf in ihrem großen Mystikbuch im Zentrum steht): »Das Gebet ist der Ort, da Gott überwunden wird und sich überwinden lässt: ›Be conquered by my instant prayer.‹« »Der Name Gottes, die Gewissheit, dass Gott Liebe heißt und ist, überstrahlt das Dunkel«. Jakob bekennt: »Pure, universal love thou art«.

Die vierte und letzte Strophe des Gedichts nimmt ein Motiv aus dem Lied auf, eine Anspielung auf Jesaja 49,16, und verbindet es mit einem Motiv aus Jes. 58:

Jeder von uns hat einen geheimen Namen
er ist in Gottes Hände geschrieben
die uns lieben lesen ihn
eines Tages wird man uns nennen
Land der Versöhnung
Bank die ihren Schuldnern vergibt
Brunnenbauerin in der Wüste

Auf uns wartet Gottes Name.

Die Predigt endet mit einer eindringlichen Mahnung, die Einheit von Kämpfen und Beten nicht nur theologisch-gedanklich zu verstehen, sondern praktisch zu »tun« und im Gebet wie Jakob mit Gott zu ringen.

»Mit dem dunklen Gott um das Leben eines Menschen ringen, dass dieser geliebte Mensch nicht stirbt, dass er nicht mehr zur Flasche greift oder zur Nadel, dass er nicht in self-despair, in Selbstverzweiflung zugrunde geht – das kennen wir alle. Ist es nicht wahr, dass wir mehr beten, wenn wir mehr lieben? Dass wir uns Gott in den Weg werfen und ihn festhalten, dass er nicht fort kann, dass wir Gott ›nötigen‹, wie die Juristen das ausdrücken, so dass Gott endlich Gott werde! ›Beweis dein Macht, Herr Jesu Christ‹ (EG 193,2), versteck dich nicht hinter Verkündigungen und Verheißungen und Versprechen, das kennen wir doch seit 2000 Jahren, sprich jetzt, im Nu, sag, dass du Liebe heißt und nicht Terror, sag es im Psychiatrischen Krankenhaus und in Soweto und in Wackersdorf! […]

Im Gebet stellen wir uns dem, der uns überfällt. Wir sind nackt, wir haben das, was uns schützen könnte, weggeschickt. Lasst Euch doch von Gott überfallen, Freunde, denkt doch nicht, der Jabbok liegt weit weg und in Soweto leben andere Kinder, nicht meine. Es spricht alles dafür, mit Gott für Gott zu kämpfen, dass Gott sichtbar werde, dass Gottes Sonne auch uns aufgehe und wir einen neuen Namen bekommen.«

Ich finde, das ist eine der schönsten, bewegendsten Predigten, die ich kenne. Eine von tiefer Frömmigkeit getragene existenzielle und zugleich politische Predigt, auch wenn das Politische nur am Rande auftaucht.

Dieses Beispiel ist ein Vermächtnis, Vermächtnis im Sinne von Geschenk und Mahnung. Es erinnert uns an ein reformatorisches Erbe, das wir in unseren Gottesdiensten zu bewahren und wertzuschätzen haben. Es wird zur Bitte an alle, die im Predigtdienst stehen: Nehmt die Predigt ernst, die Predigt, die Gott sucht und die Auseinandersetzung um und mit dem dunklen Gott aufnimmt! Lasst uns daran arbeiten, die Texte, die großen biblischen Erzählungen in ihrer aktuellen Relevanz zu erschließen, arbeiten an einer theologischen Sprache, die das Ringen um den Glauben, das Ringen um Gott in den Abgründen der menschlichen Existenz ins Zentrum von Predigt und Gottesdienst rückt. Und es ist die Bitte an die Laien in den Gemeinden: Gebt euch nicht mit weniger zufrieden!

Auslegungen

Fulbert Steffensky

Erinnern und Vergessen

Jesaja 49,13–16

Vergessen und Gedenken sind die Stichworte des Jesaja-Textes. Das Volk sitzt in der Gefangenschaft und klagt: Gott erinnert sich nicht mehr an uns, die wir doch die Auserwählten waren. Er hat uns vergessen. Der Prophet Jesaja bringt die sanfte und zärtliche Antwort Gottes: Kann eine Mutter ihr Kind vergessen, dass sie sich nicht erbarme über die Frucht ihres Leibes? Und selbst wenn es solche vergessliche Mütter gäbe, so werde ich dich, Israel nicht vergessen.

Ich suche die Stationen des Vergessens und des Erinnerns auf, die das Volk aus dem eigenen Land in die Gefangenschaft geführt haben.

Die erste Station: Das Volk vergisst Gott. Es lebt in seinem Land Israel. Es paktiert mit den Großmächten, mal mit dieser mal mit jener. Es vertraut auf seine eigene Stärke und die Anzahl seiner Rosse, Waffen und Streitwagen. Großmacht zu sein wird zur Phantasie und zum inneren Bild dieses Volkes. Großmacht nach außen und Verwüstung des Rechts nach innen, dies geht immer zusammen. Der Prophet geht durch die Stadt und sucht das Recht. Er sucht es zunächst bei den kleinen auf der Straße, und er findet es nicht mehr. Er denkt: Bei den Großen wird es sein. Sie werden den Weg des Herrn und das Gottesrecht kennen. Aber noch mehr haben die Großen das Joch des Gesetzes abgeschüttelt. Die Witwen und Waisen werden bedrückt, der Fremde wird vertrieben, die Verschuldeten werden auf die Straße gesetzt. Das Volk hat Gott vergessen. Man vergisst Gott zuerst auf der Straße, dort wo die Armen gequält und die Fremden vertrieben werden und unschuldiges Blut vergossen wird. Die Gottesdienste gehen weiter, der Tempel wird gepflegt, die Rituale und die Gebete werden korrekt vollzogen. Aber niemand merkt, dass der Tempel leer geworden ist. Gott ist ausgezogen. Auf den Straßen beten sie ihre Götzen an: das Geld und die Macht. Im Tempel beten sie das reine Nichts an. Gott hat den Tempel verlassen. Noch sagt das Volk, und der Prophet äfft ihnen nach: Wir haben ja den Tempel, wir haben ja den Tempel, wir haben ja den Tempel. Sie sagen es, als hätten sie Gott einfangen können im Gehäuse ihrer Mauern, Riten und Gebete. Aber – so sagt der Prophet – es sind Lügenworte. Das Volk hat Gott und sein Recht vergessen und damit seinen eigenen Ruin herbeigeführt. Das Volk wird in die Gefangenschaft geführt, erst ein Teil, dann alle, und nun sitzen sie an den Flüssen Babylons und weinen. Denn sie sind fern vom Ort ihrer Toten, sie haben keinen Tempel mehr, das Land ist ihnen weggenommen. Sie erinnern sich an das alte Land und die alten Möglichkeiten des Lebens, die sie verspielt haben. Sie singen an den Flüssen Babylons ihre traurigen Lieder: Wie können wir des Herrn Lied singen im fremden Land? Vergesse ich dich, Jerusalem, so verdorre meine Rechte. Meine Zunge soll an meinem Gaumen kleben, wenn ich deiner nicht gedenke.

Aber man richtet sich ein im fremden Land, kaum weiß man, dass das Land fremd ist und dass man einmal eine andere Heimat hatte. Die Leute treiben Handel, sie werden nicht hart behandelt, sie heiraten und werden geheiratet. Sie singen noch mit den Lippen ihre alten Lieder von Jerusalem. Aber schon sprechen sie die Sprache des fremden Landes, tragen seine Kleider und denken seine Gedanken. Sie sind sich selber unkenntlich geworden, ununterscheidbar, betäubt von der reinen Gegenwart. Schon sehen sie das Leben, die Armut, die Bettler auf der Straße und die Arbeitslosen, wie man es im fremden Land sieht, und sie haben nicht mehr Wünsche, als man in jenem heidnischen Land hat. Sie haben Jerusalem vergessen.

Es tritt der Prophet auf, Jesaja, der Meister der Sehnsucht und der Meister des Trostes. Das erste, was er sagt, ist nicht eine Publikumsbeschimpfung darüber, dass sie den Tempel und das Land vergessen haben. Als erstes bringt er die großen Worte des Trostes Gottes, die wir heute hören und die wir die ganze Weihnachtszeit gehört haben: Tröstet mein Volk! Redet freundlich mit Jerusalem. Sagt ihm, dass seine Knechtschaft zu Ende geht und dass seine Schuld erlassen ist. Das Volk klagt fatalistisch-listig: Gott hat uns vergessen, er hat uns verlassen. Fatalistisch ist diese Klage: Das Volk ist in der Gefahr, seine Erwartungen zu verlieren. Und wer nichts mehr erwartet, der ist endgültig verloren im Land, das keine Heimat ist. Die Klage ist aber auch listig: Gott hat uns vergessen, also können wir unsere Träume vergessen, den Tempel, das Recht, das Gott verlangt und das das Volk zuweilen wie ein schweres Joch empfindet. Jesaja singt das Lied von der unbeirrbaren Erinnerung Gottes: Kann eine Frau ihr eigenes Kind vergessen? Mag sein! Aber ich, euer Gott, werde euch nicht vergessen. Erinnerung ist einer der großen Namen Gottes. Gott, die Mutter, die ihre Kinder nicht vergisst! Gott, die Mutter, die ihre Kinder tröstet. Wäre doch dieser Muttername und das Mutterbild Gottes in unseren Kirchen lebendig geblieben statt der leiernden Wiederholung der Gottesnamen: Vater, König, Herr. Damit Gott nicht vergisst, hat er sich's aufgeschrieben: in die Hände habe ich dich gezeichnet! Er hat die Namen des Volkes in seine Hand geschrieben, er hat die Stadt Jerusalem in seine Hand gemalt. Er erinnert sich. Das ist die Botschaft des Propheten.

Jesaja hat, nachdem er den Trost Gottes gesagt hat, noch eine andere Aufgabe. Er soll den Schmerz des Volkes erneuern. Er soll sein Heimweh neu wecken, das im fast gemütlichen Babylon nur noch ein schwaches Feuer ist. Und so weckt er die Sehnsucht des Volkes mit Bildern, die sich überschlagen. Er verspricht die Heimkehr aus der Gefangenschaft in das Land, in dem die Blinden sehen, die Lahmen ihren Tanz gefunden haben und die Stummen ihr Lied. Er verspricht ein Land, in dem die Wüste zum bewässerten Garten geworden ist und wo das Heil Gottes schon angebrochen ist. Er kehrt die Sehnsucht des Volkes um. Sie soll nun nicht mehr nach hinten gehen in das Land der Korruption, des Unrechts, wo die Großen die Kleinen gewürgt haben. Er verspricht die Heimat, in der noch keiner war. Denn noch in keinem Land haben die Blinden gesehen und haben alle Gebeugten ihren aufrechten Gang gefunden. Heimat ist nun nicht mehr das Land der Herkunft, sondern der Zukunft, in der das Recht wie Wasser fließt. Jesaja arbeitet an einer Erinnerung, die nach vorn geht. Die Leute sollen ihre Träume nicht hinter sich haben, sondern vor sich. Erinnerung an die Zukunft!

Nicht ins alte Jerusalem will das Volk mit den großen Träumen. Es will in das Land ohne Lebenswüsten. Die Träumer sehnen sich nach dem Land des Jauchzens, in dem die Menschen sich nicht mehr reißen, wie der Löwe seine Beute reißt. Sie sehnen sich nach Utopia, nach dem Land, das es noch nicht gibt. Damit aber sind die Menschen mit der großen Sehnsucht überall an den Flüssen Babylons, am Rhein, an der Elbe, an der Weichsel, am Mississippi. Sie sind unsichere Kantonisten, weil sie in jedem Land zu große Wünsche haben. Sie leben gefährlich. Viele sind schon in die Gefängnisse geworfen oder hingerichtet worden wegen zu großer Wünsche.

Einen Menschen ehrt oder schändet, welche Träume er hat. Ein Volk ehrt oder schändet, welche Träume es hat. Man kann an zu kleinen Wünschen sterben, ein Einzelner und ein Volk. Man dörrt aus, wenn man nicht mehr kennt als sich selber; wenn man in nicht mehr verliebt ist als in sich selber; wenn man nicht mehr verteidigt als sich selber. Das ist die eigentliche Gottesvergessenheit. Ich zitiere die schönen Sätze von Simone Weil: »Warum also sollte ich mir Sorgen machen? Es ist nicht meine Angelegenheit, an mich zu denken. Meine Angelegenheit ist es, an Gott zu denken. Es ist Gottes Sache, an mich zu denken.«

Ich liebe nicht zuerst die Moral dieser Frau, ich liebe zuerst ihre Freiheit. Sie ist nicht mehr Gefangene ihrer selbst, ihrer kleinen Wünsche und Besorgungen.

Liebe Geschwister, wir beenden ein Jahr. Was waren die Wünsche und die Befürchtungen dieses Jahres? Ich frage es nicht nur für uns als Einzelne, ich es frage es für uns als Volk. Was war uns wichtig, worauf waren wir konzentriert? Ich frage auch für unsere Kirche: Wen nimmt sie wahr, für wen spricht sie, wofür steht sie? Es sind Bußfragen. Wir haben gleich die allgemeine Beichte. Es gehört zur Würde des Menschen, sich in seiner Schuld zu erkennen und sich selber nicht auszuweichen. Es gehört zur Würde, weil man sich nicht einfach als Apparat auffasst, der zwar Fehler machen kann, aber nicht schuldig wird. Es ist ganz interessant, wie wir uns vor unserer Schuld in eine hilfreiche Ohnmacht definieren, indem wir sagen, wir hätten es ja nicht gewusst, wir hätten ja sowieso nichts machen können, und außerdem seien wir ja nur ein Rädchen im großen Ganzen. Ich bin ein Rädchen – das ist die Selbstentwürdigung, die uns vor der Reue schützt. Vielleicht heißt an Gott glauben auch, sich selber und der eigenen Schuld ohne Panik ins Auge sehen können.

Liebe Geschwister, wir beginnen ein neues Jahr (2002). Zeitenwenden sind meistens auch Stationen apokalyptischer Ängstigungen, der Anfang dieses Jahres wohl mehr als der von vielen anderen. Man spürt einen Augenblick, dass der Boden des geläufigen Lebens doch schwankender ist, als man alltäglich annimmt. Man merkt zu solchen Zeiten, dass es nicht selbstverständlich ist, Brot, Frieden und Zukunft zu haben. Und jeder Jahreswechsel lehrt uns, dass die kommende Zeit Frist ist, ablaufende Zeit. Wir Alten wissen das besser als die Jungen, die noch die lächerliche Unendlichkeit von 50 Jahren vor sich haben. Jeder Zeitenwechsel lehrt uns die Wahrheit des eigenen Todes. Vielleicht kann man in die eigene Endlichkeit einwilligen, wenn man Segensworte wie diese hat: »Kann auch ein Weib ihres Kindleins vergessen, dass sie sich nicht erbarme über die Frucht ihres Leibes? Und ob sie seiner vergäße, so will ich doch deiner nicht vergessen. Siehe, in die Hände habe ich dich gezeichnet.«

Wir sind gezeichnet in den Händen Gottes. Sollte er je unseren Namen vergessen, so kann er ihn dort nachlesen. Wir sind in seine Hände gebrannt. Wir wissen nicht ganz genau, was wir mit solchen großen Sätzen sagen. Aber man kann sich in sie stürzen mit ganzem Glauben, mit halbem Glauben oder gelegentlich auch mit seinem ganzen Unglauben. Es gibt Sätze, für die unser Herz zu klein ist. Wichtiger als sie zu glauben und sie mit dem Herzen zu füllen, ist, sie zu wissen, sie nicht zu vergessen, sie auf den Lippen zu haben.

Die Lippen bilden das Herz, und sie wissen manchmal mehr, als das Herz verantworten kann.

»Kann auch ein Weib ihres Kindleins vergessen, dass sie sich nicht erbarme über die Frucht ihres Leibes? Und ob sie seiner vergäße, so will ich doch deiner nicht vergessen. Siehe, in die Hände habe ich dich gezeichnet.«

Dorothee Sölle

Noch leben wir in Babylon

Jesaja 40,1–5

Noch leben wir in Babylon. Wir leben in einer reichen und gebildeten Stadt, von den neuesten Technologien und Luxusgütern umgeben, weit fort von der Stadt Jerusalem, weit fort von allem, was wir vielleicht »Heimat« nennen könnten. Vor einigen Jahren schickte mir ein Freund einen Willkommensgruß, als ich nach New York City kam: »Willkommen in Babylon am Hudson«. Noch leben wir in Babylon.

Der zweite Jesaja, der etwa um 550 vor Christus lebte, gehörte zu dem Teil des jüdischen Volkes, das aus der Heimat Jerusalem nach Babylon ins Exil verschleppt worden war. Wir haben den Psalm 137 gerade gebetet: Ihn sangen die verschleppten Juden, voller Heimweh nach Jerusalem. Der zweite Jesaja, von dem unser Text stammt, hat dieses Exil als eine Bestrafung Gottes verstanden: Die Juden lebten in Knechtschaft und mussten Frondienste leisten, sie konnten ihre Lieder nicht singen, sie waren ein kleines Volk unter der Herrschaft von Großmächten, ohne Selbstbestimmung, ohne Souveränität. In diese Situation hinein spricht Jesaja von der Heimkehr aus dem Exil.

»Tröstet, tröstet mein Volk! Spricht euer Gott. Redet mit Jerusalem freundlich und predigt ihr, dass ihre Knechtschaft ein Ende hat, dass ihre Schuld vergeben ist; denn sie hat doppelte Strafe empfangen von der Hand des Herren für alle ihre Sünden.«

Gott will sein Volk trösten. Die Strafzeit soll zu Ende gehen. Die Exilierten sollen nach Hause dürfen. Trotz der Schuld und trotz aller Vergänglichkeit, von der der Prophet weiß, spricht Gott dem Volk Trost zu. Gott spricht das ganze Volk an, nicht nur einige Einzelne, die sich in einer besonders schlechten Lage befinden, sondern das Volk in Unfreiheit, das Volk unter einer militärischen Großmacht, das Volk ohne Hoffnung.

Auch wir, so habe ich eben gesagt, leben in Babylon. Nicht

einmal die Luft, die wir atmen, gehört uns, die Nato tobt sich auf unserm Luftraum aus, und die Unschuldigen, die vor drei Tagen in Ramstein (1988) ermordet worden sind – oder soll ich sagen: deren Tötung billigend in Kauf genommen wurde – sprechen eine deutliche Sprache. Wem verdanken wir diese Toten? Wie viele sind noch vorgesehen, wie lange sollen die Militärs ihre Kriegsspiele im dichtbesiedelten Europa noch treiben? Wann werden wir frei vom Wahnsinn unserer Herren, die sich als Beschützer aufspielen und so blutige Opfer fordern in ihren Kultstätten wie Ramstein? Wann werden wir nach Hause kommen aus diesem waffenstarrenden Babylon und aus diesem Industrialismus in das Land, das wir früher Heimat nannten, in dem man die Äpfel vom Baum essen konnte und in den Flüssen schwimmen mochte? Auch wir leben in Babylon. Ich spreche nicht von der Mehrheit der Bevölkerung, die immer noch auf Fortschritt und Gewalt setzt und sich dem babylonischen Lebensstil angepasst hat. Ich spreche von dem Volk Gottes, wie ich es erlebe: Einer Minderheit des Bewusstseins, einer täglich wachsenden Minderheit von Menschen, die ihr Leben in diesem unserem Land wie Exilierte führen mit immer klarerem Wissen von dem Tod, der uns regiert; in oft zu leisem, manchmal zu kläglichem Widerstand gegen den Mord an unserer irdischen Heimat, an unsern Geschwistern, den Tieren und Pflanzen. Ich spreche von den Christen in unserm Land, mit denen ich umgehe, den Menschen auf den Kirchentagen und in den kleinen Gemeindekreisen, den Leuten bei Greenpeace und Amnesty International, den Hunderttausenden von jungen Leuten, die keine Kinder mehr in diese Welt setzen, denen die Apokalypse vor Augen steht, die mit CS-Gas behandelt werden, wenn sie sich wehren, und denen, die mit Resignation oder Drogen oder Alkohol reagieren, wenn sie die Augen krampfhaft schließen. Ich spreche vom Volk Gottes in Deutschland-West, von unserer Angst und unserer Ohnmacht.

Ich glaube, das Todeswissen der Bevölkerung hat sich in den letzten Jahren hierzulande verzehnfacht, es lässt sich einfach nicht mehr übersehen. Was tun wir aber mit unserm

Todeswissen, mit unserer Ohnmachtserfahrung, mit unserer Feigheit? Wir sitzen da, gelähmte Kaninchen vor der Schlange. Diese Lähmung, diese Angst, dieses Bewusstsein von Ohnmacht ist das spirituelle Problem unserer Zeit. Wir glauben nicht an Christus, der den verzweifelten Jüngern sagte: »Alles ist möglich, dem der da glaubt.« Können wir denn dem Propheten Jesaja glauben, der dem an den Wasserflüssen Babylons weinenden Volk sagt: »Tröstet, tröstet mein Volk.«? Habt Mut, es kann nicht so weitergehen. Jesaja hörte eine Stimme in der Wüste. Diese Stimme erinnert an die Grunderfahrung des jüdischen Volkes, das schon einmal den Auszug, das Freiwerden von Fremdherrschaft und Zwang erfahren hat, schon einmal aus der Gewalt einer militärischen Großmacht frei geworden ist. Das Volk Gottes hat seine Erinnerung an den Exodus, den Auszug aus dem Sklavenhaus in Ägypten. Und mit dieser größten Erinnerung, dass Gott sein Volk frei macht, ist verbunden die größte Vision des Volkes Israel, die Vision vom Kommen des Messias. »Tröstet mein Volk«, spricht Gott und mit dem Trost kommt der Ruf, die Berufung. Mit der Gabe kommt die Aufgabe.

»Es ruft eine Stimme: In der Wüste bereitet dem Herrn den Weg, macht in der Steppe eine ebene Bahn unserm Gott! Alle Täler sollen erhöht werden, und alle Berge und Hügel sollen erniedrigt werden und was uneben ist, soll gerade und was hügelig ist, soll eben werden.« Es muss die Unbegehbarkeit der Welt anders werden, damit der Messias kommen kann. Unbegehbar ist die Welt der sozialen Ungerechtigkeit. Die Hügel und Täler, die gleich gemacht werden sollen, sind die sozialen Unterschiede, die Kluft zwischen denen, die ärmer werden müssen und denen, die reicher werden müssen, weil deren Kinder schon vor der Geburt zum Hungertod verurteilt sind.

Angesichts dieser Hügel und dieser Täler ist es die Aufgabe des Volkes Gottes, den Weg des Herrn zu bereiten. Was soll das sein? Eine Autobahn für den Messias? Eine Gleichmacherei, vor der wir doch alle nichts als Angst haben? Auch zur Zeit des zweiten Jesaja hatten die Reichen, die

Hügel und die Berge, etwas gegen die Einebnung. Sie wollten ihre Privilegien lieber behalten. Aber der Messias kommt auf keinem anderen Weg als dem der Gerechtigkeit. Es gibt keinen Trost ohne diese ebene Bahn. Es gibt keinen Frieden mit diesem Weltwirtschaftssystem, das die Armen ausplündert. Der Weg Gottes wird von den Feinden Gottes als »Gleichmacherei« diffamiert. Aber es ist der Weg des Überlebens für alle. Solange unsere Banken die Armen erwürgen und den Schuldnern nicht ihre Schulden erlassen, kann es keinen Frieden geben.

Trost und Gerechtigkeit werden in der Bibel nicht auseinander gerissen, sodass die Kirche mit den neusten psychotherapeutischen Methoden den einzelnen Menschen ihr schweres Schicksal erleichtert und die Gerechtigkeit den führenden Industrieunternehmen überlässt. Gott kommt nicht wie ein billiger Trost, wie ein Trostbonbon vom Himmel. Gott tröstet nicht so, dass wir irgendetwas in den Mund geschoben bekommen. Was ist denn Trost eigentlich? Als meine Kinder noch klein waren, habe ich meine dritte Tochter einmal mit einem Schokoladenhasen trösten wollen. Da sagte sie mir: »Mama, du willst mich ja nur wegtrösten!« Das habe ich nie vergessen, so entsetzt war ich über mich selber. Aber Gott will uns nicht wegtrösten, sondern uns hertrösten, sodass wir Anteil an Gottes Macht bekommen. Jesaja sagt: »Denn die Herrlichkeit des Herrn soll offenbart werden und alles Fleisch miteinander wird es sehen; denn des Herren Mund hat's geredet.« Die Herrlichkeit Gottes, sein Glanz, die Fülle Gottes, – ich übersetze dieses geheimnisvolle Wort am liebsten mit »die Schönheit Gottes«. Trost, getröstet werden heißt nicht, dass wir etwas, ein Ding, einen Gegenstand von Gott bekommen, sondern dass wir die Schönheit Gottes, Gottes Glanz zu Gesicht bekommen. Wo sehen wir sie denn, wo können wir sie entdecken?

Nun, die Bibel ist ganz klar an diesem Punkt. Die Schönheit, der Glanz Gottes ist sichtbar in allen, die Gottes Weg bereiten. Die messianische Befreiungsarbeit wartet auf uns. Gott traut uns zu, dass wir den Weg des Messias bereiten. Gott sagt niemandem: Du bist nur eine kleine Hausfrau oder ein einfacher Angestellter und verstehst nichts von den komplizierten Notwendigkeiten. Bereitet den Weg Gottes, tröstet das Volk in seiner Ohnmacht, macht es zu den Straßenarbeitern am Weg Gottes! Keiner ist zu klein oder zu groß, keine ist zu jung oder zu alt, zu gebildet oder zu unwissend. – Wir alle sind von Gott beteiligt, Gott tröstet uns und wir bereiten Gottes Weg. Gottes Stimme ruft uns und wir antworten. Gott will in uns geboren werden – auch an Weihnachten im dunklen Jahr 1988.

Dorothee Sölle

Brich dem Hungrigen dein Brot

Jesaja 58, 6–12

Einen Bibeltext liest man am besten mit einer Brille, die aus den Nachrichten der Tageszeitung gemacht ist. In eine fremde Kultur einzutauchen und eine uralte Sprache zu hören, hat nur einen Sinn für Menschen, die tief genug in ihre eigene Zeit eingetaucht sind und die eine Sensibilität für ihre eigene Welt haben, die vielleicht der des Propheten Jesaja vergleichbar ist. Jesaja nimmt wahr, was in seinem Volk, in seiner Gesellschaft geschieht. Er sieht zu Unrecht Eingekerkerte, er sieht Misshandelte, Unterdrückte und Menschen, die unter der Gewalt leiden.

Wir brauchen dabei heute nicht nur an totalitäre Staaten zu denken, es gibt auch in den demokratischen Ländern Menschen, die in den Fesseln der Ungerechtigkeit gefangen werden. Ich denke an eine Frau aus einer Obdachlosensiedlung. Sie hat acht Kinder, der Mann arbeitet nur gelegentlich. Jede Woche kommen Möbelverkäufer, Vertreter mit teuren Uhren oder Farbfernsehern in diese Siedlung. Die Frau, die ich kenne, ist zu schwach, ihrem Redeschwall, ihrer Verführung zu widerstehen. Sie kauft überflüssige Dinge auf Raten und unterschreibt Verträge, die einlaufenden Geldforderungen bezahlt sie die erste Zeit, dann werden sie vergessen, dann hinter den Spiegel gesteckt. Mahnungen und Klagen helfen nichts. Vor kurzem wurde sie für zwölf Wochen ins Gefängnis gesperrt, der Richter bedauerte das wegen der Kinder, aber er müsse dem Gesetz folgen. Die Gesetze sind orientiert an den Vorstellungen vom Eigentum, das zu schützen ist. Der Schutz des Eigentums rangiert weit über dem Schutz von Kindern. Jesaja sagt: »Löse die Fesseln der Ungerechtigkeit, lass die Misshandelten frei, jedes Joch, jede Form der Herrschaft von Menschen über Menschen sollt ihr zertrümmern.« Wir können wissen, was das bedeutet.

Jesaja spricht sein Volk und nicht den Einzelnen an, es ist

politisch gemeint, wenn er davon spricht, dass »du den Hungrigen dein Herz finden lässt«. Hätten die Hungrigen unser Herz gefunden, so wären auch unsere Rationalität und unsere Fantasie gewonnen.

»Brich dem Hungrigen dein Brot«, wir wissen genau, es bedeutet z.B. ein Verbot für den Anbau von Zucker in den reichen EWG-Ländern, eine Senkung der Zölle für die Einfuhr von Rohrzucker. »Führe die Obdachlosen in dein Haus«, wir wissen genau, wie das gemeint ist. Wir bauen unsere Städte nicht für die Leute, die darin wohnen, sondern für das Kapital, das darin wächst. Unsere Gesetze sind behilflich, immer mehr Obdachlose zu produzieren. »Entziehe dich nicht deinen Brüdern«, sagte Jesaja. Glaube nicht, Politik sei ein zu schmutziges Geschäft für dich, tu lieber deinen Mund auf für die Stummen, z.B. für die Kinder der Obdachlosen. Unsere Städte sind verödet, sie sterben an Banken und Versicherungspalästen. »Durch dich soll aufgebaut werden«, sagt Jesaja, »was lange wüst gelegen hat. Dann wirst du einen Namen bekommen, der heißt, ›der Risse vermauert‹ und ›der Trümmer zum Wohnen wiederherstellt‹.«

Vielleicht werden Sie fragen, liebe Gemeinde, ob wir nicht das, wovon die Rede ist, überall hören können. Humanisten und Sozialisten sagen es genauso, vielleicht besser. Sie arbeiten wie wir Christen an der Veränderung unserer Welt, vielleicht gründlicher. Was ist dann eigentlich das Besondere am Christentum?

Ich glaube, zunächst ist es die Sprache, die hier gesprochen wird. Eine Sprache, die unser Herz anrührt, weil sie nicht einfach einen Katalog politischer Forderungen aufstellt, sondern weil sie um uns wirbt. Sie spricht eine große Verlockung aus, anders zu leben, als wir es tun. Der Text sagt nicht: So musst du dich verhalten, sondern: So kann man leben. Diese Sprache verlockt zu einem reichen und starken Leben. Sie stellt uns Menschen vor Augen, die wie Könige sind: Die Gerechtigkeit geht vor ihnen her, und die Herrlichkeit des Herrn bildet die Nachhut. Menschen, die wie Brunnen sind und wie Licht. Menschen, gewöhnliche, normale wie wir alle, die Bauleute des Glücks geworden sind.

Der Text spricht vom Reichtum des Lebens. Spar dich nicht auf, sagt er. Dein Reichtum wächst mit deiner Verschwendung. Es ist der Reichtum, ein Mensch zu sein, von dem dieser Text spricht, nicht der, etwas zu haben. Der Reichtum, der im Haben besteht, sichert sich durch Besitz, Stand und Privilegien. Es ist ein Reichtum an Materialien, Reichtum an Totem und Erstarrtem; und es ist ein Reichtum, der dadurch zu Stande gekommen ist, dass andere arm gemacht worden sind. Darum kann er nur aufrecht erhalten werden, solange Unterdrückung und Diskriminierung in unserer Mitte an der Tagesordnung sind. Der reiche Mensch, von dem Jesaja spricht, der mit dem Hungrigen das Brot teilt und mit dem in der Depression das Gespräch sucht, ist reich nicht im Sinne des Habens, aber im Sinne der menschlichen Beziehung. Er hat viele Freunde. Es ist nicht ein innerer Reichtum gemeint, bei dem man über die äußere Unfreiheit und Armut einfach hinwegsehen könnte. Der reiche Mensch, wie Jesaja ihn sieht, nimmt Unrecht, Unterjochung, Zerstörung von Leben in der Gesellschaft wahr. Aber er findet sich nicht damit ab. Sein Leben hat eine Richtung, eine klare Tendenz und sie geht dahin, dass alle einen Namen bekommen. Reich wird, wer Schwestern und Brüder gewinnt.

Jesaja spricht nicht zu Befehlsempfängern, die Aufträge bekommen. Er rechnet mit dem starken, dem reichen Menschen, der in der christlichen Tradition so oft verleumdet und klein gemacht worden ist. Aber der Prophet zählt auf solche Menschen, und er verlockt zur Schönheit eines wirklichen, eines erfüllten Lebens.

Das Evangelium – und unser Text ist reines Evangelium – ist schön. Es verspricht ein Leben ohne Verachtung des anderen und ohne Verachtung meiner selbst. Ein Leben ohne Zynismus, ein Leben ohne Angst, ein reiches Leben, in dem jede Stunde zählt. »Dann wird dein Licht hervorbrechen wie die Morgenröte.«

Wo du verwundet bist, da wird die Haut schnell zuwachsen. Selbst in der Banalität des Alltags, in der wasserlosen Dürre der versteinerten Verhältnisse wird »deine Seele sich sättigen«. Und nichts wird sinnlos sein. »Dein Dunkel wird sein der helle Mittag.«

Wenn ich diesen Text höre, werde ich nicht unter neue Forderungen gestellt – die Forderungen sind alt und bekannt –, sondern ich werde zum Leben verlockt. So soll über mich gedacht werden, einen solchen Namen will ich gewinnen. Wenn ich den Text höre, weiß ich wieder: Wir sind stark, wir vermögen etwas, wir sind nicht entbehrlich. Wir müssen nicht das ganze Jahr über singen, dass mit unserer Macht nichts getan ist und dass wir verloren sind. Wir haben ein neues Lied: »Dann wird dein Licht in der Finsternis aufgehen, du wirst sein wie ein bewässerter Garten und wie ein Wasserquell, dessen Wasser nie versiegt.« So soll es sein, so wird es sein. Ich werde einen Namen haben, ich werde Antwort bekommen, ich werde nicht mehr ein hilfloses, ängstliches Wesen sein, vielmehr wird die Wahrheit der Welt, der Sinn des Lebens offen zutage liegen. »Siehe hier bin ich«, sagt Gott in diesem Text, nicht weit fort, nicht später einmal oder früher bei glücklicheren Völkern, sondern hier ist der Sinn des Ganzen: Entzieh dich nicht deinen Geschwistern, dann wird dein Licht hervorbrechen wie die Morgenröte.

Das Christentum sagt nichts, was nicht auch an anderen Stellen der Welt zu hören wäre: »Wenn du aus deiner Mitte entfernst die Unterdrückten…« Nur formuliert es zugleich ein unendliches Versprechen. Nichts ist sinnlos. Wenn du dich auf die Bewegung der Liebe einlässt, wird deine Kraft gestärkt. Dein Reichtum wächst, je mehr du teilst. Wo immer du dich auf die Bewegung der Liebe einlässt, da ist die Liebe bei dir. Es gibt einen Himmel hier mitten unter uns. Wie sieht er aus? Ich möchte mit einer Geschichte schließen, die von Himmel und Hölle handelt:

»Der Rabbi Mendel, der wissen will, wie Himmel und Hölle aussehen, wird von dem Propheten Elia einmal mitgenommen. Und Elia führt ihn in einen großen Raum, in dem ein großes Feuer brennt und ein großer Tisch steht, und auf diesem wiederum steht eine große Schüssel mit dampfender Suppe. Um den Tisch herum sitzen Leute mit langen Löffeln, die länger sind als ihr Arm, sodass sie damit nicht essen können, und sie sitzen dort und müssen verhungern, weil sie mit diesen Löffeln nicht essen können. Rabbi Mendel findet diesen Raum und diesen Anblick so fürchterlich, und er rennt schnell hinaus.«

Dieser Raum ist also die Hölle und das Bemerkenswerte an der Hölle ist nicht, dass da nichts zu essen wäre oder zu wenig. Es ist genug da, es ist ein großer Raum, alle haben Platz, ein gastliches Feuer brennt. Das Schreckliche ist, dass die Leute am gedeckten Tisch vor dem großen Topf mit Suppe verhungern müssen, weil die Löffel zu lang sind. Ist der Mensch ein Wesen, das falsch konstruiert ist, das falsche, unbrauchbare Instrumente mitbekommen hat? Ist es sein Schicksal mit den unbrauchbaren Löffeln hantieren zu müssen?

Die Geschichte schließt folgendermaßen: »Und dann führte Elia den Rabbi Mendel in den Himmel, in einen anderen Raum, in dem ein großes Feuer brennt und ein großer Tisch steht, auf diesem steht eine große Schüssel mit dampfender Suppe. Um den Tisch sitzen Leute mit den gleichen Löffeln, aber die müssen nicht verhungern, denn sie füttern sich gegenseitig.« Himmel und Hölle sehen in dieser Geschichte ganz gleich aus, der gleiche Tisch, die gleiche Schüssel, die gleichen Löffel. Es sind also nicht Schicksale, die manche Menschen begünstigen und andere zurückstoßen. Wir haben alle einen Löffel mitbekommen, der zu lang ist, mit dem wir nichts anfangen können. Ob wir im Himmel sind, ob wir in der Hölle bleiben, es liegt an uns. Ob wir einen Namen bekommen, ein Garten werden, ein Licht sind, es liegt an uns. Wir können wählen.

Dorothee Sölle

Warum wollt ihr denn sterben?

Ezechiel 31,11

Was mich am meisten an der gegenwärtigen Leitung der römischen Kirche empört, ist die Art, in der sie mit denen umgeht, die die christliche Botschaft am glaubwürdigsten leben. Was mich empört, ist der Verrat an den Armen und allen, die auf ihrer Seite sind, Franz von Assisi und Elisabeth von Thüringen eingeschlossen.

Ich denke jetzt an die »Wolke der Zeugen«, die versuchen dem Evangelium gemäß zu leben, wie Dom Helder Camara, der seinen erzbischöflichen Palast den Obdachlosen zur Verfügung stellte, an die Tausende von unbekannten Frauen, die Basisgemeinden leiten und von Militärs und Todesschwadronen bedroht und terrorisiert werden, ich denke an die Verarmten, die »die Bibel beten« lernen, wie die gemeinsame Bibelauslegung in den Basisgemeinden genannt wird, ich denke auch an die Elendsviertelbewohner, deren Hütten in Kolumbien zur Vorbereitung des Besuches des polnischen Papstes aus dem Weg geräumt werden, damit ihr Anblick den hohen Gast nicht stört.

Das gegenwärtige römische System verachtet die Frauen, obwohl viele von ihnen längst die relevanten Trägerinnen der Botschaft Christi geworden sind. Es behandelt das Volk Gottes als religiös unmündig und unfähig zur Mitsprache bei ethischen Entscheidungen. Es ignoriert die Heiligen und die reale lebendige Spiritualität des aufbrechenden Volkes Gottes und es löscht den Geist aus, wo immer er weht.

Von diesen skandalösen Zuständen ist wahrscheinlich der *institutionelle Sexismus* der folgenreichste: Er vertreibt die begabtesten, starken, unangepassten und der Hingabe an Christus fähigen Frauen und favorisiert eine negative Auslese von Menschen im Dienst der Kirche, die nur deswegen als unbrechbar gelten, weil sie unbegrenzt biegbar sind. Der Wunsch, Frauen unter Kontrolle zu halten, so dass auch der machtlose »kleine Mann« noch ein Objekt der Beherrschung und Rollenzuweisung unter sich hat, ist den verschiedenen religiösen Fundamentalismen gemeinsam. Die Macht stabilisiert sich in der Beherrschung des chaotisch andrängenden »Anderen«, wobei die Angst vor der eigenen nicht-integrierten Sexualität ein Bündnis mit der Angst vor, der Abwehr von und dem Hass gegen Frauen eingeht. Auch der römische Fundamentalismus institutionalisiert dieses Syndrom.

Warum wollt ihr denn sterben? Ich würde die Frage des Propheten Ezechiel an das Volk Israel heute so übersetzen: Warum wollt ihr die Zahl der MitarbeiterInnen Gottes künstlich – durch den patriarchalen Komplex und den Zwangszölibat – vermindern, die Gemeinden verwaisen, die verbleibenden Priester zu Sakramentsautomaten machen? Warum lasst ihr die Kirche lieber kaputtgehen als sie im Sinne der urchristlichen Gemeinschaft der Gleichen zu erneuern?

Die *Unfähigkeit zur Demokratie* ist der zweite entscheidende Punkt, an dem das römische System sich von dem Gott des sich erneuernden Lebens getrennt hat und in diesem Sinn »sterben will«. Was von der Seite kritischer Christen verlangt wird, ist ja nicht eine Anpassung an den Zeitgeist, etwa an den postmodernen Pluralismus. Die innerchristlichen, die römische Praxis entlarvenden Stimmen beziehen sich in ihrer Kritik immer wieder auf die Evangelien, auf die ursprüngliche Jesusbewegung, sowie auf die großen produktiven Traditionen der Christentumsgeschichte: die freiwillige Armut, den Gewaltverzicht und den Machtverzicht. Der Maßstab, an dem Rom gemessen wird, ist kein anderer als der von Rom – theoretisch – anerkannte.

Das gilt auch für die vordemokratischen Formen der Auseinandersetzung, der Meinungsbildung und der Durchsetzung von lehramtlichen Bestimmungen wie personalpolitischen Entscheidungen. Vor Jahren berichtete mir ein katholischer Freund aus den USA über die Folgen des Hirtenbriefs zur Frage von Frieden, Hochrüstung und »Verteidigung«. Eine Kommission wurde nach Rom zitiert, sie sei eine Woche dort geblieben und habe einen Nachmittag lang über die Inhalte von Atomkrieg und Abschreckungsideologie gesprochen. Und worum ging es in der übrigen Zeit?, wollte ich wissen. Antwort: um die Methode. Dass nämlich dieser wie alle anderen Pastoralbriefe in den USA zunächst in einer Erstfassung veröffentlicht, in den Gemeinden gelesen und breit diskutiert wurde, schien mehr als ungewöhnlich. Ein offizielles kirchliches Dokument stellt sich der öffentlichen Kritik, wird überarbeitet und neu geschrieben, weitergehende Vorschläge und Kritiken werden mitberücksichtigt, ehe es seine endgültige Gestalt findet. Dieses langwierige demokratische Verfahren wurde in Rom offenbar als viel gefährlicher eingeschätzt als die inhaltlichen Äußerungen zu den anstehenden Sachfragen.

Das System der kirchlichen Machtstruktur und hierarchischen Bürokratie ist demokratie-unverträglich, um das Mindeste zu sagen. Nicht, dass sich Rom nach den Ergebnissen von generellen Umfragen über Pornographie, Abtreibung oder Kriegsbeteiligung richten müsse, also dem Zeitgeist hörig werden solle, ist zu fordern, wohl aber dass die Gemeinden, die als mündig anzusehenden Christen, ihre Stimme erheben und ihr Verständnis des vom Evangelium belehrten Gewissens ausdrücken. »Eine christliche Gemeinde ist fähig und berufen zu urteilen alle Lehre«, sagte Martin Luther. Diese Mündigkeit zuzugestehen, ergibt sich sowohl aus dem egalitären Geist des Evangeliums (»Nennt auch niemanden auf Erden euren Vater, denn einer ist euer Vater, der himmlische.« Mt 23, 9) wie aus dem Verständnis der Menschenwürde, das den demokratischen Prinzipien zu Grunde liegt.

Das römische System betreibt eine Art *spiritueller Ersatzbefriedigung,* die an der realen Frömmigkeit glaubender Frauen und Männer vorbeigeht. Vor kurzem wurde der dem spanischen Franco-Faschismus zumindest sehr nahe stehenden Gründer des Opus Dei selig gesprochen. Sein Name war den meisten Christen, mit denen ich zu tun habe, unbekannt. Parallel dazu hat sich in den letzten zehn Jahren eine Heiligsprechung durch das Volk in Lateinamerika vollzogen, die in der christlichen Geschichte ihresgleichen sucht. Der ermordete Erzbischof Oscar Armulfo Romero **ist** ein Heiliger wegen der gefährlichen Erinnerung, die mit seinem Namen verbunden ist, und wegen der christlichen Hoffnung auf Befreiung. Er wird verehrt und geliebt, wieder gelesen und reflektiert, als Trostname gebraucht und als Schutzwort den Mächtigen entgegengehalten. Als nach seiner Ermordung in Zentralamerika eine Kardinalsernennung anstand, wurde nicht sein Nachfolger, ein moderater Theologe, benannt, sondern eine schillernde Figur aus dem Rechtsaußenlager, der nicaraguanische Obanda y Bravo. Ich erwähne diesen Fall, dem man zig andere in Europa und anderswo an die Seite stellen könnte, nicht nur, um auf die Politik des Vatikans und die CIA-Reagan-Rom-Achse hinzudeuten, sondern um die Menschenverachtung offenzulegen, die die Spiritualität der kleinen Leute als allzu unbedeutend, ihr Vertrauen zu bestimmten Menschen als blind oder modisch, ihre neuen Lieder und Gebete als spirituell und kulturell irrelevant glaubt vernachlässigen zu können. Das Volk wird – auch und gerade in seiner Frömmigkeit – behandelt wie Frauen: Man trivialisiert ihre Anliegen, nimmt sie höchstens auf, wenn ein Mann, ein Kleriker, sie wiederholt, und versucht mit aller Arroganz der Macht, die Stimme des Laos, des als laienhaft denunzierten Volkes zu überhören.

Genauso geht es in Europa zu mit den neu entstehenden Formen der Spiritualität des konziliaren Prozesses für Gerechtigkeit, Frieden und die Bewahrung der Schöpfung: Nicht die neue Frömmigkeit, die sich in Flurbegehungen oder Kreuzwegen um der Schöpfung willen ausdrückt, nicht das Kreuz von Wackersdorf ist Symbol der heute am Kreuz hängenden Erde, sondern nur die individualistische Frömmigkeit, sprachlich gesehen die platteste Konventionalität, wird beachtet und gefördert.

Warum wollt ihr denn sterben? Warum gebt ihr den Leuten kein Brot zu essen, sondern füttert sie mit Pappe und Klischees, so dass sie – spirituell verhungert – den Götzen des New Age nachlaufen und sich mit Selbst-Suche, Selbst-Findung, Selbst-Erfahrung und Selbst-Verwirklichung begnügen?

»Löscht den Geist nicht aus« beschwört Paulus die Gemeinde in Thessaloniki (1. Thess 5, 19). Die Zensur beschädigt bekanntlich nicht nur die Zensierten. Ich brauche hier die subtilen bis infamen Formen der Bespitzelung, Überwachung, Zensierung, Verbot von Schreibe und Rede nicht aufzuzählen. Sie laufen auf Denkverbote hinaus. Der jüngste Fall von Leonardo Boff, der das System verlässt, um nicht »verkrümmt« zu werden, ist vielleicht deswegen so extrem in seiner Hoffnungslosigkeit für das System, weil Boff sich jahrelang in unbegreiflicher Geduld, wahrhaft franziskanischer Demut unterworfen hat und weil er in seinem Denken eine mystische Liebe zur Kirche nie verschwiegen hat. Sie ist in der Tat das nicht-zerstörbare Geheimnis der befreienden Theologie: Dass sie von Gott spricht aus der Perspektive Gottes, die die der Machtlosen ist, der Armen, der Frauen, der Anderen. Die Auslöschung des Geistes, die vor unsern Augen geschieht, ist in der intellektuellen Geschichte des Christentums zwar nichts Neues, gemessen aber an den Lebenschancen des Glaubens in einer weithin säkularisierten Welt das Kontraproduktivste, das Rom der Kirche Jesu Christi antun kann.

Warum wollt ihr denn sterben? Warum wollt ihr lieber am lebendigen Leibe Glied um Glied vertrocknen und abfallen als auch nur anzufangen, euch von den männlichen Neurosen heilen zu lassen, die Demokratie anzuerkennen, das Volk zu respektieren, die Spiritualität zu lieben und den Geist wehen zu lassen? Warum wollt ihr denn eure Götzen der Macht und der Unterwerfung des anderen um keinen Preis fahren lassen?

Die Theologie der Befreiung hat die spirituelle Tiefe, die geistige Klarheit und die biblische Fundierung, die zu einer neuen Reformation führen könnte. Sie wird von einer neuen Klasse, der der Marginalisierten, getragen, sie hat sich in der Gestalt der Basisgemeinden neue Organisationsformen gegeben, und sie hat ihre Märtyrer. Dass Rom dieses größte Geschenk der Armen an die Reichen verachtet und seine TrägerInnen unterdrückt, zeigt, wie hoffnungslos die Lage des christlichen Glaubens am Ende seines zweiten Jahrtausends ist.

Ezechiel sah auf ein Feld voller verdorrter Totengebeine und wurde von Gott gefragt: »Menschensohn, können wohl diese Gebeine wieder lebendig werden?« Mehr als er können wir kaum antworten. »Herr, mein Gott, du weißt es.« (Ez 37, 3) Aber weniger als er zu hoffen, sollten wir uns nicht erlauben. Er sah Gottes Geistin, die Ruach, den Toten Leben einhauchen, er sah die trockenen Knochen aneinander wachsen, sich mit Fleisch und Haut überziehen. »Siehe, nun öffne ich eure Gräber und lasse euch aus euren Gräbern steigen. Ich werde meinen Odem in euch legen, dass ihr wieder lebendig werdet« (Ez 37, 12f).

Fulbert Steffensky

Las Casas und die Eroberung der Neuen Welt

Apostelgeschichte 9,1–21

Bartholomé de Las Casas vor seiner Bekehrung: Ein Mensch lebt in einer gebauten Welt. Er hat das Wissen, und er hat die Praxis der europäischen Welt nach der Eroberung Westindiens. Und den Zweifel, diesen Bruder der Humanität, kennt er nicht. Er weiß – mit allen zusammen –, dass die Indianer menschlich minderwertig sind. Er weiß, wie es in einem Brief des Vizekönigs von Toledo heißt, dass die Indianer »Leute sind, die der Fürsorge bedürfen [...], für ihre Seelen und für ihre Landgüter. Denn gäbe es keinen, der sie führte und der sie regierte, verlören sie sich dabei. Und gäbe es keine Spanier in diesem Land, die sie den Glauben an Jesus Christus lehrten, verständen sie nichts und gingen in allem in die Irre, sei es hinsichtlich ihrer Seelen, sei es hinsichtlich ihrer Landgüter.« Er weiß, wie alle wissen, dass die Indianer nicht nur die christlichen Gesetze nicht kennen, sondern ständig gegen die Gesetze der vernünftigen Natur handeln: »In den Sitten geht es barbarisch zu, und es wird das Außergewöhnlichste gelehrt. So hat es der Teufel noch mit keinem Geschlecht getrieben unter allen neuen Völkern, die auf der Welt entdeckt worden sind.« Und daraus folgt natürlicher Weise: Die Europäer sind im Namen des Königs und im Dienst Gottes in der neuen Welt. »Gott, unser Herr, hat uns erwählt, seine Vorherbestimmung zu erfüllen, durch die Entdeckung diese Menschen zu retten und sie unter die Herrschaft und unter den Schutz Euer Hoheit zu stellen, jeden Tag bis an das Ende der Welt.« Ganz ist das Gewissen nicht zugemauert gegen die Nachrichten von den Grausamkeiten der Europäer. Aber es gibt da immer noch das realpolitische Argument, das zur Betäubung der Gewissen immer schon brauchbar war: »Gewiss, obwohl diese Reiche gewaltsam erobert worden sind, haben sie schon die

Bestätigung langer Jahre und genießen die Verjährung, die wir zur Stütze der Herrschaftsbereiche zugestehen müssen, wollen wir nicht sämtliche menschlichen Einrichtungen durcheinander bringen.«

Las Casas hat alle Argumente, unbekehrt zu bleiben und seine Praxis als reicher Sklavenbesitzer aufrechtzuerhalten. Las Casas hat alle Argumente, gewissenlos zu bleiben; gewissenlos nicht nur im üblichen Verstand, dass er seinem Gewissen nicht folgt; gewissenlos wörtlich: dass er kein Gewissen hat; dass ihm die Erkenntnis von Recht und Unrecht verloren gegangen ist. Die Gewissenlosigkeit ist nicht nur das Problem jenes Las Casas. Es ist ein transmoralisches Problem, wie Bonhoeffer dies nennt. Es ist das Problem jener gebauten, durch Papst, König und Theologie gerechtfertigten Welt. Es ist das Problem einer Welt, die sich selbst geläufig ist und die sich täglich durch ihre Praxis im eigenen falschen Glauben bestärkt. Was man tut, daran glaubt man auch auf die Dauer.

Dieses fatale Wissen produziert außerordentlich fleißig ein fatales Unwissen. Je mehr jene Welt die Minderwertigkeit der Indianer glaubte, je stärker sie sich ihrer Sendung bewusst war und je fester sie später davon überzeugt war, dass man nun einmal von den realpolitischen Begebenheiten ausgehen müsse, wenn man nicht alle menschlichen Einrichtungen durcheinander bringen wolle, um so unsichtbarer wurden die Gesichter jener gequälten Kreaturen, die Opfer jener Missions- und Machtpolitik waren. Unsichtbar werden die Perlenfischer, die von den Spaniern ins Meer gestoßen werden, bis Ihnen die Brust zerspringt. Unsichtbar werden die Gesichter der geschändeten Frauen. Nicht wahrgenommen wird, dass die, die dem Gemetzel in Hispaniola entrinnen, »mehr das Äußere von angemalten Toten als von lebendigen Menschen haben«. Wie kommt Las Casas dazu, den Text aus Jesus Sirach zu verstehen, wie er verstanden werden soll? Wie kommt er zu seinem Damaskus? Denn mit Ernst Bloch – das Damaskus-Erlebnis ist durch nichts zu ersetzen: Das lehren uns die Opfer.

Las Casas gehen die Augen auf, und er entdeckt Amerika.

Die Schönheit der Inseln ist schon entdeckt, das Gold des Landes ist schon gefunden. Er entdeckt das andere Amerika. Er entdeckt die Sklaven in den Goldminen. Er entdeckt zum ersten Male, dass die schwarzen Haare der Indianer vor Hunger und Entbehrung blond und fahl werden. Er entdeckt seine Berufung, Schützer dieses Volkes zu werden und Ankläger des Königs und der Kirche. Er entdeckt den wahren Götzendienst – nicht die Praxis einer fremden Religion, sondern die Anbetung des Goldes.

Zurück zum ersten Damaskus. Wir treffen einen Verfolger, jenen Saulus, zu dessen Füßen die Steiniger des Stephanus ihre Kleider niedergelegt haben; der durchs Land zieht und seine jüdischen Mitbürger ins Gefängnis bringt, die sich zu jenem Jesus halten. Wir entdecken jenen Kleriker, der glaubt, die Einhaltung eines bestimmten religiösen Materials könne das Leben garantieren, so wie es nach ihm viele Kleriker geglaubt haben: Die rechte Kirche ist heilsnotwendig, die rechte Glaubensformulierung, die rechte Ordnung. Die Wörtlichkeit der Bibel ist unerlässlich. Unerlässlich ist die rechte Sexualität. Wir sehen: Das Gesetz ist kein Problem des Judentums; oder nur insofern auch ein Problem des Judentums, als es das Problem jeder Religion ist: nämlich aus dem Spiel eine Notwendigkeit zu machen, aus der religiösen Gebärde einen Zwang, aus der Poesie ein Mittel zum Erwerb des Lebens, aus der Sehnsucht eine Methode.

Jener Saulus ist also auf dem Weg nach Damaskus, versehen mit Briefen, die ihm die Vollmacht geben, die Jesus-Anhänger gefesselt nach Jerusalem zu bringen. Was geschieht? Ein Sturz, ein Zusammenbruch, die Blendung der alten Augen, die Zerstörung des alten Gesichts und seiner Wahrnehmung der Welt. Er hört eine Stimme, die seine bisherige Welt untergehen lässt: Warum verfolgst du mich? Der Bericht darüber liegt uns in einer literarischen Verdichtung vor, 60 Jahre nach dem Ereignis beschrieben. Wir wissen also nicht, was genau geschehen ist. Und vielleicht hat sich – wie bei Las Casas – in langer Zeit vorbereitet, was sich nun plötzlich ereignet. Aber ohne einen Ruin ereignet sich keine

Bekehrung. Die alten Gewissheiten stürzen ein. Was plausibel war, ist ruiniert. Es geht bei Bekehrungen ja nicht nur darum, dass sich ein Mensch von einer ihm selbst bewussten Bosheit abwendet und sich hinwendet zu einem neuen Leben. Keine Bosheit kommt ohne Gewissheit aus. Auch das falscheste Handeln sucht sich seine Plausibilität; errichtet sich eine Welt, in der diese Handlung ihren Schein von Natürlichkeit und Selbstverständlichkeit hat. Russland haben wir nicht nur überfallen. Wir haben diesen Überfall gerechtfertigt. Juden haben wir nicht einfach umgebracht. Wir haben uns nicht gescheut, Gründe für ihre Ermordung zu finden. Waffen haben wir nicht nur geliefert, wir haben unserer Handlung eine Logik unterstellt. Factum quaerens ius: Jede Bosheit sucht ihre Rechtfertigung. Eine nicht-maskierte Sünde gibt es selten. Darum ist die Bekehrung so schwer: nicht nur die Handlungen der Menschen müssen unterbrochen werden, ihr Herz muss zerrissen werden. Ein Sturz: Untergang einer Welt!

Die Apostelgeschichte versieht die Erzählung mit wunderhaften Zügen: Das Licht vom Himmel, die plötzliche Blindheit, die Stimme und später die Blindenheilung. Weniger als ein Wunder ist es nicht, wenn ein Verfolger seine Welt verlässt; wenn ein Sklavenhalter wie Las Casas zum Beschützer der Armen wird; wenn ein Blinder sehend wird. Und es ist eine fast phantastische Lebensleistung, wenn einer seinem Ruin nicht ausweicht; wenn einer seine Angst überwindet und die Welt verlässt, die ihm bisher das Leben zu garantieren schien.

Liegt nicht eine gefährliche Zweideutigkeit und Gewaltsamkeit in diesen Damaskuserlebnissen, in denen Menschen den Bruch mit ihrer alten Welt erfahren und vollziehen? Werden sie sich ihrer neuen Wahrheiten nicht zu gewiss und fühlen sie sich nicht zu sehr als die unmittelbaren Repräsentanten des Geistes? Ich will die Warnung nicht in den Wind schlagen.

Aber welche Gewalt liegt in den unbekehrten Herzen? Paulus war ein Verfolger. Las Casas war ein Sklavenbesitzer. Er war nicht besonders bösartig, wohl gütiger zu seinen

Sklaven als die meisten. Er war unauffällig in jener Gesellschaft. Aber er hatte Sklaven. Er riss die Väter von den Müttern. Er nahm den Menschen Würde und Freiheit.

Übrigens, ähnliche Vorwürfe hat man damals Las Casas gemacht. Er habe eine zu große Leidenschaft, hat ihm der Dominikanerprovinzial vorgeworfen. Er ist zwar ein guter Ordensmann, bestätigt er ihm, der später Dominikaner geworden ist. »Er ist jedoch in Sachen Westindien überaus leidenschaftlich, und aus Leidenschaft täuscht er sich im Kern der anstehenden Sache.« Und an anderer Stelle: »Seine Leidenschaft hat ihn dazu gebracht, die Wirklichkeit zu verfälschen.« Man muss zumindest fragen, wie viel Opfer an der Leidenschaftslosigkeit der Welt zugrunde gehen; an der kühlen Selbstverständlichkeit, in der die Gesichter der Opfer unkenntlich werden.

In der Tat hat jede Bekehrung, jede Entdeckung der Wahrheit und jede Berufung sie zu sagen, ihre eigene Streitlust. Sie hat etwas Gefährlich-Anarchistisches. Große Lebensentdeckungen wie die des Paulus, wie die von Las Casas, wie die des jungen Luther haben ja ihre Feinde: die alte Welt, die Korruption, die alte Geläufigkeit des Bösen. Sie geschehen ja nicht nur in der Seele eines Menschen und verändern diese. Die Wahrheit wird zur Berufung. Und ihre erste Arbeit ist die Bestreitung der alten Welt; die Bestreitung nicht nur einer Praxis, sondern eines Glaubens und der alten Lebensselbstverständlichkeit. Und das trifft schwerer. Die Wahrheit kommt nicht daher wie ein frisch gewaschenes Kind mit blonden Zöpfen, das jeder gern in den Arm nimmt. Sie kommt als Angriff. Und die Antwort der alten Welt ist Verfolgung. Paulus, der Verfolger wird zum Verfolgten. Las Casas, der gesellschaftlich Angesehene, trifft auf den ganzen Zorn der Sklavenhaltergesellschaft. Und die alte Welt antwortet mit dem schlechtesten und dem mächtigsten aller Argumente, dass diese Propheten Neuerer seien. Das Argument ist schlecht, weil es inhaltsleer ist. Es ist mächtig, weil nichts so einleuchtet als das, was ist und immer schon gewesen ist. Am meisten leuchten wir uns selber ein. Neuerung wird Las Casas vorgeworfen: »Eine noch nie gehörte, völlig unbegründete Neuheit«, heißt es in einem Brief. »Was Las Casas predigt, hat kein Fundament in der Theologie, in den Kanones und in den Gesetzen.« Die Neuheit geht gegen den allgemeinen Glauben und gegen die Interessen. Das macht sie so gefährlich. Las Casas antwortet ironisch: »Das Neue ist nichts anderes als die Behauptung, die Indianer zu töten sei ein eben so großes Verbrechen wie weiße Menschen zu töten.«

Liebe Gemeinde, lassen Sie mich einen Gedanken noch andeuten! Ich habe bisher Bekehrung und Berufung zusammengebracht mit Ruin, Verfolgung und mühseliger Lebensarbeit; mit Verleugnung der Abstammung und Abschied. Man kann es ja auch anders lesen. Das große Spiel der Freiheit hat angefangen. Menschen entwinden sich der Gefangenschaft ihrer eigenen Herzen. Sie entrinnen den Kerkern eines korrupten Konsens. Sie stehen für etwas und geben sich selber Würde und ein Gesicht. Aus der Apathie und Fühllosigkeit finden sie zur Gnade des Zorns und der Zärtlichkeit. Der Geist findet sie mit seinen Hauptgaben: der Furchtlosigkeit, dem Mut und dem Feuer der Liebe. Und so werden nicht nur ihre alten Opfer gerettet. Sie finden zu der Schönheit, die Gott ihnen zugedacht hat.

Fulbert Steffensky

Die Anfänge nach dem Scheitern

Jesaja 40,1–11

Vor einiger Zeit habe ich mit meiner Enkeltochter eine Freundin besucht, die ein Kind bekommen hatte. Die Enkeltochter sah das Kind lange und bewegt an, und schließlich sagte sie: »Es hat so schöne unabgelaufene Füße!« So ist es mit jedem Anfang und mit jedem Neuen: Sie haben so schöne unabgelaufene Füße. Immer wenn etwas anfängt – ein neues Leben, die Ehe von zwei Menschen, eine Freundschaft, eine neue Zeit, überkommt Menschen eine Art gerührter Hoffnung. Noch ist das Neue nicht verletzt, gedemütigt und beschmutzt, noch ist es nicht korrumpiert, noch hat es wundervolle unabgelaufene Füße. Wir alle wissen, was diesem Neuen angetan werden kann; wie es geschändet und geschlagen werden kann und wie es sich selber schändet. Aber noch ist es nicht geschehen, noch ist nichts zerstört und verkommen. Jeder Anfang hat die Zartheit und den Glanz des Unverdorbenen. Er ist eine Erinnerung und ein Versprechen; eine Erinnerung an all die Anfänge, die in Hoffnung begonnen wurden; ein Versprechen: Einmal wird es einen Anfang geben, der nicht in Kürze überholt ist und in den Staub der Anfänge von gestern gesunken ist. Es ist vielleicht ein müdes Lächeln, mit dem wir die Aufbrüche und ihre Versprechen begrüßen. Wir haben zu viele Anfänge gesehen, die nicht gehalten haben, was sie versprochen haben. Aber ganz ohne Hoffnung ist das Lächeln nicht: Wer weiß? Es könnte ja sein, dass dieser Anfang nicht trügt.

Der Prophet Jesaja verspricht seinem Volk nicht den Anfang der unabgelaufenen Füße und der Unschuld. Es ist ein Anfang nach der Niederlage, der Katastrophe und der Schuld. Die Anfänge der Unschuld fangen mit einem Jubel an. Die Anfänge nach der Katastrophe und nach den Weltuntergängen fangen mit einem Trost an: »Tröstet, tröstet mein Volk!, spricht der Herr. Redet freundlich mit Jerusalem. Sagt, dass die Schuld vergeben ist und dass die Knechtschaft ein Ende hat!« Euer Gott wird seine Herde weiden wie ein Hirte. Er wird die Lämmer in seinem Arm sammeln und im Bausch seines Gewandes tragen.

Das Volk Israel hat sich im fremden Land eingerichtet. Sie weinen nicht mehr an den Wasserflüssen Babels, sondern sie heiraten und verheiraten, sie treiben Handel und sehen zu, dass sich alles rechnet. Sie sind vergesslich und pessimistisch. Was heißt ein neuer Anfang?, fragen sie. Was heißt eine neue Zeit, und wo schon findet man das Land ohne die bittere Lebensmühe? Wo ist das Land, in dem man die Hoffnung haben kann, dass die Täler erhöht werden und die Berge eingeebnet? Wo ist das Land, in dem man wirklich leben kann? Ist, was kommen wird, nicht schon lange ausgemacht? Wir sind, die wir geworden sind. Es ist das eine oder andere gelungen in unserem Leben – eine Liebe, eine Freundschaft, eine Arbeit, eine Empörung gegen Unrecht. Aber wir sind auch die anderen: Wir sind die Summe unserer Niederlagen, unserer lange eingeübten und manchmal geliebten Unfähigkeiten. Wir können uns schon selber voraussagen, so geläufig und undurchbrechbar scheinen uns unsere Reaktionen und Verhaltensweisen. Wir sind alt geworden im durchschnittlichen Unglück, da wird sich nicht mehr viel ändern. Wir können höchstens noch lernen, strategisch mit unseren Fehlern und geschickt mit unseren Halbheiten umgehen. Unser Leben ist ein Fortsetzungsroman, der aus der leiernden Wiederholung der alten Geschichten besteht. Die Füße sind abgelaufen, sie haben ihre Risse und Hornhäute. Und wir sprechen lieber mit dem realistischen Prediger: »Was geschehen ist, eben das wird hernach sein. Was man getan hat, eben das tut man hernach wieder, und es geschieht nichts Neues unter der Sonne.«

Aber, ihr müden Israeliten in den vielen Ländern eurer Gefangenschaft, wenn die Sehnsucht nach dem neuen Land, nach den neuen Anfängen, nach dem neuen Geist und dem neuen Herz gestorben ist; wenn ihr eure Wünsche und Hoffnungen begraben habt im Land, das euer Gefängnis ist, dann werdet ihr nicht entkommen. Wenn ihr nicht

Ausschau haltet nach den Schiffen eurer Freiheit, dann könnt ihr euch nur noch in euren Niederlagen einrichten.

Ich lese das Lied einer adventlichen Gestalt, einer ungeduldigen und unabgefundenen Warterin, der Seeräuber-Jenny aus Brechts Dreigroschenoper:

Meine Herren, heute sehen Sie mich Gläser abwaschen
und ich mache das Bett für jeden.
Und Sie geben mir einen Penny und ich bedanke mich schnell
und Sie sehen meine Lumpen und dies lumpige Hotel
und Sie wissen nicht, mit wem sie reden.
Aber eines Abends wird ein Geschrei sein am Hafen
und man fragt: Was ist das für ein Geschrei?
Und man wird mich lächeln sehn bei meinen Gläsern
und man sagt: Was lächelt die dabei?
Und ein Schiff mit acht Segeln
und mit fünfzig Kanonen
wird liegen am Kai.

Nach der letzten Strophe singt die Seeräuber-Jenny:

Und das Schiff mit acht Segeln
und mit fünfzig Kanonen
wird entschwinden mit mir.

Die Seeräuber-Jenny, die im lumpigen Hotel die Gläser abwischt und die dankbar sein muss für jeden schmutzigen Penny, hat einen Traum: Eines Tages wird sich das ändern. Jetzt weiß noch keiner, wer sie wirklich ist, und die Leute wissen noch nicht, mit wem sie wirklich reden. Eines Tages aber, wenn das Schiff mit acht Segeln kommt, werden alle es wissen, und dann wird sie mit dem Schiff entschwinden aus der lumpigen Welt der Demütigungen. In der Sehnsucht nach jener Zeit ist sie sich selber voraus. Schon lächelt sie in der Erwartung des Schiffs, während sie im Lumpenhotel noch Gläser spült und die Betten macht. Eines Tages wird es anders sein. Man wird ihren Namen kennen, und er ist nicht mehr verborgen unter dem Schutt der Gegenwart.

Einen Menschen macht nicht nur schön, was er jetzt schon kann und ist. Seine Sehnsucht und seine Wünsche machen ihn schön. Jennys Freiheit beginnt, indem sie von dem Schiff träumt, das sie aus der Welt der Verachtung entführt. Ihre Befreiung beginnt mit der Gewissheit, dass sie eine andere ist als die Sklavin, die den Herren die Betten macht und die dankbar sein muss für die Pennies, die sie ihr zuwerfen. Ihr Traum vom großen Schiff ist der Feind der faulen Gegenwart in Babylon. Dieser Traum spricht der Gegenwart das Recht ab, sich als endgültige Welt aufzuspielen. »Eines Tages!« – das ist die Sehnsucht und die Drohung der Leute, die mehr brauchen, als man ihnen in der Gegenwart gibt.

Mensch ist man, so lange man nach den Schiffen der Freiheit Ausschau hält und so lange man sie ersehnt. Nur da ist nichts mehr zu erwarten, wo nichts mehr erwartet wird; wo Jenny die Gläser spült, die hingeworfenen Pennies einsammelt und von keinem Schiff mehr weiß, das kommen soll. Da ist die Hoffnung gestorben, wo Jenny sich für die hält, die alle kennen.

Die Sehnsucht lässt sich nicht mit Pennies abspeisen. Sie verlangt immer ein Ganzes, vielleicht sogar das Unmögliche, nicht weniger als das Schiff mit acht Segeln. Jesaja sagt nicht nur, was man sagen kann; er erhofft sich nicht nur, worauf man vernünftiger Weise hoffen kann. Er greift aus – wie die Seeräuber-Jenny – bis weit ins Land des Gelingens. Es überschlagen sich die Bilder der Unmöglichkeit, die er dem Volk in der Gefangenschaft vormalt: Die Täler werden erhöht, die Berge eingeebnet, die Lahmen springen, die Blinden sehen und die Stummen werden ihr Lied finden. Er sehnt sich mit dem geknechteten Volk nach dem Land ohne Lebenswüsten. Er sehnt sich nach dem Land des Jauchzens, in dem die Menschen sich nicht mehr reißen, wie der Löwe seine Beute reißt. Er sehnt sich nach Utopia, nach dem Land, das es noch nicht gibt. Der Mensch der Sehnsucht ist ein unsicherer Kantonist, weil er in jedem Land zu große Wünsche hat; weil er überall die Stummen sucht, die reden gelernt haben, und die Lahmen, die tanzen gelernt haben. Und er findet sie noch in keinem Land. So ist jedes Land und jede Heimat auch ein Käfig. Er aber lässt sich nicht einfangen in die Sprache der Menschen, die dort wohnen, weil die Sprache seiner Sehnsucht weiter reicht. Und in jedem Land weint er die Tränen seines Heimwehs nach der Sprache der Stummen und nach dem Augenlicht der Blinden. Zuhause wird er sein im Niemandsland, in dem Land, in dem noch keiner war. Zuhause wird er erst sein im Land, das allen versprochen ist: in dem Land, aus dem die Seufzer geflohen sind. Jeder Mensch der Sehnsucht ist ein Ausländer – überall. Schön sind diese Menschen der Sehnsucht in ihrer Freiheit und in ihrer Skepsis den trügerischen Heimaten gegenüber. Sie sind nicht eingefangen in eine Sprache, die sich als die einzig mögliche gibt, und sie kennen größere Lieder als die der Heimatkapellen.

Jede Sehnsucht ist gefährlich, denn sie ist subversiv. Wer sich nach dem Frieden sehnt, dem wird die Militarisierung des Lebens unerträglich sein. Wer eingeführt ist in die Bilder vom ganzen Leben, der fängt an zu träumen. Er malt sich aus, wie es wäre, wenn ein ganzes Volk auf die Straße ginge und mehr Kindergärten statt mehr Rüstung verlangte. Einmal wird es sein, dass man auf Totschlag nicht mit Totschlag antwortet. Er fängt an, zu behaupten: Einmal wird es sein, dass die Kräfte der Menschen und die Güter dieser Erde nicht mehr in den Dienst des Todes gestellt werden. Und eine solche Behauptung spricht der Korruption und der Todessehnsucht im Land ihr Recht ab. Wer eine große Sehnsucht hat, ist ein aufsässiger Mensch.

Wie aber soll das Wesen des Menschen neu werden, wenn das alte Leben einen so sehr im Griff hat? Es wird doch nicht ungeschehen gemacht! Im Alten Testament, im ersten Buch Samuel, wird erzählt, wie das Volk von Gott abfällt, indem es sich einen König wünscht. Bisher gab es diese Institution nicht. Männer und Frauen, die man Richter nannte, führten das Volk in Krisenzeiten. Gott war sein eigentlicher König und Führer. Nun aber sagen sie: »Wir wollen einen König, wir wollen sein wie alle anderen Völker!« Abfallsgeschichten werden oft mit dieser Formulierung eingeleitet: »Wir wollen sein wie alle anderen!« – also nicht mehr das besondere, von Gott erwählte, geliebte und von ihm geführte

Volk. Und so sagt denn auch Gott im Gespräch mit Samuel: »Sie haben mich verworfen, dass ich nicht mehr König über sie sein soll.« Samuel hält dem Volk vor, was es heißt, einen König zu haben. Eure Söhne wird er zu Knechten nehmen, sagt er, und eure Töchter in seinen Dienst. Das Beste von euren Kornfeldern, Weinbergen und Herden wird er nehmen, hält er dem Volk vor. Das Volk bleibt dabei: »Nein, sondern ein König soll über uns sein!« Gott aber spricht zum Propheten: »Gehorche ihrer Stimme und mache ihnen einen König!«

Das Volk wird nicht vor seiner Sünde bewahrt, es bekommt seinen erwünschten König, obwohl dieser Wunsch den Abfall vom Königtum Gottes bedeutet. Es kommt, wie es kommen musste und wie der Prophet es gesagt hat: Das Volk leidet unter seinen Königen, unter ihrer Habgier und unter der kalten Berechnung der Macht. Aber diese neue, vom Volk gegen Gott ertrotzte Situation wird zur Qual und zur Gabe Gottes in einem. Der König ist nun der Gesalbte des Herrn; er, der gegen Gottes Willen erwünscht wurde, führt und schützt es nun und baut den Tempel Gottes. Die Niederlage in der Sünde wird zur neuen Gabe Gottes. Das Volk ist nicht einfach eingeschlossen in sein Versagen und in die Folgen seiner falschen Wünsche. Die Schuld bleibt nicht folgenlos, denn der König ist so König, wie Gott es angedroht hat: Er raubt und plündert und frisst das Beste vom Volk. Und das andere zugleich: Das Königtum ist das neue Geschenk Gottes an das Volk.

So leben wir: eingeholt durch unsere eigene Vergangenheit, unter uns selber stöhnend; zugleich als solche, die einen neuen Namen haben und denen ein neuer Anfang gewährt wird. Das Gefängnis ist offen. Fürchte dich nicht! Dein Anfang ist nicht der des unschuldigen Kindes. Du wirst anfangen mit Wunden und Narben. Ich erinnere mich an das Kennzeichen des Odysseus, das seine Identität bewies. Der heimkehrende Odysseus ist in seiner äußeren Erscheinung unkenntlich geworden, er muss seinen alten Vertrauten seine Identität ausweisen. Sein Kennzeichen ist eine Narbe. Also das, was seine Identität einmal aufs äußerste bedrohte, die Wunde, wird in der Narbe, in der Erinnerung an die Wunde, zum Kennzeichen der eigenen Person. Menschen, die aus Niederlagen neu anfangen, haben ein unveränderliches Kennzeichen: die Narbe. Und sie ist schöner, als es die unabgelaufenen und noch nicht durchs Feuer gegangene Füße sind.

Das war ein schöner Predigtschluss, liebe Gemeinde. Aber es ist noch nicht Schluss. Ich möchte mit einer Frage aufhören, auf die ich keine Antwort weiß. Der Jesajatrost geht nicht an einen Einzelnen, sondern an ein Volk: »Tröstet, mein Volk! Sagt, dass die Schuld vergeben ist! Sage den Städten Judas: siehe, da ist euer Gotte.« Meine Frage: Sind wir das Volk, das gemeint ist? Bereiten wir den Weg des Herrn in Recht und Gerechtigkeit? Zu welcher Welt gehören wir, zu der der Unterlegenen oder zur Welt der Sieger?

Die Welt der Niederlagen soll in einer kleinen Geschichte deutlich werden: Bis letztes Jahr noch haben Bobba und Duggampudi ihre gepachteten Felder in Südindien bestellt. Jetzt haben sie keine Kraft und kein Geld mehr dazu. Keine Kraft mehr, weil jeder eine seiner Nieren verkauft hat. Wie 23 andere hoch verschuldete Bauern allein aus ihrem Dorf. Mit dem Geld wollten sie ihre Schulden für Saatgut, Pestizide und Dünger bezahlen. Doch die 2000 Mark für eine Menschenniere haben dazu nicht gereicht. Denn die Weltmarktpreise für Baumwolle sind weiter gefallen. Seit Indien seine Landwirtschaft dem Weltmarkt öffnet, droht immer mehr Bauern das Schicksal von Bobba und Duggampudi. »Doch jeder Bauer hat nur eine Niere, die er verkaufen kann«, sagt Bobba. »Noch dazu zu einem miserablen Preis.«

Wie können wir uns erdreisten, den Trost Gottes und seine Anwesenheit für uns zu beanspruchen, wenn in unseren Kirchen und vor unseren Augen das Gesicht dieser Bauern nicht sichtbar wird? Worüber sind wir entsetzt und worüber triumphieren wir? Ich weiß nicht, ob der Trost für uns als Volk gedacht ist. Ich weiß nicht, ob man uns zu Recht versprechen kann: Siehe da, euer Gott! Es gibt vieles, was gegen die Bejahung der Fragen spricht. Wenn ich aber ›Nein‹ sage, spreche ich uns selber die Hoffnung ab. Ich möchte schließen mit der Aufforderung des Königs von Ninive. Als der Prophet Jona den Untergang des gottlosen Volkes ansagte, rief der König ein großes Fasten aus. Ein jeder sollte sich bekehren von den bösen Wegen und dem Frevel seiner Hände. Und der König sprach: »Wer weiß! Vielleicht lässt Gott es sich gereuen und wendet sich ab von seinem grimmigen Zorn, dass wir nicht verderben!« Wer weiß!

Fulbert Steffensky

Das Glück, schön gefunden zu werden

Hohes Lied 5,2–16

Die Sprache der beiden Liebenden, mit der sie die Schönheit voneinander preisen, überpurzelt sich. Die Geliebte sieht ihren Liebhaber: Sein Haupt ist das feinste Gold. Seine Locken sind kraus, schwarz wie ein Rabe. Seine Wangen sind wie Balsambeete, in denen Gewürzkräuter wachsen! Wer erkennt unter dieser Beschreibung noch die normalen Olivers und Heinrichs wieder?

Der Geliebte sieht seine Freundin: Deine Augen sind wie Taubenaugen hinter dem Schleier. Deine Schläfen sind wie eine Scheibe vom Granatapfel. Deine Zähne sind wie eine Herde geschorener Schafe, die aus der Schwemme kommen. Wer erkennt darin noch all die Liesen und Lotten, die einem täglich auf der Straße oder in der Uni begegnen! Die beiden Liebenden spielen das alte Kinderspiel: Ich sehe was, was du nicht siehst. Kein Wunder, dass die Freundinnen der Braut diese irritiert fragen: Was hat dein Freund vor anderen Freunden voraus? Sie sehen nicht, was die Liebende sieht, und so beschwört sie diese liebende Frau: Seht doch mit meinen Augen! Seht doch, dass er der schönste von der Welt ist! Und wenn der Kerl eine Glatze hätte, würde die Braut immer noch seine Locken sehen, schwarz wie ein Rabe. Zwei Blicke: Der Blick der nüchternen Freundinnen: feststellend, sehend, was ist, objektiv, nicht übertreibend. Es ist der vernünftige Buchhalterblick. Der zweite Blick, ist der Blick der Liebe: Er ist schöner als alle anderen, sie ist schöner als alle anderen. Die Liebe stellt man am besten nicht als Buchhalterin an. Die Liebenden finden alles aneinander schön. Das deutsche Wort »schön finden« sagt es: Die Liebe sucht unbeirrt so lange, bis sie die Schönheit, den Reichtum, das Rabenhaar und die Taubenaugen gefunden hat. Die Liebe erschafft die Schönheit des Geliebten. Manchmal ist sie wie Gott, dass sie die Schönheit geradezu aus dem Nichts erschafft: Creatio ex nihilo! Die

Schönheit ist mir nicht zu eigen. Sie wird mir zugedacht und angesehen. Das ist der Segen der Liebe.

Am Anfang einer Liebe lassen sich die Gewichte noch leicht fälschen. Der Blick ist noch von großmütiger Blindheit. Aber nach einiger Zeit könnte es sein, dass die Locken des Geliebten nicht mehr ganz so rabenschwarz scheinen und dass die Schläfen der Geliebten nicht mehr wie eine Scheibe vom Granatapfel scheinen, sondern nur noch wie von einem gewöhnlichen Apfel aus dem alten Land. Die Ekstase könnte schon leicht angestaubt sein. Aber eine der Aufgaben der Liebe ist es, nicht nur die exotischen Granatäpfel zu schätzen, sondern es zu lernen, die Äpfel aus dem alten Land zu lieben, die alltäglichen mit ihrer gewöhnlichen Köstlichkeit. Der erste, verwandelnde Blick der Liebe ist uns geschenkt. Um die erste kreative Liebe braucht man sich kaum zu kümmern. Sie überfällt einen, und man kann sich kaum gegen sie wehren. Am zweiten alltäglichen Blick der Liebe, der die Geliebte schön findet; der den Geliebten reich findet, muss man arbeiten. Wir müssen auf den Reichtum eines anderen Menschen achten und ihn sehen lernen. Erst dann sehen wir ihn. Erst dann erlebt man ihn. Wir erleben, worauf wir zu achten gelernt haben. Wir sehen, was wir zu sehen gelernt haben. Der erste ekstatische Blick der Liebe ist wie ein Überfall auf unsere eigenen Augen. Wir können uns kaum dagegen wehren, den anderen köstlich zu finden. Der zweite Blick der Liebe ist Arbeit – ein schönes Wort: Arbeit. Wir werden Subjekte in der Liebe, Gestaltende und Schaffende, wir sind nicht mehr nur von ihr überfallen. Man hat die Liebe nicht mehr einfach und naturhaft, wie man die Masern hat. Es gibt einen dritten Blick der Liebe: im Alter und nach langer Zeit, wo man einander wieder ungezwungen schön findet. Aber das kriegen wir später!

Es gibt übrigens nicht nur die Arbeit, den Geliebten, die Geliebte schön zu finden. Eine ebenso große Arbeit ist es, sich schön finden zu lassen. Es ist schwer aufzugeben, Meister seiner selbst zu sein. Es ist schwer zu lernen, bedürftig zu werden. Es ist schwer, sich selber als schön zu erkennen im Blick der Geliebten. Ich erinnere an Stiller, die Romanfigur des Schweizer Schriftstellers Max Frisch. Stiller besteht auf seiner eigenen Ganzheit, und er scheitert an ihr. Er leidet an der neurotischen Sehnsucht nach einem anderen und unkompromittierten Ich und nach einem erfüllten Leben. Sein Leben ist ein großer Fluchtversuch aus seinem Hier und Heute. Er vertraut sich keinen Augen an als den eigenen. Aber vor dem unerbittlichen Gericht seiner eigenen Augen ist er stets als Versager verurteilt, als Halber, als Fragment, das sich selber unerträglich ist. Er hält es nicht aus zu sein, der er ist, und so beginnt der Roman mit der großen Geste der Verleugnung: »Ich bin nicht Stiller!« Der später angeklagte Stiller notiert in sein Tagebuch: »Immer wieder muss ich feststellen, dass ich mich mit meinem Staatsanwalt, meinem Ankläger, besser unterhalte als mit meinem so genannten Verteidiger.« Dem Blick, der uns anklagt; unter dem wir erbarmungslos uns selber deutlich werden und der in uns die unstillbare Sehnsucht weckt, andere zu sein, als wir sind, ist leichter zu glauben als dem Blick der Güte, der uns birgt und der uns schön findet gegen unsere eigenen Erfahrungen und Wahrnehmungen. Die Schauspielerin Hanna Schygulla sagte in einem Interview: »Ich schaue nicht mehr so viel in den Spiegel; denn die Augen, mit denen man sich selber anschaut, sind nicht die Augen, in denen man am besten aufgehoben ist.« Es ist schwer, sich trösten zu lassen, und man braucht die höchste Lebenskraft dazu, sich selbst als Fragment und doch als Nicht-Angeklagter wahrzunehmen. Max Frisch sagt von seinem Stiller: »Er ist nicht bereit, nicht imstande, geliebt zu werden als der Mensch, der er ist, und daher vernachlässigt er unwillkürlich jede Frau, die ihn wahrhaft liebt, denn nähme er ihre Liebe wirklich ernst, so wäre er ja genötigt, infolgedessen sich selbst anzunehmen – davon ist er weit entfernt.« Stiller will Meister seiner selbst sein. Er erschöpft sich auf dem Weg, ein anderer zu werden, als er ist. Er erschöpft sich in den Fluchten nach seinem eigenen höheren und akzeptablen Wesen. Hellsichtig ist er wohl, und er weiß, dass sein Gefängnis aus seiner eigenen Hoffnung besteht, doch irgendwann aus sich selbst heraus akzeptabel zu sein und sich selber und den anderen genügen zu können. Er weiß, dass sein Hoffnungsgefängnis aus der Sehnsucht besteht, sich selber einzuleuchten und von anderen geliebt zu werden, weil er liebenswürdig ist. Er ist hellsichtig und sagt: »Ich bin nicht hoffnungslos genug, oder wie die Gläubigen sagen würden, nicht ergeben genug. Ich höre sie sagen: Ergib dich und du bist frei, dein Gefängnis ist gesprengt, sobald du bereit bist, daraus hervorzugehen als ein nichtiger und ohnmächtiger Mensch.«

Zwei Lebensattitüden: Stiller mit seiner unstillbaren Sehnsucht und unter dem Zwang, sich selbst und den anderen zu genügen. Er lebt unter dem Fluch der ständigen Flucht in den anderen, den Ganzen, den Makellosen, den sich selbst Genügenden. Die andere Attitüde: die Geliebten aus dem Hohen Lied. Sie beugen sich in entzückter Demut unter den Blick der Liebe, und die Geliebte sagt von sich mit der Stimme des Geliebten: Ich bin schön. Ich bin eine Blume in Scharon und eine Lilie im Tal. Das ist nicht das einzige, was man erkennt. Man erkennt auch sein eigenes Ungenügen gerade im Blick, der uns birgt. Wer geliebt wird, ist erstaunt darüber, dass gerade er gemeint ist; dass gerade sie gemeint ist. Aber die Erkenntnis des eigenen Mangels ist nicht das Letzte. Das Letzte ist die Lebensgewissheit, die der Blick der Liebe schenkt. Die beiden sind sich selber enteignet in den verwandelnden Blick des anderen. Das sagt der wundervolle Satz aus dem vierten Kapitel: »Du hast mir das Herz genommen, meine Schwester, liebe Braut. Du hast mir das Herz genommen mit einem einzigen Blick deiner Augen!«

Liebe Gemeinde, wenn alles so einfach wäre mit der Liebe! Dem Hohen Lied könnte man auch die Überschrift geben: Finden und Verlieren! Es ist ja kein einstimmiges Lied, es ist ja kein widerspruchsfreies Jauchzen. Die beiden suchen sich, sie finden sich, sie verlieren sich. Kaum finden sie sich in ihrem Glück, kaum genießen sie einander, da gehen sie sich verloren. »Des Nachts auf meinem Lager suchte ich, den meine Seele liebt. Ich suchte, aber ich fand ihn nicht. Ich will aufstehen und in der Stadt umhergehen auf den Gassen und Straßen und suchen, den meine Seele liebt. […] Es fanden mich die Wächter, die in der Stadt umhergehen: ›Habt ihr nicht gesehen, den meine Seele liebt?‹« Eine Frau aus der Vorbereitungsgruppe für diesen Gottesdienst fragte empört: »Warum ist der Mistkerl weg?« Ja, warum ist er weg? Warum ist sie weg? Warum können sich die Liebenden nicht halten? Warum sprechen sie oft zueinander mit toten Stimmen? Und dann wieder mit Jubel, als sei nie eine Abwesenheit gewesen? Warum sind sie einander oft Glück und Unglück zugleich? Ich gäbe darauf gerne eine Antwort, aber ich weiß keine.

Welches dramatisches Hin und Her in dem Abschnitt, den wir gelesen haben. Dann endlich ist er da, und die Geliebte hört die Stimme des Freundes: »Tu mir auf, meine Freundin!« Und sie in schläfriger Koketterie: Ich habe mein Kleid schon ausgezogen und mir die Füße schon gewaschen. Das ausgezogene Kleid hat noch nie einen Freund gestört. Dann sie: Gegen ihre eigenen Worte läuft sie zur Tür und will dem Freund öffnen. Aber er ist weg. Und wiederum irrt sie in der Stadt umher und trifft auf die Wächter. Diesmal kommt sie nicht so gut davon: »Es fanden mich die Wächter, die in der Stadt umhergehen. Sie schlugen mich wund. Die Wächter auf der Mauer nahmen mir meinen Überwurf.« Wer sind die Wächter? Wer schlägt, wer demütigt und macht nackt? Vielleicht ist es die Gesellschaft, die geängstigt ist von der Anarchie der Liebe. Große Liebe geht über Mauern, große Liebe geht über Grenzen. Eine Grenze ist schon überschritten, indem die Frau nicht wartet, wie es sich gehört; nicht alle ersten Schritte dem Mann überlässt, wie es sich in jener und in anderen Gesellschaften gehört. Sie sucht mit Leidenschaft, sie überlässt nicht dem Mann die Initiative; sie geht in die Nacht und durch die gefährliche Stadt. Die Wächter finden sie und schlagen sie.

Wer sind die Wächter? Vielleicht sind die Liebenden selber die Wächter, die sich nicht trauen und die sich vor den Nächten der Liebe fürchten? Die Liebenden, die sich selber zurücktreiben in ihre Grenzen und hinter ihre Mauern. In der jungen Liebe steckt viel Gewalt. Vielleicht ist sie unvermeidlich. Vielleicht wächst gerade daran die Liebe. Man kann keine Wege abkürzen, auch nicht die Irrwege. Man kann nur warten auf die anderen Stunden, in denen man sich wiederfinden kann im Blick, der von aller Unruhe befreit, im Blick des Friedens. Eine der schönsten Stellen dieses Hohen Lieds finde ich gegen Schluss im achten Kapitel. Die Geliebte spricht: »Ich bin geworden in seinen Augen wie eine, die Frieden findet.« Ein Friede, nicht mit den eigenen Waffen erkämpft und mit der eigenen Stärke gewonnen. Ein Frieden, den die Geliebte findet im Blick des Geliebten. Ein Frieden, den der Geliebte findet im Blick der Geliebten. Ich bin geworden in ihren Augen, wie einer, der Frieden findet.

Liebe Gemeinde, ich berichte von einem kurzen Gespräch aus der Vorbereitungsgruppe. Ein Student sagte: »Hier im Hohen Lied wird doch wohl von der Liebe Gottes zu der Seele, und der Seele zu Gott geredet.« Eine Studentin erwiderte: »So hat man immer schon das Hohe Lied kastriert. Man hat ihm seinen erotischen Stachel gezogen, indem man in den Texten immer nur das Gottesverhältnis beschrieben sah.« Ja, die Kirche hatte es nicht sehr mit der Erotik. Ich habe neulich in einem Zug irgend ein Traktatheftchen gefunden, in dem das Thema Sexualität besprochen wurde. Zu meiner Erheiterung sah ich, dass ›Erotik‹ immer falsch geschrieben war, nämlich mit zwei ›R‹ wie ›Error‹. Wenn es aber andersherum wäre, dass die Bilder des Hohen Lieds das Verhältnis Gottes zum Menschen und des Menschen zu Gott erotisiert? Vielleicht nehmen sie es aus der schalen Einlinigkeit, als ginge alles von Gott aus und als brauchten wir nur ihn, er aber nicht uns, wie es in jeder Liebe ist; als gäbe es in der Beziehung zwischen Gott und Mensch nur ein Subjekt, nämlich Gott; als wäre der Mensch nur Objekt, im besten Fall Liebesobjekt. Als ich den Blick, der uns schön findet, beschrieben habe, habe ich ein doppeltes Spiel getrieben. Vielleicht haben Sie es gemerkt. Ich habe das beschrieben, was wir in unserer Tradition Gnade nennen. Gnade – wir sind nicht gezwungen, unsere eigenen Liebhaber und Schönfinder zu sein. Wir sind nicht gezwungen, ganz zu sein; denn wir werden es im Blick der Güte. Wir sind nicht gezwungen, unsere eigenen Lebenszeugen zu sein. Denn der Geist bezeugt unserem Geist, dass wir Kinder Gottes sind. Nichts macht das Leben heiterer und schöner als dieser Gedanke: Ich muss mich nicht selbst bezeugen, denn ich bin immer schon bezeugt im Blick, der mich schön findet.

Fulbert Steffensky

Der Tanz der Leichtfüße

2. Samuel 6,14–23

»Ausgerechnet Du!«, hat meine Frau gesagt, als sie hörte, ich solle übers Tanzen predigen. Ihr Satz ist zwar ein guter Predigtanfang, aber sonst war er doch eher entmutigend. Davids Frau Micha lacht über David, als sie ihn tanzen sieht, und sie verachtet ihn. Meine Frau verachtet mich eher, weil ich ein Tanzmuffel bin. Aber wenn man schon nicht tanzen kann, soll man wenigstens über das Tanzen predigen. Man predigt ja nicht nur über das, was man kann, sondern auch über das, was man entbehrt und was man können möchte. Darum sind Zweifler oft sehr gute Glaubensprediger.

Aber zurück zum Tanz! Ich will einen Augenblick bei der Tanzmuffligkeit der Männer bleiben. Ich vermute, dass meine Frau nicht die einzige ist, die sich beklagt. Was könnte dahinter stecken? David, der Ausnahmemann, tanzt vor dem Herrn mit aller Macht. Er entblößte sich offenbar bei diesem Tanz, und Micha, seine Frau, wirft ihm vor: »Wie herrlich ist heute der König von Israel gewesen, als er sich vor den Mägden seiner Männer entblößte, wie sich die losen Leute entblößen!« Und David antwortet: »Ich will vor dem Herrn tanzen, der mich erwählt hat. Ich will noch geringer werden als jetzt, und ich will niedrig sein in meinen eigenen Augen. Aber bei den Mägden, von denen du geredet hast, will ich zu ehren kommen.«

Anarchie!, sagt Micha, die tanzfeindliche Ausnahmefrau. Der König tanzt und hopst umher. Er wird niedrig in seinen eigenen Augen und vor den Leuten seines Standes. Scheißegal!, sagt David. Lieber bin ich bei den Mägden beliebt als bei dem hochnäsigen Hofvolk. Die Ekstase des Tanzes löst offensichtlich Ordnungen auf, die Ordnung von unten und oben, von König und verachteten Mägden. Es gibt eine ekstatische Wildheit der körperlichen Unmittelbarkeit – der Sexualität, des Singens, des Tanzens, des Weinens, des Lachens –, die Ordnungen zersetzt und Grenzen überspringt.

David entblößt sich bei seinem Tanz vor der Bundeslade. Der König, der Garant der Ordnung, wird ordnungswidrig. Übrigens sind alle autoritären Systeme gegen jede körperliche Unmittelbarkeit. Dieser Davidstanz ist etwas anderes als die gesellschaftlich und kirchlich genehmigten Tänze. Kirchlich erwünschte Tänze gibt es natürlich. Ich denke etwa an die Echternacher Springprozession: Drei Schritte vor, zwei zurück! Wie kirchlich! Es gibt also Tänze, die Ordnung bestätigen und sie wiederholen, und es gibt die wilden Davidstänze, die unberechenbar sind; die Neues tanzen; die oben und unten nicht mehr achten.

Das andere Moment, das Micha, die Standesbewusste, kritisiert: Der König entblößt sich. Er weiß nicht mehr, dass er König ist. In jenen alten Zeiten, war ein Kleid nie nur ein Kleid, es war der Wesensausdruck der Person. Der König entblößt sich, d.h. er wird ein anderer. Er kann sich nicht mehr auf sich und seine Würde berufen. Er gerät in die Nähe der Mägde. Micha hat mit den Männern Angst vor Unmittelbarkeit und Selbstverlust. Nicht weinen in der Öffentlichkeit, sich in der Hand haben, sich beherrschen, sich nicht in seinen Gefühlen zeigen, Haltung bewahren – das sind ja eher Eigenschaften, die man von den Männern erwartet und die die Männer von sich selbst erwarten. Wenn ich aber tanze, wenn ich wild tanze, dann gerate ich außer mir. Ich habe mich nicht mehr in der Hand. Ich entblöße mich in der Seele und manchmal auch am Leib. Ich werde schutzlos und einsichtig. Ist das etwas für Könige? Ist das etwas für Männer?

Von jener tanzkritischen Micha heißt es am Ende der Erzählung: »Micha, Sauls Tochter, hatte kein Kind bis an den Tag ihres Todes!« Die Bibel ist manchmal so plump und rachsüchtig wie die Bildzeitung. Keine Kinder haben hieß ja für die Frauen jener Zeit: keine Ehre haben, keinen Schutz haben, keine Zukunft haben. Vielleicht sagt der Satz über Micha trotz seiner Unmenschlichkeit etwas über den Tanz aus. Das Tanzen ist ja auch die versprochene Bewegung der erfüllten Zukunft. Der Prophet Jeremia verheißt im Namen Gottes den erneuerten Bund. Er verspricht: »Es wird die

Zeit kommen, da die Wächter auf dem Gebirge Ephraim rufen: Lasst uns hinaufziehen nach Zion zum Herrn, unserem Gott! […] So spricht der Herr: […] ich will sie sammeln von den Enden der Erde, auch Blinde und Lahme, Schwangere und junge Mütter […] Sie werden weinend kommen, aber ich will sie trösten und leiten. Wohlan, ich will dich wiederum bauen […], du Jungfrau Israels, du sollst dich wieder schmücken, Pauken schlagen und herausgehen zum Tanz.« Wenn einmal die Versprechungen Gottes für die Blinden und Lahmen, für das verstreute und gequälte Volk Wirklichkeit geworden sind, dann wird man Pauken schlagen und tanzen, dann wird man Musik machen und tanzen. Wo man noch unter dem Bann der bitteren Notwendigkeiten steht; wo das Essen und das Trinken, der aufrechte Gang der Menschen und ihre klare Stimme keine Selbstverständlichkeit sind, da hat man es schwer mit dem Tanzen, da geht man mühsam; da hat man es schwer mit dem Singen, da seufzt man. Aber einmal wird es sein, dass unsere Füße nicht mehr schwer und lahm sind und unsere Stimme nicht mehr krächzt. Einmal werden wir tanzen und singen. Einmal wird der Bann der bitteren Notwenigkeiten zerbrochen sein, und wir werden angekommen sein im leichtfüßigen Land des Spiels. Versprochen!, sagt Gott.

»Leichtfuß« nennt man einen Menschen, dessen Füße schon jetzt zucken, als hörte er die Pauken von morgen, aus dem Land der Versprechungen. »Leichtfuß« mag Micha ihren David genannt haben. Aber es kommt kein Tanz, der nicht vorgetanzt wurde. Unser gegenwärtiger Tanz ist das Vorspiel der Freiheit. Man tut schon heute als könnte man das Fliegen von morgen. Man tut schon heute, als könnte man die Begrenztheit des Gehens und der langsamen Füße überwinden. Man hört schon die große Musik aus dem anderen Land, in das die Weinenden und die Verlorenen gekommen sind. Man tut als könnte man schon heute alle Erdenschwerkraft überwinden, springen und im »Tanze dahinfliegen«. Nichts wird kommen, was nicht vorgespielt wurde. Kein Land der Freiheit wird kommen und keine Lebensfülle, die nicht vorphantasiert, vorweggetanzt, vorgemalt und vorgesungen wurde. Vielleicht hat die Kunst, und so auch die Tanzkunst, mit der Religion die Ungeduld gemein. Beide wissen, dass wir hier noch nicht endgültig Zuhause sind. Beide vermissen die Lieder der Stummen, das Augenlicht der Blinden und den aufrechten Gang der Gebückten. Beide sind nicht völlig zu Hause in einem Land, in dem noch nicht alle lachen und zu Hause sind. Beide sind phantastische Spieler und Vortänzer der anderen Welt, und sie halten die Hoffnung auf die andere Zukunft wach. Arme Micha, sie missbilligt den Tanz und sie hat keine Kinder, keine Hoffnung und keine Zukunft. (Wir wollen aber einen Schritt weitertanzen als die Bibel und auf die Kinder der Micha hoffen!)

Der Leib ist oft klüger, mutiger und hoffnungsreicher, als der Geist und die Worte es sind. Wozu die Worte nicht ausreichen, das kann man schon vorspielen. Wozu der Geist nicht mutig genug ist, das kann man schon tanzen. Tanzen heißt beten mit den Beinen, und darum ist es ein besonders kräftiges Gebet. Tanzen heißt klagen, wünschen, hoffen mit den Beinen und mit dem ganzen Leib. Tanzen heißt, die Empörung, die Wünsche und die Hoffnungen aufführen, und die Aufführung macht sie stark. Wir haben hier ein Problem mit dem Protestantismus. Er setzt auf das Wort. Darum reden die Protestanten. Sie tanzen das Reich Gottes nicht herbei, sie reden es herbei. Und wenn es nach der Menge der protestantischen Rede ginge, müsste es schon dreimal da sein. Aber die Hoffnung kommt nicht mit dem Wort und mit dem Argument aus. Sie braucht den starken Bruder, den Leib. Sie braucht die Füße, sie braucht die Hände, sie braucht die Gesten. Der Glaube, der nur Wort bleibt und nicht Figur wird, bleibt blässlich, er ist unerotisch wie ein pensionierter Erzbischof. Am Ende seines Lebens hat Franziskus sich selbst angeklagt, dass er seinen Leib, den Bruder Esel, zu sehr verachtet habe. Vielleicht lernen wir Protestanten diese Klage auch einmal, und wir lernen die Bewegung achten: den Tanz, die Wallfahrt, die Perle des Rosenkranzes, die durch unsere Hände gleitet, das Kreuz, dass wir auf unsere Stirn zeichnen, die Prozession.

Das alles sind kleine Tänze der Klage, der Freude oder der Hoffnung.

Ohne Tanz keine Kinder, liebe Micha! Ohne Aufführung bleibt der Glaube an die Zukunft schwach, hat man wenig, was einen erfreut und tröstet. Und das Gegenteil: Ohne Kinder keinen Tanz! Was kann das heißen? Ich habe für den Tanz plädiert, für die andere Sprache der Wünsche. Man muss aber auch Wünsche haben, um Tanzen zu können. Man muss fähig sein, sich zu empören. Man muss väterlich und mütterlich dem Leben gegenüber sein. Man muss fähig sein, das Augenlicht der Blinden zu vermissen und den aufrechten Gang der Gebeugten. An alle, die tanzen wollen, geht die Frage: Wofür steht euer Tanz? Welche Leidenschaften habt ihr? Beten kann, wer weiß, wofür er betet. Tanzen kann, wer weiß, was ihn in die große Bewegung treibt. Und nun kommt doch noch Micha zu Ehren mit ihrer Tanzkritik. Ehrenwert ist die neue Bewegung in unseren Kirchen, die mehr verlangt als das Wort. Aber was verlangt sie wirklich? Was ist das »mehr«? Könnte es sein, dass darunter Gruppen sind, die nicht mehr verlangen als sich selber? Könnte es sein, dass da Menschen der Kraft und der Stimme der fremden Tradition überdrüssig sind und in größter Bescheidenheit nur sich selbst erfahren, sich selbst fühlen wollen, nur selber vorkommen wollen? Das sind die Kindergeburtstagsgottesdienste, bei denen man vielleicht geduldig mitspielen kann, von denen aber keiner satt wird. Warum soll ich denn im Gottesdienst mir selber vorkommen, ich komme mir schon den ganzen Tag vor. Haben wir mehr als uns selbst? Wollen wir mehr als uns selbst? Haben die Kirchen eine große Leidenschaft? Ihre Gesten, ihre Figuren, ihre Worte werden durch ihre Leidenschaften gefüllt. Auch Tänze können hohl sein, nicht nur Worte. Und bei einigen Tänzen gibt es gute Gründe, mit Micha zu höhnen.

Tänze sind das Vorspiel des Lebens im anderen Land, in dem die Wüste schon fruchtbar geworden ist. Aber wir leben nicht nur im Vorspiel, wir sind nicht nur Ausschauhaltende, wir sind nicht ewig Morgige, die kein Heute und keinen Schimmer erfüllter Gegenwart haben. Wir leben heute, wenn auch noch nicht in der Fülle. Wir erleben Freundschaft und Liebe, wir trinken Wein, wir sehen den Aufgang der Sonne und ihre Untergang. Wir sehen die Schöpfung und sprechen die Worte der Bibel nach: Und siehe es war gut. Wir danken und wir loben. Das Leben zu loben und Gott zu loben am Leben ist eine der Grundfähigkeiten des Menschen. Der Mensch wird überhaupt nur erträglich, wenn er auch loben und danken kann. Wir schaffen die Welt neu, indem wir Stimme haben, sie zu loben. Vielleicht wächst gerade bei älteren Menschen das Bedürfnis und die Kraft, Gott zu loben. Nein, es ist nicht so, dass ältere Menschen automatisch frömmer, naiver und abgefundener werden. Mit dem Alter wachsen auch die Lebenszweifel. Man hat viel gesehen, manchmal zu viel. Aber gerade darum wächst das Bedürfnis, das Leben zusammenzukriegen. Wo die Skepsis wächst, kann auch das Bedürfnis wachsen, der Skepsis die Güte des Lebens vorzuhalten; kann die Kraft wachsen, das Lob einzuwenden gegen die totale Skepsis. Und noch einmal zum Tanz: Er ist auch das in die Bewegung geflossene Lebenslob; der in die Geste geflossene Lebensdank. Wenn man der Freude und des Lobens fähig ist, bleibt man nicht auf der Stelle stehen, die Arme hängen nicht herunter und die Stimme bleibt nicht gesenkt, höchstens da, wo es ganz protestantisch zugeht. Sehen Sie sich die Fans an, wenn für St. Pauli ein Tor fällt! Sie sagen nicht in nordischer Gelassenheit: Es ist gerade ein Tor gefallen. Wo man der Freude fähig ist und wo man dankt, da springt man, man jauchzt, man wirft die Arme in die Luft. Man tanzt. Vielleicht sehen wir es am besten bei Kindern, wie sie ihre Freude und ihren Dank in Bewegung umsetzen. So ist der Tanz der sinnliche Ausdruck des Lebensdanks. Er ist die Frömmigkeit der Beine.

Dass wir so wenig tanzen, hat vielleicht doch mit unserem Gottesbild zu tun. Wenn wir überlegen, was unserem Körper in den Kirchen erlaubt war, finden wir, dass beinahe alle Gesten demütig und gemessen sein sollten. Ehrfurchtsvoll stehen, andächtig sitzen, knien, sich verbeugen, sich an die Brust schlagen. Ehrfurcht und Demut sind schöne Wörter, aber es sind nicht die einzigen. David hat vor der Lade getanzt, bis er lächerlich wirkte. Glauben wir an den Gott, der unser Lachen will, unsere Freude, unsere Ausgelassenheit, unsere blitzenden Augen und unseren Tanz? Oder glauben wir nur an den Gott, der unsere Reue, unsere Buße und unsere Niedergeschlagenheit will? Wie untänzerisch sind z. B. die meisten unserer Abendmahlsliturgien. Wir stehen da wie Schüler, die ein schlechtes Zeugnis erwarten. Wir sagen mit unserem Körper nicht, dass das Abendmahl das große Liebesspiel Gottes mit uns Menschen ist. Wir tanzen nicht. Lassen Sie uns an den Gott glauben, der das Feuer erschaffen hat, das Wasser, den Abend und die Nacht, das Begehren der Menschen und ihre Liebe! Lassen Sie uns an Gott den Schöpfer glauben, und wir fangen an zu tanzen.

Dorothee Sölle

Gott kommt zu denen, die ihn rufen

Offenbarung 21,1–7

Predigt zum 20. Jahrestag der Gründung
des Politischen Nachtgebetes in Köln

Das letzte Buch der Bibel, die Offenbarung des Johannes, ist ein Buch mit vielen Rätseln und Geheimnissen. Bis heute sind nicht alle aufgeschlüsselt. Aber eins ist ganz eindeutig: Es ist ein Buch der Leidenden und ein Buch der Wartenden. Es beginnt mit den Visionen von dem Tier aus der Tiefe des Meeres, das die Menschen unterdrückt und quält. Und es endet mit dem Ruf: Maranatha! Komm bald, Herr Jesus!

Das Buch ist entstanden unter den Christen Kleinasiens, die Verfolgung durch die Staatsmacht erlitten. Sie lebten unter der Pax Romana, einer gesellschaftlichen Ordnung, die sich Frieden nannte, aber den größten Militarismus der damaligen Welt betrieb; die sich Ordnung nannte, es aber den Menschen unmöglich machte, nach dem Willen Gottes zu leben, d.h. Gerechtigkeit zu üben.

Gerade das durfte nicht sein. Das Imperium Romanum bildet im Buch der Offenbarung den Hintergrund, vor dem die Vision von einem Friedensreich aufleuchtet. Wenn wir diese Vision verstehen wollen, müssen wir uns in die Lage der Menschen versetzen, die darauf warten, dass Gott kommt und sie endlich frei macht. Ohne dieses Warten, ohne diese Sehnsucht verstehen wir nichts von dem, was die Bibel sagt.

Die ganze christliche Tradition hat aus diesem Warten gelebt. Ich möchte aus dem Adventslied »Wie soll ich dich empfangen« von Paul Gerhardt zitieren. Es wurde auch in finsteren Zeiten geschrieben, nämlich während des 30-jährigen Krieges, also in einer anderen Zeit des Untergangs und der Zerstörung, aber zugleich des Wartens und der Sehnsucht:

Was hast du unterlassen / zu meinem Trost und Freud, / als Leib und Seele saßen / in ihrem größten Leid? / Als mir das Reich genommen, / da Fried und Freude lacht, / da bist du, mein Heil, kommen / und hast mich froh gemacht.

Ich lag in schweren Banden, / du kommst und machst mich los; / ich stand in Spott und Schanden, / du kommst und machst mich groß / und hebst mich hoch zu Ehren / und schenkst mir großes Gut, / das sich nicht lässt verzehren, / wie irdisch Reichtum tut.

Diese Verse haben mich wieder einmal berührt in diesen Tagen vor Weihnachten, weil hier tatsächlich aus der Situation der Wartenden gesprochen wird. Aus der Situation derer, denen das Reich, »da Fried und Freude lacht«, genommen ist und täglich genommen wird. Das sind die Menschen, die dieses Buch der Bibel anspricht. Solange wir mit ihnen nichts zu tun haben, haben wir auch mit der Bibel nichts zu tun.

Solche Menschen gibt es auch heute. Ich denke an die Versuche, die wir hier in der Antoniterkirche in Köln vor 20 Jahren mit einer Gruppe von katholischen und evangelischen Freunden gemacht haben. Damals kamen die Sprüche auf: »Die Armen müssen ärmer werden, damit die Reichen reicher werden. Die Erde geht langsam zugrunde. Der Militarismus ist das größte Unglück, was Menschen betreffen kann.« All dies haben wir damals versucht, zu analysieren und zu benennen; ein Stück der Bewusstseinsarbeit, die notwendig ist. Und was hat sich geändert? Was ist geschehen in diesen zwanzig Jahren? Vielleicht könnten wir einiges nennen, womit wir alle nicht gerechnet haben. Das Stück Freiheit, das in Europa ausgebrochen ist, sollten wir nicht gering schätzen. Auch Weltreiche brechen zusammen. Auch Tyrannen sind sterblich. Große Konzerne hören manchmal auf. Wunderbar profitreiche Institutionen wie zum Beispiel die Sklaverei werden eines Tages abgeschafft. Sollte es nicht möglich sein, dass auch die Schuldsklaverei, die für uns so ungeheuer profitreich ist, abgeschafft wird? Sollten wir nicht Hoffnung daraus schöpfen, dass Veränderungen geschehen und nicht unmöglich sind?

Aber lasst uns zunächst bei denen bleiben, die im Buch

der Apokalypse weinen, denen, die von den Reitern bedroht werden, denen der Mund offen steht vor Entsetzen, weil sie nichts mehr zu sagen haben angesichts dessen, was real geschieht! Lasst uns doch einmal verstehen, was sie erleben, was für eine Wirtschaftsordnung das ist, die nicht fähig ist, den Hunger abzuschaffen, sondern ihn größer macht und ihn gar produziert! Versetzen wir uns in ihre Lage, obwohl das ein Wort ist, das mir fast schon zu groß vorkommt!

Ich bin vor kurzem in einigen Ländern Lateinamerikas gewesen – auch in Peru, wo die Cholera wütete. Das ist eine Krankheit, die leicht zu heilen ist. Man braucht nur destilliertes Wasser; das genügt beinahe schon, um diese Krankheit zu vermeiden und auch zu heilen. Keineswegs ein unbesiegbares Übel, keineswegs etwas, was wir als apokalyptisch ansehen müssten. Eine Krankheit, deren Beseitigung in diesem kleinen Land gerade soviel kosten würde wie ein Tag Golfkrieg. Ein Tag, den sich die internationale Gemeinschaft leistet an Ausgaben, an Militarismus, an Bomben, an Zerstörung, während sie sich die Säuberung des Wassers und die Herstellung von vernünftigen Wasseranlagen in verarmten Ländern keineswegs leisten kann. Das ist ein Stück der Apokalypse, unter der wir leben. Und ich denke jetzt an eine Frau, die ich dort gesehen habe. Eines ihrer Kinder war schon gestorben an Austrocknung, eine Krankheit, die die allerhäufigste Ursache der Kindersterblichkeit ist. Die Frau ging zu einem Protestmarsch, um mit anderen zu fordern, dass doch auch in ihrem Elendsviertel eine Wasserleitung gelegt werden könnte. Sie hatte Angst davor, mit Tränengas, das aus der reichen westlichen Welt geliefert wird, vertrieben zu werden. Sie hatte Angst davor, dass die Konzentration des Tränengases so schlimm wäre wie schon einmal, als Leute daran erblindet waren. An diese Frau denke ich jetzt, wenn ich versuche, das Tier zu sehen. Das Tier aus dem Abgrund, das Tier an dem wir beteiligt sind, das Tier, mit dem wir in einem Zusammenhang stehen.

Vielleicht ist es zu viel verlangt, uns in die Lage solcher Menschen zu versetzen. Aber eins können wir tun: Wir können zumindest wissen, was in unserer Welt vor sich geht. Und jeder Mensch, der heute sagt »Das haben wir nicht gewusst«, spricht eine Lüge aus. Es ist gar nicht sehr schwer, zu wissen, was vor unseren Augen geschieht. Wir können wissen, wie deutsche Banken und deutsches Geld ein Teil dessen ist, was die Apokalypse den Drachen, das menschenfressende Tier aus dem Abgrund nennt. Leute, die mit Hilfe der internationalen Finanzorganisationen Gelder geliehen haben, die noch Generationen später von den Kindern, die noch gar nicht geboren sind, zurückbezahlt werden müssen mit ihrem Leben. Das ist eine Realität in Lateinamerika. Und ich meine, wir sollten etwas wissen von der Angst, von den Tränen und von den Schmerzen der Menschen, die in dieser oder anderen Regionen ausgeplündert werden.

Diesen Menschen gehört das Buch der Offenbarung. »Nur um der Hoffnungslosen willen ist uns die Hoffnung gegeben«, sagt Walter Benjamin. Das schönste Buch über die Offenbarung des Johannes wurde von einem Südafrikaner, Alan Boesak, geschrieben. Es hat den Titel: »Schreibe dem Engel Südafrikas«; so wie es in der Bibel heißt »Schreibe dem Engel Laodizeas« und »Schreibe dem Engel Kleinasiens«. Und wir können hinzufügen: Schreibe dem Engel, der in diesen Ländern darüber wacht, dass hier Gottes Wille geschehen könnte und wir nicht mehr singen müssen: »Da mir das Reich genommen, wo Fried und Freude lacht.« Unser Text spricht von der Hütte Gottes bei den Menschen, von der Hoffnung, die wiederkommt, von der Hoffnung, die uns erfüllt, von dem »neuen Himmel und der neuen Erde«. Der erste Himmel und die erste Erde sind vergangen, und das Meer, die Geburtsstätte des Drachens, ist nicht mehr. Dieser Drache der ersten Erde stellt sich selber immer wieder als Gott dar. Er sagt: »Fallt vor mir nieder, betet mich an! Unterwerft Euch unter die Gesetze, die ich gemacht habe!«

Ich nenne einige dieser Gesetze, unter denen wir alle leben. Eines, das wir in dieser Kirche so oft beschworen haben, ist das Gesetz weitergehender Rüstung, heute etwas mehr unter dem Gewand der Abrüstung, die in Wirklichkeit eine Umrüstung ist. Der alte Feind im Osten ist ja denen, die aufrüsten wollen, leider abhanden gekommen; doch der neue Feind im Süden unter all den Völkern, die wir verarmen lassen, die aber aufstehen werden, um nach diesem einen Golfkrieg weitere Kriege zu produzieren, ist durchaus lebendig. Deswegen also brauchen wir eine Umrüstung. Die alten Waffen sind überflüssig geworden. Wir müssen jetzt schnelle Eingreiftruppen haben. Und die Menschen, die in diesen Eingreiftruppen arbeiten, werden schon heute auf die Kontinente, in denen sie eingesetzt werden, sprachlich und kulturell vorbereitet. Das gehört mit zu den Programmen der militärischen Erziehung.

Dies hängt zusammen mit dem anderen Gesetz, wonach die Reichen reicher und die Armen ärmer werden. Da brauchen wir gar nicht weit fort zu gehen; wir sehen es hier in dieser Stadt, wie in vielen Städten unseres reichen Landes. Es entsteht vor unseren Augen das, was wir heute eine Zweidrittel-Gesellschaft nennen: ein Drittel der Bevölkerung wird als arbeitslos oder arbeitsunfähig, als nicht hinreichend intelligent oder zu alt, als zu kinderreich, als suchtabhängig oder sonst ein Problem habend ausgegrenzt. Viele Menschen können die Mieten nicht mehr bezahlen; sie werden obdachlos, liegen auf der Straße und geraten ins Elend. Diese Art einer Zweidrittel-Gesellschaft erleben wir vor unseren eigenen Augen. Es gibt genug Beispiele dafür, die wir täglich sehen.

Ich möchte neben dieser Frage von Reichtum und Armut ein anderes Thema mindestens genannt haben. Es ist auch eines der Gesetze des Drachens aus dem Abgrund. Ich meine die Massenflucht, die wir schon erleben und die sich noch ungeheuer steigern wird. Ein Weltzustand der absoluten Ungerechtigkeit, in dem zwei Drittel – demnächst sind es drei Viertel – aller Menschen vom Hungertod bedroht sind, lässt sich nicht aufrechterhalten ohne wahnsinnige Völkerwanderungen. Die haben wir zu erwarten. Es ist klar, dass Menschen, die vom Hungertod bedroht sind, weggehen. Wir nennen sie dann in unserer zynischen Sprache »Wirtschaftsflüchtlinge«, als sei das etwas Minderes, wenn man nur aus wirtschaftlichen Gründen flieht. Als reiche es nicht aus, vor der Gewalt zu flüchten, die in den Tieren aus dem Abgrund über die Zweidrittel-Welt herfällt, sie ausplündert, Krieg sein lässt, Cholera, Pest, Hunger und Naturkatastrophen, die durch unseren Energieverbrauch bedingt sind.

Ich nenne noch ein anderes Gesetz, eine andere Seite. Ich möchte sie als die glitzernde Seite des Tiers aus dem Abgrund bezeichnen. Diese glitzernde Seite erfahren wir auf vielfache Weise. In der Philosophie wird sie manchmal »postmodernes Bewusstsein« genannt. Sie hat eine ungeheure Ästhetisierung des Alltags und das Entstehen ganz neuer Ethiken zur Folge. Ich musste vor kurzem in Hamburg einen Vortrag halten über den »Marktwert der Ethik für erfolgreiche Unternehmen«. Den Titel habe ich mir natürlich nicht ausgedacht, aber so wird Ethik heute gehandelt. Produzieren gilt als ethisch. Die Wirtschaft sucht eine Art Akzeptanz und betreibt ein bisschen Imagepflege, um zu zeigen, dass sie doch gar nicht unbedingt auf das Sterben anderer, die Zerstörung der Wälder, die Vergiftung des Wassers aus ist. Das ist etwas, was wir ständig erleben: Die glitzernde Seite des Tieres aus dem Abgrund. Sie sagt: »Es ist doch gar nicht so schlimm. Wir bekommen es schon in den Griff. Wir wollen doch alle das Gute. Warum sollten wir uns denn wirklich ändern müssen? Warum sollten wir denn im Ernst an diesem Lebensstil rütteln? Das kommt doch gar nicht in Frage, das brauchen wir nicht.« Die Geschichte, so sagen postmoderne Philosophen wie der Amerikaner Fukuyama, ist beendet; es kann nichts Neues mehr kommen. Wir leben in der besten aller Welten. Diese von politischen Beratern auf hohem Rang diskutierten Thesen, sind Belege dafür, wie heute gedacht wird. Weswegen sollte denn irgend jemand alles neu machen wollen, wo wir es doch so weit gebracht haben? Der Liberalismus ist als das einzige Weltsystem übrig geblieben. Er hat seine Feinde, den Faschismus und den Kommunismus, endgültig besiegt.

Warum sollte da noch irgend jemand darauf warten, dass Gott kommt und alles neu macht? Gott macht alles neu, aber wir leben unter einem Gesetz, mit dem der Mensch auf schleichende Weise umdefiniert wird. Die vielfältigen Bestimmungen aus unserer Tradition, wonach der Mensch ein Wesen ist, das spielt und tanzt, das der Liebe fähig ist, das sinnstiftend ist und Mythen herstellt, werden verkürzt und klein gemacht. Der Mensch wird nur noch definiert als *homo oeconomicus*, als ein Wesen, das Profit macht. Das ist das Wichtigste und Einzige, was über ihn ausgesagt werden kann. Wer das nicht will, gehört eigentlich nicht dazu. Ich habe von einem jungen Mann gehört, der von seiner alten Patentante gefragt wurde, was er denn werden wolle? Er antwortete mit dem schönen Satz: »Was, ist mir egal, aber wenn ich bis 30 noch nicht Millionär bin, bin ich ein Versager und bringe mich um«. Auch das gehört zur glitzernden Seite des Tieres: Die Verdrängung des *homo orans et cantans* – des Menschen, der beten und singen kann, der Angst verspürt, der weinen und lachen kann – durch den Menschen, der Profit macht.

Und nun sagt Gott nach dem Text im Buch der Offenbarung: *Ich mache alles neu*. Die Hütte Gottes wird bei uns sein. Das Zelt Gottes wandert mit uns auf dem Weg durch die Wüste. Gott wird bei seinem Volk wohnen, er ist nicht weit entfernt. Die jetzt dürsten, werden trinken; die jetzt weinen, werden lachen; die Letzten werden die Ersten sein. Und wir wissen alle, wer die Letzten bei uns sind.

Wer ist denn dieser Gott, von dem da die Rede ist? Kommt der von oben wie die apokalyptischen Reiter: Pest, Hunger, Militär, Gewalt? Kommt Gott in ähnlicher Form? Die Bibel sagt uns immer wieder von Neuem: Eines Tages kommt Gott zu denen, die ihn rufen. Gott kommt nicht wie ein Schicksalsschlag plötzlich von oben herunter, weil es ihm gerade passt, wie es diesen Reitern, diesen Tieren aus dem Abgrund passt. Gott kommt nicht ohne uns. Gott kommt nicht ohne unsere Sehnsucht. Gott kommt nicht ohne die, die ihn rufen, ihn bitten, die in diesem Tal der Tränen mitweinen mit den Weinenden und die Fähigkeit zum

Weinen nicht schon verloren haben. Er kommt mit denen und in denen und ruft die, die ihn rufen. Und das ist eigentlich das, wovon die Apokalypse handelt: Die Menschen rufen, und Gott schreibt dem Engel Perus und dem Engel Boliviens und dem Engel Südafrikas und dem Engel Sri Lankas und dem Engel Jugoslawiens und vieler anderer Orte – um der Freiheit willen!

Ich will noch einmal Paul Gerhardt zitieren:

Er kommt zum Weltgerichte: / zum Fluch dem, der ihm flucht, / mit Gnad und süßem Lichte / dem, der ihn liebt und sucht. / Ach komm, ach komm, o Sonne, / und hol uns all zumal / zum ew'gen Licht und Wonne / in deinen Freudensaal.

Auch wir wollen nicht da bleiben, wo wir sind; auch wir gehören nicht einfach als Abhängige unter das Tier aus dem Abgrund. Auch wir werden irgendwann frei für diese Sehnsucht nach Gott. Die Theologen der Befreiung, zu denen ich gehöre, werden oft gefragt: »Ja, soll Gott denn nur für die Armen da sein? Hat er nicht die Reichen auch lieb? Es kann doch nicht wahr sein, dass bloß die Armen Gott nah sind.« Die Antwort darauf lautet: »Gott kommt zu denen, die ihn brauchen. Gott kommt zu denen, die ihn rufen.« Und das tun die, die am elendigsten sind, am lautesten. Aber auch alle, die diesen Ruf wenigstens noch hören, mittragen und laut machen unter uns, gehören zu den Armen. Nach der Bibel ist das Arm- und Reichsein keine biologische oder schicksalhafte Bestimmung. Die Kategorie der Bibel ist die Kategorie der Freiheit. Wir haben eine Wahl, was wir tun mit unserem Leben, und wofür wir uns einsetzen. Wir können wählen, welche Ordnung wir wollen, wie unsere Ausländergesetze aussehen. All dies steht in unseren Händen.

So können auch wir warten auf den neuen Himmel und Gottes Nähe. Wir sollen Verbündete der Armen sein. Das ist einfach und schwer zugleich: Verbündete zu sein, und nicht Ausplünderer; Verbündete unserer Mutter, der Erde, und nicht ihre Ausplünderer.

Die Bibel spricht von Visionen. Es gibt zwei Arten, Visionen wegzuschieben. Eine fromme, die sagt: »Irgendwann einmal am Ende der Welt, beim jüngsten Gericht, wird alles ganz anders. Gott allein macht das.« Und es gibt eine säkulare, die sagt: »Das sind Illusionen. Wir werden es schon packen; es ist ja alles nicht so schlimm.« Sie beschwichtigt. Aber die Armen haben trotz dieser Methoden des Wegschiebens Visionen gehabt, und sie haben sie aufgeschrieben. Diejenigen, die Gott nicht unter uns wohnen sahen, haben auf Gott gewartet. Wenn wir doch wenigstens dahin kämen, irgendwann in unserem Leben auf Gott zu warten, diesen Text zu beten, diese Angst zu spüren und mit denen, die da zertreten werden, Ausschau zu halten nach dem neuen Himmel und der neuen Erde.

Die Bibel spricht von Visionen. Warum sollten wir keine haben? Und ich sah einen neuen Himmel, denn der erste Himmel mit Giftwolken und Tieffliegern war verschwunden. Und ich sah eine neue Erde, und ihre Wälder waren grün, ihre Nahrung nicht mehr vergiftet. Und ich sah das neue Jerusalem aus dem Himmel von Gott kommen. In der Stadt sind Brunnen, deren Wasser man trinken kann. Die Kinder der verschiedenen Völker spielen miteinander in dieser Stadt. Die Straßen sind von Musik erfüllt. Die Leute singen miteinander, die Väter spielen mit ihren Kindern. Die Angst, zu kurz zu kommen, ist verschwunden. Es gibt keine Konkurrenz mehr, und es gibt keine Angst mehr. Ich sah einen neuen Himmel und eine andere Stadt.

Wenn wir etwas von den armen Ländern lernen können, dann ist es, Visionen zu haben. Zu unserer neuen Weltordnung, die George Bush zu Beginn des Golfkriegs verkündete, gehört es, dass Visionen und Utopien überflüssig sind. Auch in den führenden deutschen Zeitungen war zu lesen: Visionen sind schädlich. Wir wissen ja, wo das hingeführt hat; also brauchen wir keine. Diese Triviallogik beherrscht und knechtet uns. Aber wir brauchen Visionen. Wir brauchen dieses alte Buch. Wir brauchen die Stimme der Armen. Wir brauchen die Stimme der Leidenden, denn ohne sie können wir niemals hören, werden unsere Ohren zugeklebt, werden wir nicht mehr geschwisterlich auf dieser Erde leben können. Wir können lernen, auf Gott zu warten, so wie die Menschen, die das Buch der Offenbarung geschrieben und durch Jahrhunderte gebetet haben. Gerade das heißt, im Advent Gottes zu leben; auf Gott zu warten, hungrig und durstig zu werden nach Gerechtigkeit. Mach uns durstig, Gott, nach deiner Gerechtigkeit. Mach uns hungrig nach deiner neuen Stadt. Gib uns Sehnsucht nach deiner Schönheit und Lust zu deiner Wahrheit. Ich sah einen neuen Himmel und eine neue Erde.

Dorothee Sölle

Eins in Christus

Galater 3,28

Ich möchte mit einer Geschichte beginnen, die der große schwarze Prediger Howard Thurman, dessen Bücher Martin Luther King immer mit sich trug, überliefert hat.

»Während meiner Knabenzeit kümmerte sich meine Großmutter viel um mich. Sie war als Sklavin geboren und lebte bis zum Bürgerkrieg auf einer Plantage in der Nähe von Madison, Florida. Zu meinen regelmäßigen Pflichten gehörte es, alles Lesen für meine Großmutter zu übernehmen – sie konnte weder lesen noch schreiben. Zwei- oder dreimal die Woche las ich ihr aus der Bibel vor. Es machte mir einen tiefen Eindruck, wie äußerst sorgfältig sie war in der Auswahl der Heiligen Schrift. Zum Beispiel konnte ich viele der sehr frommen Psalmen lesen, manches aus Jesaja, wieder und wieder die Evangelien. Aber die paulinischen Briefe, niemals – ausgenommen nach langen Unterbrechungen das 13. Kapitel des ersten Korintherbriefs. Meine Neugier war grenzenlos, aber es war nicht üblich, sie über irgendetwas zu befragen.

Als ich älter war und schon halb durchs College, verbrachte ich zufällig am Ende der Sommerferien einige Tage Zuhause. Mit einem Gefühl großer Kühnheit fragte ich sie eines Tages, warum sie mich nichts aus den Briefen des Paulus lesen ließ. ›In den Tagen der Sklaverei‹, sagte sie, ›hielt der Pfarrer des Masters (des Sklavenherren) gelegentlich Gottesdienste für die Sklaven ab. Der alte Mann McGhee war so gemein, dass er einen Negerpfarrer nicht zu seinen Sklaven predigen ließ. Und der weiße Pfarrer brachte als Text immer etwas von Paulus. Mindestens drei- oder viermal im Jahr benutzte er den Text: ›Ihr Sklaven seid gehorsam denen gegenüber, die eure Herren sind [...] wie Christus gegenüber.‹ Dann ging er hin und zeigte, dass es Gottes Wille war, dass wir Sklaven wären, und wie Gott uns segnen würde, wenn wir gute und glückliche Sklaven seien.

Ich versprach meinem Schöpfer, dass, falls ich jemals lesen lernen würde und falls die Freiheit je käme, ich diesen Teil der Bibel nicht lesen würde.« »If I ever learned to read and if freedom ever came, I would not read that part of the Bible.«

Ich wünschte mir, Howard Thurmans Großmutter könnte mit uns, heute, hier Galater 3, 28 lesen, meditieren und feiern. Eigentlich wollte ich diese Predigt mit einem kleinen »Lob der Bibel« beginnen, aber diese alte Sklavin hat mich gebremst oder dialektisch korrigiert. Ich will die Bibel immer noch loben, weil sie das Manifest der Freiheit enthält, das wir gehört haben, aber ich behalte die, die Apartheid und Patriarchat mit Hilfe der Bibel bis heute rechtfertigen, im Auge, alle die, die Geschlechts-, Rassen- und Klassenunterschiede verewigen wollen. Ich lobe die Bibel, weil sie eine Vision der Freiheit darstellt und dramatisiert.

Das Manifest der Freiheit aus dem Galaterbrief stammt höchstwahrscheinlich aus der vorpaulinischen Missionsbewegung, es ist eine Taufdeklaration aus den Kreisen der frühchristlichen Geisttheologie, in der Frauen in Hauskirchen und in der Mission Führungsrollen hatten. Es stammt aus den kurzen Tagen der Freiheit. »Zur Freiheit hat uns Christus befreit. Lasst euch nicht wieder in das Joch der Sklaverei spannen.« (Gal 5, 1) Freiheit ist das zentrale Thema des Galaterbriefes, und mit diesem Begriff der »eleutheria« wird die Situation der Christen vor Gott und in der Welt zusammenfassend ausgedrückt. »Zur Freiheit seid ihr berufen.« (Gal 5, 13) Genau aus diesem Grund durfte kein schwarzer Prediger die alte Sklavin aus Florida belehren; er hätte ja vielleicht die ganze Bibel lesen können und sie entdecken können als die große Verbündete derer, die sich nach Befreiung sehnen.

Der Jubel der Befreiten durchklingt den Brief. Er bestimmt auch das Taufversprechen derer, die zum Glauben gekommen waren und die nun bekannten: »In Christus gilt nicht Jude noch Grieche, nicht Sklave noch Freier, nicht männlich und weiblich, wir sind alle eins in Christus.«

Ich stelle mir jetzt eine junge Frau vor, die im ersten Jahrhundert Christin wurde. Ich stelle sie mir als Sklavin vor.

Sklaven waren zur Zeit des Paulus rechtlich nicht Personen, sondern Sachen. Sie wurden unter dem Gesichtspunkt betrachtet, dass sie Körper waren; Körper zur Arbeit und Körper zum sexuellen Gebrauch durch die Herren. Die junge Frau, die ich mir vorstelle, wurde mit elf oder zwölf Jahren zuerst von ihrem Besitzer sexuell missbraucht; jetzt machen sich die heranwachsenden Söhne über sie her. Alle Frauen wurden unter dem Gesichtspunkt der Benutzbarkeit angesehen: zum sexuellen Gebrauch, zum Gebären und zur Arbeit. Ich stelle mir vor, wie diese junge Frau es wagt, Mitglied einer winzigen christlichen Zelle zu werden. Sie erlebt die Taufe und spricht das feierliche rituelle Bekenntnis mit. Wiedervereinigung der Menschen miteinander wird da proklamiert. Es ist egal, ob du Nordafrikanerin bist oder Europäerin, ob du Haussklave des geilen alten Mannes bist oder Färberin, die den Gestank der Häute nicht los wird und darum gemieden wird. Die Zwangsordnung der patriarchalen Ehe ist unwichtig, es gibt eine neue Form der Zusammengehörigkeit »in Christus«. Die »familia Dei« orientiert sich nicht wie das Patriarchat an Körperkraft und Gewalttätigkeit, an einer Rechtsordnung, die das älteste Unrecht zementiert, und an einer Religion, die genau diesen Zustand noch einmal, himmlisch, absegnet.

Die junge Sklavin muss das Evangelium gehört haben wie eine Träumende. »Wenn der Herr die Gefangenen Zions erlösen wird, werden wir sein wie die Träumenden.« (Ps 126, 1) Sicher, es ist nur ein ritueller Zuspruch in einer winzigen Gruppe, die sich heimlich trifft, die in der normalen Welt der Gesamtgesellschaft nichts bedeutet, und doch ist diese Veränderung des symbolischen Universums, an dem auch sie teilhat, alles für sie. Sie stürzt nieder, sie kann nicht sprechen, stammelt, manche verstehen das Wort »Abba«, das sie ruft. Die erste Gestalt der Freiheit ist die Ekstase, das Überwältigtwerden vom Glück. Sie singt, die Tränen der furchtbaren Jahre brechen hervor, sie zieht das alte Kleid aus, an dem jeder sie erkennen und das bedeutet: demütigen konnte, sie taucht unter ins Wasser der Reinigung. Der Himmel geht über allen auf, auch in der miesen

Wohnung der kleinen Leute, wo all dies sich vollzieht. Und sie hört die Stimme ihr sagen: »Dies ist meine liebe Tochter, an der ich Wohlgefallen habe.«

Was ist Freiheit, liebe Freundinnen und Freunde? Ihre erste Gestalt ist die Ekstase. In diesen Tagen feiern die Menschen in Europa die französische Revolution. Sie zu ehren, dichtete Friedrich Schiller seine Ode an die Freude, 1790:

»Freude, schöner Götterfunken,
Tochter aus Elysium,
wir betreten feuertrunken
Himmlische, dein Heiligtum.«

Das ist die Ekstase der Freiheit. Jahrhunderte teilte die Klassengesellschaft die Menschen; bis in die Kleidung war sichtbar, wohin jemand gehörte und wo er oder sie nichts zu suchen hatte.

»Deine Zauber binden wieder,
was die Mode streng geteilt«,

Aufhebung der Trennung, Wiedervereinigung des zertrennten Lebens mit sich selber, wie Hegel dann formulieren wird. War es nur ein Rausch, eine Trunkenheit wie das Abba-Geschrei der Galater? Und die Taufe, dieses Drama der Freiheit, diese Inszenierung des Gott-auch-in-uns, hat sie Folgen? Was ist denn aus dem »weder Sklave noch Freier, nicht männlich und nicht weiblich« geworden? Hat die Freiheit nur diese ekstatische Gestalt? Gab es soziale Konsequenzen? Und wenn schon nicht in der gesamten Gesellschaft, so wenigstens in der Gemeinschaft der Heiligen, in dem, was wir Kirche nennen?

Jahrhunderte haben die Exegeten sich Mühe gegeben, diese sozialen, revolutionären Konsequenzen abzuschwächen. Sie haben der jungen Sklavin bescheinigt, dass sie nur ein oberflächliches Verständnis des Evangeliums habe, wenn sie es tatsächlich auf Freiheit hin auslegt! Sie haben im so genannten tieferen Verständnis die Gleichheit auf Gott bezogen, vielleicht noch auf den Tod, den großen Gleichmacher, aber nicht auf die Welt und Ihre Ungleichheit. Macht, Besitz und Privilegien blieben dort, wo sie immer schon waren. Als drängte das In-Christus-Sein nicht auf Verwirklichung! In der Theologie, die ich gelernt habe, wurde das Zauberwort »eschatologisch« am Ende aller Tage, zur Zähmung der Freiheit benutzt.

In der Taufformel des Galaterbriefes wird die Freiheit benannt mit ihren guten negativen Namen: Nicht dieses, so nicht, nicht, wie ihr euch das denkt! Habt keine Angst vor diesen Neins, die Freiheit braucht sie! Nicht erst die französische Revolution, schon der Galaterbrief begreift, dass die Grundlage der Freiheit die Gleichheit ist. Ohne égalité keine liberté! Die Gemeinden der frühen Jesusbewegung waren Gemeinschaften von Gleichen, das ist ein wichtiges Ergebnis feministischer Forschung. Bestehende Ordnungen wie die Superiorität einer Rasse, eines Geschlechtes, einer Wirtschaftsform, die Sklaven brauchte, um zu funktionieren, waren – im symbolischen Universum der Religion – entwichtigt, so drängte es die Menschen nach sozialer Veränderung. Zumindest in der Kirche sollte das Neue Sein sichtbar werden, wenigstens hier sollte die Macht nicht hierarchisch, durch ewige Ungleichheit befestigt werden. Bis auf den heutigen Tag leiden wir unter den vielen Niederlagen der Freiheit bei ihrem zweiten Schritt. Manchmal denke ich, wir haben das neue Kleid der Gleichheit, den Mantel der Gerechtigkeit, nie angezogen. Nackt, halbgetauft, nach den alten Kleidern der Macht der Wenigen, der Erniedrigung der Vielen schielend, stehen wir da.

Aber diese Leiden an der Unfreiheit, am Weiterbestehen der Privilegien, die blutige Terrororganisationen benötigen, um sich aufrecht zu erhalten, kann uns die Vision der Befreiung nicht löschen. Fallt doch nicht in den Irrtum der Buchhalter, die meinen, weil der zweite Schritt nicht möglich, ortlos, utopisch sei, lohne es sich nicht, den ersten zu tun! Christus anziehen heißt, die alten Kleider dieser Welt abzulegen, die Schuhe, die über Leichen gehen, zu verbrennen und die Kosmetik, die uns die Luft zum Atmen vergiftet, wegzuwerfen. Christus anziehen heißt auch mit Christus nackt werden.

Ich denke noch einmal an die junge Frau aus Galatien, die

Sklavin, die sich taufen lässt. Geht sie nicht anders, aufrechter, wenn sie aus der Taufe und von Gottes Nähe umhüllt zurückgeht in ihren Alltag, ihre Misere? Jetzt ist sie Abrahams Kind und Erbin nach der Verheißung. Sie leidet nicht weniger, ich denke, eher mehr. Ihre Sehnsucht ist größer geworden. Die Taufe gibt uns nicht den Sieg, wie der Kaiser Konstantin sich einbildete. Sie hilft uns, den ersten Schritt in die Freiheit zu tun.

Dorothee Sölle

Sieger und Verlierer

Lukas 9, 25

Zur Jahreslosung 1997

»Denn was nützte es dem Menschen, die ganze Welt zu gewinnen, wenn er dafür sich selbst verlieren oder zu Grunde gehen müsste?« (Lukas 9, 25)

Merkwürdig, dass Jesus den Leuten seiner Wanderbewegung, diesen erwerbslosen Nicht-Sesshaften, etwas über »die ganze Welt gewinnen« vorphantasierte! Den ganzen Kosmos »gewinnen« – stand das denn zur Debatte? Was dachten sich denn die hungrigen Frauen, mit denen er herumzog, die froh waren, wenn sie ihre Kinder durchbrachten, als sie das hörten?

Ich denke, er wollte die Wurzel der Gewinnsucht in uns allen sichtbar machen. Das Wort »gewinnen« oder »Gewinn« hatte in der griechischen Sprache zwei Grundbedeutungen, eine war auf praktische Klugheit, kluger Rat, auch List oder Ränke bezogen, die andere auf Gewinn, Vorteil, Nutzen; auch die abhängig machende Sucht nach Gewinn klang mit. ›Kerdos‹ ist ein Wort der Kaufmannssprache. Die Welt wird angesehen als etwas, aus dem sich Gewinn ziehen lässt. Dazu ist sie geschaffen. Wer sie richtig behandelt, der wird mit Erfolg belohnt, er oder auch sie gehört zu den »Winnern«, ich finde die Sprache des Imperiums besonders geeignet, diese Besetzung unseres Verhältnisses zur geschaffenen Welt mit einem einzigen Wort auszudrücken.

Christoph Columbus schreibt am Beginn dessen, was wir heute Globalisierung nennen, in seinem Tagebuch über das neu entdeckte Land: »Bäume findet man in tausend verschiedenen Arten, vor allem voll mit Früchten [...] die ganze Christenheit wird Geschäfte machen können. Von hier aus könnte man im Namen der heiligen Dreifaltigkeit ebenso viele Sklaven zum Versand bringen [...] wie Brasilhölzer. Wenn die Auskünfte, über die ich verfüge, zuverlässig sind, könnte man, wie man mir sagte, viertausend Sklaven verkaufen, die einen Wert von 20 Millionen und mehr haben dürften ...«

Was brächte es dem Menschen, wenn er die ganze Welt globalisierte? Die Jahreslosung ist gut gewählt für die 90er Jahre. Der Geschäftsmann, der die Welt unter dem Gesichtspunkt des ›kerdos‹ behandelt, ist der historische Agent, der den Umbau der Welt zum globalen Markt mit allen Mitteln betreibt. Globalisierung wird uns als unabänderliches Schicksal verkauft, sie kommt, ob wir wollen oder nicht, es gibt nichts daran zu ändern. Für die Standortpropaganda kommt es nur darauf an, sie unter dem allein herrschenden Gesichtspunkt zu sehen, der sich seit den Zeiten des Kolumbus nicht geändert hat: Es ist der der Winner.

Einer der vielen unterschiedenen Gründe, warum es die Kirche heute nicht gerade leicht hat, ist ein sehr ehrenvoller, die unaufgebbare Perspektive der Verlierer, der Loser. In allen Sätzen der Leidensverkündigung, aus deren Zusammenhang unsere Losung stammt, ist diese Perspektive vorgegeben: Wo gesiegt wird, da wird auch unterworfen; wo heute Waffen exportiert werden, da werden morgen Frauen vergewaltigt; wo gewonnen wird, da gibt es Verlierer; wo Globalisierung Platz greift, da wird die Subsistenzwirtschaft zerstört; wo Arbeit abgeschafft wird, um schneller und problemloser zu den Winnern zu gehören, da sollten wir diese andere Perspektive mitsehen. »Wer verliert dabei?«, sollten wir bei jeder wirtschaftspolitischen Neuerung, wie z.B. der Abschaffung der Vermögenssteuer, laut und deutlich fragen. Wer sind die Verlierer bei der globalen Weltaneignung?

Wir wissen es alle, ich brauche sie nicht noch einmal aufzuzählen. Auch Jesus weiß es, der Zusammenhang von Weltgewinn im Imperium Romanum und Todesfolter ist der Hintergrund unserer Passage. Aber hier sagt er etwas anderes, nennt er die Gewinner, die, die »sich selbst beschädigen«, die sich kaputtmachen. Wieso denn sich selbst? Zunächst doch nur die anderen, die 80 Prozent Verlierer und all das, was der angeblich ›gewonnene‹ Kosmos noch an Kreaturen enthält. Meint Jesus wirklich, dass die Sieger- und Gewinnermentalität Beschädigung und Selbstverlust für die Profiteure brächte? An den Aktienbörsen kann man das jedenfalls nicht ablesen! Wo immer Arbeitsplätze vernichtet werden, da steigen die Aktien, wo Menschen ihre Grundrechte auf Arbeit und Erziehung und Heilung verweigert werden, da sind andere dabei »die ganze Welt zu gewinnen«. Welche Art von Selbstbeschädigung ist denn gemeint in diesem Vers, der sich an die Reichen richtet?

Eine ältere Frau aus den neuen Ländern schrieb mir vor kurzem ihre »merkwürdigen Gedanken [...] aus den Zusammenhängen von arm und reich, Hungern und Sattsein. Wenn die Dritte Welt auch mal satt sein könnte und alles hätte, so wie wir hier – werden die dann auch so klopsig wie die BRD, so oberflächlich, gelangweilt und bösartig?« Das komische Wort »klopsig« hat mich erheitert, weil bei uns die Weltgewinner ja ästhetisch sehr gestylt daherkommen, in der Perspektive Jesu aber durchaus hässlich und hilflos, geistlos und in der Tat von Langeweile »beschädigt« sind.

Jesus beharrt auf dieser Vorstellung von der Selbstbeschädigung, Selbstverblendung, dem Selbstverlust derer, die, wie Christa Wolf gesagt hat, »nicht aufhören können zu siegen«. Jesus dachte zugleich ein ›Ja‹ mitten im ›Nein‹, einen Gewinn mitten in der Freiheit von der Gewinnmaximierung, eine unbeschädigte andere Heiterkeit, die den Zwängen der Sieger entkommen ist. So wie er die, die sich verlieren, als Gefundene sah, so hatte er sogar Hoffnung für die, die den ›kerdos‹ zu ihrem Götzen gemacht haben. Auch Suchtkranke können geheilt werden.

Ich habe mich gefragt, was ich der Kirche, meiner Kirche wünsche, wie sie ohne Selbstbeschädigung und Selbsterübrigung durch diese Zeiten käme. Ich möchte, dass sie nicht nur zählt und sich selber im Zählen erstickt. Es gibt Loser, die haben nichts anderes im Kopf als die Winner. So sollte es bei uns nicht sein. Ich wünsche mir, dass diese Erzählgemeinschaft namens Kirche mit störrischer Geduld die Geschichte Christi weitererzählt, die nicht von Gewinnern handelt. Unser Text fährt fort mit dem Satz: »Denn wer sich meiner und meiner Worte schämt, dessen wird sich der Menschensohn schämen ...« Ich wünsche mir, dass sich die Kirche nicht der Sprache der Gerechtigkeit schämt. Dass sie dieses überflüssige Globalisierungshemmnis namens Gerechtigkeit noch erinnert. Dass sie es analysiert und einklagt, betet und singt.

»Eine Welt, in der alle Platz haben«, so haben die Zapatisten in Mexiko ihre Vision benannt. Alle heißt, nicht nur die gegenwärtigen Weltbesitzer, die multinationalen Konzerne. Eine Welt, in der alle Platz haben, ist eine, die niemand »gewinnen« kann, weil sie kein Gegenstand des Besitzes ist. Und so wünsche ich mir eine Kirche, die ruhig die alten Sätze wiederholt. »Die Erde ist des Herrn.« »Also hat Gott die Welt geliebt«, auch das lässt sich mit der Welt machen! Wir müssen sie nicht gewinnen. »Auf dass alle« – und der Komponist Heinrich Schütz wiederholt dieses Wörtchen »alle« bis zum Gehtnichtmehr! – »nicht verloren gehen«.

Fulbert Steffensky

Die Macht will den Seher kaufen

4. Mose 22–24

Der erste Teil unserer Geschichte: Der König ruft den Wahrsager! Der König braucht die Kraft des Besprechers, ihre Bomben und ihre Geheimpolizei. Warum holen sie sich für viel Geld und von weit her die Besprecher? Die Segner und die Verflucher? Offensichtlich kommt die Macht nicht mit sich selber aus, sie kann es nicht vertragen, wenn sie nackt ist. Sie braucht die Sänger, die die Lieder vom Recht der Macht singen. Sie braucht die Segner, die gutheißen, was sie tun: Benedicere, segnen, gutheißen, legitimieren, den guten Ausgang garantieren. Auch in säkularsten Zeiten will die Macht gesegnet sein, und sie ist bereit, dafür zu zahlen. Die Kehrseite: Die Macht braucht den Fluch; damit man die Feinde bekämpfen kann, ist es nötig, sie zu delegitimieren, ihnen das Recht auf Existenz abzusprechen und sie zu Gottesfeinden zu erklären.

Als am 6. August 1945 das Flugzeug Enola Gay mit der Atombombe für Hiroshima, Little Boy nannte man sie, startklar gemacht wurde, da war ein Bileam aus Minneapolis zur Stelle, den kein Esel und kein Engel von seinem Fluch-Segen abhielt. Es war der Feldgeistliche und Hauptmann William Downey, und er sprach so: »Allmächtiger Vater, der du die Gebete jener erhörst, die dich lieben; wir bitten dich, jenen beizustehen, die sich nun in die Höhen deines Himmels wagen und den Kampf bis zu unseren Feinden vortragen. Behüte und beschütze sie, wir bitten dich, wenn sie ihre befohlenen Runden fliegen. […] Mögen die Männer, die in dieser Nacht den Flug wagen, sicher in deiner Hut sein und mögen sie unversehrt zu uns zurückkehren. Wir werden im Vertrauen auf dich weiter unseren Weg gehen, denn wir wissen, dass wir jetzt und für alle Ewigkeit unter deinem Schutz stehen. Amen.«

Es ist ein Segen, der zum Fluch der anderen geworden ist: Innerhalb von neun Sekunden starben Zehntausende dieser

Verfluchten. Über 100 000 starben an den unmittelbaren Folgen. Welcher Gott hat dem Hauptmann und Feldgeistlichen befohlen, so zu sprechen; und welcher Gott hat versäumt, ihm aufs Maul zu schlagen?

Dagegen die Freiheit und die Schönheit jenes Bileams aus Petor am Euphrat: »Wenn mir Balak Silber und Gold gäbe, so viel sein Haus fassen kann, so könnte ich doch das Wort des Herrn meines Gottes nicht übertreten, nicht im Kleinen und nicht im Großen.«

Wir sprechen über Segen. Wir werden nicht daran vorbeikommen, uns zu fragen, wo wir ihn verweigern müssen; uns zu vergewissern, dass unser Segen anderen nicht zum Fluch wird. Wir segnen, legitimieren und erklären uns einverstanden auch mit unserer puren Anwesenheit. Es kann einen schon nachdenklich machen, wenn man überlegt, wie selbstverständlich die Kirche ihren Platz hat in den gesellschaftlichen Institutionen – in den Schulen, beim Militär, in den Universitäten, bei der Einführung in politische Ämter und bei der Eröffnung von Banken. Wir sollten darüber nachdenken, wo überall unsere Reden verlangt werden, unser Glockengeläut und unsere Dankgottesdienste. Man wird uns, wenn wir blind sind wie Isaak, den Segen stehlen, ohne dass wir es merken. Einmal werden wir gefragt werden, wo wir den Segen verweigert haben, wo er gebraucht wurde und wo Gott ihn haben wollte. Und einmal wird man uns fragen, wo wir den Willen Gottes mit dem falschen Segen geschändet haben. Schweigt nicht, wo ihr segnen sollt! Und segnet nicht, wo ihr eigentlich fluchen sollt. Man hört im Augenblick gerade bei der Rede über den Segen eine protestantische Daueranklage, dass wir nicht so erfinderisch, so formen- und gestenreich, so segensfreudig wie die Katholiken sind. Es ist ja etwas dran. Aber wir sollten unseren Stolz nicht verraten. Wir sollten sehen, dass diese Schwäche aus einer protestantischen Stärke kommt, aus der alten Tugend der Skepsis und des Zweifels. Wir leben in geschminkten Gegenwarten, die uns ununterbrochen dazu auffordern, an ihre einzigartige Schönheit und Notwendigkeit zu glauben; an ihre Liebe zur Wahrheit und zum Recht.

Die Kirche hat die Freiheit und den Befehl, nichts für heilig zu halten – außer Gott; nicht den gegenwärtigen Staat, nicht das gegenwärtige Wirtschaftssystem, nicht den gegenwärtigen allgemeinen Glauben, auch sich selber nicht. Segensverweigerung und Entgötzung ist eine unserer Grundaufgaben. Das ist nicht so leicht, denn es ist leichter zu glauben als zu zweifeln; es ist leichter zu vertrauen, als sich in misstrauische Distanz zu bringen. Man ist gerne dabei und zu Hause und sei es im engen Gefängnis der Gegenwart. Ertragen wir es also, wenn die Moabiterkönige in Deutschland, in der Schweiz und anderswo uns gelegentlich sagen, was Balak Bileam gesagt hat: »Pack dich und geh zurück in dein Land! Ich wollte dich reichlich belohnen, aber Gott hat dich um deinen Lohn gebracht.« Gelegentlich kommen die Segensverweigerer so gut ja nicht weg, und man lässt sie nicht auf ihren Eseln gemütlich in ihr Land zurückhoppeln.

Vielleicht ist der Bileam des Mittelteils unserer Geschichte ein Bild für die blinden Segner in unseren Kirchen. Sie reiten munter daher, des Silbers und des Ansehens gewiss – die Seher mit dem Silberblick. Sie sehen keinen Engel mit dem Schwert, kein Verderben, in das sie rennen. Da sind zum Glück ein paar andere in der Kirche, die Esel, die mit dem räudigen Fell, die mit den lauten und unangenehmen Stimmen, die weniger Ästhetischen und die Eigenwilligen. Sie sehen den drohenden Engel, und es macht ihnen nichts aus, gelegentlich das rechte Bein des blinden Sehers in der engen Gasse an die Mauer zu quetschen, gelegentlich auch das linke. Ich wünsche nur, dass sie nicht so jammern, wenn sie ihre Prügel beziehen vom aufgebrachten blinden Seher. Sehende Esel behandelt man normalerweise nicht sanft und ehrfürchtig wie Elder Statesmen.

Der dritte Teil unserer Bileamsgeschichte: Bileam steht ja gar nicht von Anfang an auf der Seite Israels. Schließlich ist er im Auftrag und im Sold der Moabiter hier. Und mit allen Tricks aus der Seherkiste versucht er Balaks Wünschen zu entsprechen, er probiert es von der Höhe aus, von der er alles im Blick hat; er versucht es vom Berge Peor aus. Aber der Zauber der Flüche ist gebrochen. Er wird zum Segen für Israel. Im Gegenteil: Der Fluch gegen Israel wird zum Fluch derer, die ihn ausstoßen, zum Fluch über die Moabiter: »Gott, der Jakob aus Ägypten geführt hat, ist für ihn wie das Horn des Wildstiers. Er wird die Völker, seine Verfolger, auffressen und ihre Gebeine zermalmen und mit seinen Pfeilen zerschmettern.«

So spricht der Mann, dem die Augen geöffnet sind: »Wie schön sind deine Zelte, Jakob, und deine Wohnungen Israel! Wie Täler, die sich ausbreiten, wie Gärten am Strom.« Nein, es ist keine Zustandsbeschreibung. Denn noch ist dieses Volk in der Wüste und nicht in den Gärten am Strom. Aber immer, wenn sich das Volk an diese Geschichte erinnert, weiß es, dass am Anfang seiner Geschichte ein Segen stand, ein so oft überholtes und unüberholbares Versprechen: Gesicht des Allmächtigen: ausgebreitete Täler, Gärten am Strom, Zedern am Wasser! Wir in Deutschland lesen den Segen über das Volk mit Schauer. Denn hier war eine der Stellen, in der der Segen in Fluch verwandelt wurde. Offensichtlich aber war die alte Erinnerung an den Segen des Anfangs gerade dann wichtig, wenn der Fluch übermächtig geworden war. Die Segen, die einen neuen Anfang setzen; die gesegneten Anfänge, an die man sich erinnert in den Zeiten des Schreckens. Die Schöpfungsgeschichte: Und siehe, es war sehr gut, und Gott segnete sie. Die Berufung Abrahams, der Anfang des Bundes: mit einem Segen bekräftigt: »Ich will segnen, die dich segnen, und verfluchen, die dich verfluchen; in dir sollen gesegnet werden alle Geschlechter auf Erden.« Die Bileamsgeschichte ist wie eine zweite Strophe der Abrahamsgeschichte: Gesegnet sei, wer dich segnet, und verflucht, wer dich verflucht. Schließlich die Erinnerung an die gesegneten Anfänge im neuen Bund mit Noah, im neuen Anfang nach dem Exil. Und zu unseren gesegneten Anfangsgeschichten gehört die Erinnerung an Christus, die Verbergung Gottes in der Armut, der Kälte und in der Hauslosigkeit.

»Ich sehe ihn, aber nicht jetzt; ich schaue ihn, aber nicht von nahem.

Es wird ein Stern aus Jakob aufgehen und ein Zepter sich erheben aus Israel.«

Was mache ich, was machen wir eigentlich als Christen, wenn wir unsere eigene Geschichte in den alten Segen des Volkes Israel hineinlesen; wenn wir uns in den Segen schleichen, der nicht für uns gedacht war und den wir als Volk verspielt haben? »Gesegnet sei, wer dich segnet, und verflucht, wer dich verflucht.« Ich kenne die Einwände, die sich dagegen erheben: Maßen die Täter sich nicht an, die Opfer zu beerben? Ist es nicht theologischer Narzissmus, sich selber in allen Geschichten und Vorlagen zu entdecken?

Ich möchte eine Geschichte unserer Enkeltochter Charlotte erzählen: Ich wollte sie vor Weihnachten auf das Fest vorbereiten und erzählte ihr die Verkündigungsgeschichte: Der Engel hat Maria ein Kind verheißen. Ich fragte Charlotte: Und wer war dieses Kind? Und sie: »Das war ich!« Meine religionspädagogische Kunst war einen Augenblick am Ende. Aber ich frage mich – zugegeben den Narzissmus des Kindes –, ob es nicht auch Recht hat. Der Glaube liest sich in die fremde Geschichte. Er überspringt heiter den garstigen Graben der Historie und sagt: *Wir* sind aus Ägypten ausgezogen; *uns* hast Du in der Wüste behütet und genährt; »Die Wunden alle, die du hast, hab *ich* dir helfen schlagen«, heißt es in einem Passionslied. Es ist die Kraft des Glaubens, Ich und Wir zu sagen, und die Dinge nicht in ihrer historischen Distanz zu lassen. Seid also nicht so säuberlich-korrekt! Die Liebe und der Glaube richten immer einen großen historischen und auch sonstigen Mischmasch an. Sie begnügen sich nicht damit, nur in den eigenen Häusern zu wohnen.

Aber die schwerere Frage bleibt: Dürfen wir in dem Land, wo der Segen in Fluch verwandelt wurde, den alten Segen auf uns beziehen? Man kann niemanden von der Hoffnung ausschließen, nicht einmal sich selber. So wichtig es ist, sich der eigenen Geschichte der Zerstörung zu erinnern, so wird die Erinnerung selber zerstörerisch, wenn sie zum Zauber wird, der uns in die reine Negativität und Erwartungslosigkeit bannt. Wir haben weder für uns noch für unsere Kinder ein Recht, aus der Erinnerung an unsere eigene Geschichte zu Asketen der Hoffnung zu werden. So schlage ich vor, uns selber zu bergen in dem alten Segen, in dem wir nur zu Gast sind:

»Es wird ein Held hervorgehen aus der Nachkommenschaft Jakobs,

und er wird herrschen über viele Völker.

Ich sehe ihn, aber nicht jetzt; ich schaue ihn, aber nicht von nahem.

Es wird ein Stern aus Jakob aufgehen und ein Zepter sich erheben aus Israel.«

In diesen Segen sollt Ihr alle eingeschlossen sein.

Dorothee Sölle

Maria und Martha

Lukas 10, 38–42

Als ich die Geschichte von Maria und Martha wieder las, erinnerte ich mich an meine Kindheit. In unserer evangelischen Kirche in einem Vorort von Köln gab es ein Glasfenster mit der Inschrift »Eins aber ist Not!« Selbstversunken, schmalgliedrig und zart saß Maria zu Jesu Füßen. An den Tisch gelehnt, breitbeinig, einen Rührtopf in der Hand stand Martha dabei, eine Hand vorwurfsvoll erhoben: »Herr, stört es dich nicht, dass meine Schwester mich da so allein arbeiten lässt?« (Lukas 10, 40) Ich erinnere mich, dass ich die Geschichte nicht leiden konnte.

Die abendländische Tradition hat diese beiden Frauengestalten als Typen für das kontemplative und das aktive Leben angesehen. Beschaulichkeit und Wirksamkeit, das ruhige Hören des Wortes und die rastlose Sorge um die alltäglichen Nöte des Leibes, die *vita contemplativa* und die *vita activa* wurden aber nicht nur einander gegenübergestellt, sondern in eine eher von Aristoteles als vom jüdischen Denken geprägte Rangordnung eingeordnet. Das kontemplative Leben gilt als höherwertig, es ist geistiger und wesentlicher, das tätig-praktische Leben ist notwendig aber untergeordnet. Maria hat sich »das bessere Teil erwählt« (V. 42). Martha wird in dieser Tradition als nützlich, aber etwas beschränkt und eng angesehen. Zu den Grundlagen des abendländischen Denkens gehört es, die »reine« Theorie als erhaben über die bloße Praxis anzusehen; sie verhalten sich wie Kopf- und Handarbeit. Die Reformation hat zwar die Kontemplation beschaulicher Klosterinsassen zugunsten des bürgerlichen praktischen Handelns zurückgedrängt, die Gestalt der Martha aber, der tätigen realistischen Frau noch weiter herabgewürdigt. Luther sagte: »Martha, dein Werk muss bestraft und für nichts geachtet werden […] ich will kein Werk haben denn das Werk Marias, das ist der Glaube.«

Gegen die Übermacht dieser spiritualisierenden und antijüdischen Auslegungstradition für Maria und zuungunsten Marthas hat nicht die Reformation, sondern eine ganz andere Seite Einspruch erhoben – die Mystiker: In einer radikalen Neuinterpretation hat Meister Eckart in seiner Predigt die noch unfertige Maria an den Anfang des geistlichen Lebens gerückt und die reife Martha aufgrund ihrer Erfahrung eine größere Nähe zu dem, was Not tut, zugesprochen. »Martha fürchtete, dass ihre Schwester im Wohlgefühl und in der Süße stecken bliebe.« Martha wünscht sich, dass Maria wird wie sie selbst. Und, führt Eckart in einer genialen christlichen, nicht klerikalen, den Geist der aufblühenden Frauenbewegung des späten Mittelalters spiegelnden Neudeutung fort: »Deshalb sprach Christus und meinte: Sei beruhigt, Martha, auch sie hat den besten Teil erwählt. Dies hier wird sich bei ihr verlieren. Das Höchste, das wird ihr zuteil werden: sie wird selig werden wie du!«

Frauen, die sich heute bewusst auf die christliche Tradition einlassen sind dabei zu lernen, zwischen den unterdrückerischen frauenfeindlichen und den befreienden Zügen dieser Tradition zu unterscheiden. Für unsere Geschichte bedeutet das, zwei Schritte zu tun. Den ersten nenne ich: Martha wiederentdecken, den zweiten: Maria und Martha zusammen bekommen! Wir müssen Martha nicht nur »verstehen«, sondern sie aufwerten, ihre Stärke wahrnehmen, ihre Kraft uns zu eigen machen, sie nicht nur von Lukas 10 hersehen, sondern Johannes 11, die Geschichte von der Auferweckung des Lazarus dazuzunehmen, eine Geschichte, in der Martha die Handelnde ist, die mit Jesus rechtet wie Hiob mit Gott. Sie ist die realistische, die weiß, dass ihr Bruder nach vier Tagen im Grab schon stinkt, und sie ist die theologisch Denkende, die das Bekenntnis zu Christus ausspricht – wie sonst nur Petrus: »Herr, ja ich glaube, dass du bist Christus, der Sohn Gottes, der in die Welt gekommen ist.« Diese Christin zu entdecken, wie es vorbildlich Elisabeth Moltmann-Wendel getan hat, hilft uns, die Hierarchie zu entmächtigen, auch die, die sich in uns selber eingenistet hat. Hierarchie als die garantierte Herrschaft, die sich nicht zu begründen braucht, die Überlegenheit und Privilegien verleiht, ist immer gegen die tiefsten Interessen der Frauen gerichtet, auch wenn sie, wie in diesem Maria-Martha-Modell, unter Frauen selber auftaucht. Das hierarchische Denken unterstützt immer die Frauenverachtung, die Lächerlichmachung oder Trivialisierung der Frauen – und ich glaube, das habe ich als kleines Mädchen gespürt. Martha tat mir Leid und sie war mir peinlich. Dass Frauen so sein können, wie das Martha-Klischee, das ich da ererbt hatte, schmerzte und störte mich.

Martha wiederentdecken – die starke, die selbstbewusste, nüchterne, klare Frau lieben lernen – das hilft mir. In der Lazarusgeschichte wird auch erzählt, wie verschieden die beiden Schwestern auf den Tod ihres Bruders reagieren. Maria wirft sich weinend Jesus zu Füßen; Martha rechtet mit ihm, der ganz in der Nähe war und ohne Mühe eher kommen konnte! Sie ist vorlaut, gibt nicht klein bei und sie ist es, die, ein weiblicher Petrus, die Wahrheit sagt. Kein Zufall, dass sie später als Drachentöterin dargestellt wird.

Mit der Wiederentdeckung der hässlich gemachten Martha ist auch der andere notwendige Schritt der Auslegung verbunden, der für Frauen *und* Männer heute von äußerster Wichtigkeit ist. Wir müssen lernen, dass wir nicht wählen müssen zwischen der Kontemplation und dem Handeln. Niemand hat das Recht, uns diese Wahl aufzuzwingen. Wir müssen die Welt nicht in Macher und Träumer, in Yogis und Komissare, in die sanfte, lauschende, sich hingebende Maria auf der einen Seite und die pragmatische, handlungsstarke Martha aufteilen. Wir brauchen beide, Maria und Martha, ja wir sind in der Tat diese beiden Schwestern. Teresa von Avila, die der mystischen Auslegungstradition folgt und die sich abkapselnde Kontemplation verwirft, sagt: »Glaubt mir, Martha und Maria müssen beisammen sein, um den Herrn beherbergen zu können und ihn immer bei sich behalten zu können, sonst wird er schlecht bewirtet sein und ohne Speise bleiben. Wie hätte Maria, die immer zu seinen Füßen saß, ihm etwas zu essen gegeben, wenn die Schwester ihr nicht beigesprungen wäre? Seine Speise aber ist, dass wir auf jede Weise Seelen sammeln, damit sie errettet werden und ihn loben in Ewigkeit.« Nur beide Schwestern zusammen können Christus »beherbergen«, so dass er einen Ort auf der Welt hätte.

Es gibt heute in der reichen Welt ein großes Verlangen nach Spiritualität, nach Versenkung, nach Kontemplation und Mystik. Maria kann zum Sinnbild dieser halben, noch unreifen Spiritualität werden. Viele junge Menschen verzweifeln an den Handlungsmöglichkeiten in unserer Welt, sie sehen die Bäume sterben und die Kinder der Armen verhungern und ziehen sich in eine Innerlichkeit zurück, vor der die Mystiker gewarnt haben. Eckart sagt über die Maria, dass sie damals, als sie zu Füßen Christi saß, »noch nicht Maria hieß. Denn sie saß noch im Wohlgefühl und süßer Empfindung und war in die Schule genommen und lernte erst leben. Martha aber stand ganz wesenhaft da.«

An diese Unterscheidung muss ich immer denken, wenn ich die starken Frauen meiner Generation sehe, die unbeirrt handeln und gegen die uns beherrschenden Drachen kämpfen. Sie haben klar und unmissverständlich mit den Rassisten in Südafrika gebrochen, sie stehen vor den Großmärkten und reden mit den Leuten im kleinen Geschäft an der Ecke, sie besuchen die Bankdirektoren, sie sagen laut und unmissverständlich, was sie denken. In diesen Gruppen von Frauen, die den Boykott »Kauft keine Früchte der Apartheid!« seit Jahren organisieren, sehe ich viele Marthas zusammen, genauso bei den Frauen, die den andern größten Drachen, der im Pentagon wohnt, umzingelt haben und anfangen, Widerstand zu leisten. Das ist die Martha, die Meister Eckart gesehen hat, die das Volk in Südfrankreich als Drachentöterin dargestellt hat, die nach einer anderen Volkserzählung mit ihrer Schwester Maria übers Meer fuhr, um zu lehren und zu predigen. Wenn unsere Kirchen eines Tages Christus »beherbergen« und ihm Speise geben, dann werden solche Frauen Bischöfe und Lehrerinnen der Kirche sein.

Die Martha in mir soll die Maria nicht verdrängen. Aus jeder Frau soll das junge Mädchen, das sie einmal war, hervorschauen. Aber auf das Entweder/Oder wollen sich die besten Frauen, die ich kenne, nun und nimmermehr einlassen.

Als ich ein kleines Mädchen war, nach drei älteren Brüdern geboren, musste ich manchmal meine Indianerbücher verstecken, Schulaufgaben vortäuschen, um mich den »Nachstellungen der Mittelmäßigkeit« (wie Kierkegaard so exakt formuliert) zu entziehen. Die meisten Frauen kennen das Problem, sich einen Raum schaffen zu müssen, in dem sie die Freiheit haben, wachsen zu dürfen und nicht künstlich klein gehalten zu werden. Es ist klar, dass Maria und Martha in der Bibel auch ein Tochter-Mutter-Problem ausdrücken. Aber die Bibel macht aus Töchtern und Müttern Schwestern und die Legende lässt sie beide mit den Jüngern Jesu übers Meer fahren und lehren (natürlich Theologie, was denn sonst?) und predigen, sodass sie handeln und träumen, das Gerechte tun und beten, lutte et contemplation zusammenbekommen in ihrem Leben und dass die Welt schwesterlicher wird.

Dorothee Sölle

Der Glaube arbeitet an der Angst

Markus 4,35–41

Diese Geschichte gehört unter die sogenannten Naturwunder, d.h. Geschichten, die in der ausgehenden Antike sehr oft erzählt wurden von gottbegnadeten großen Männern, die die Kraft hatten über die Natur zu bestimmen und etwa das Wetter zu ändern. Ich glaube aber, dass für uns die Durchbrechung der Naturgesetze nicht so interessant ist wie vielleicht die Durchbrechung der Psychogesetze, d. h. der Gesetze, die im Dschungel der Gesellschaft herrschen. In der Tat ist unser Schiff nah am Kentern. Ich brauche Sie nur zu erinnern an die Wachstumskrise, an die Versuche zu einem Nullwachstum als dem einzig Vernünftigen zu kommen, an die Bedrohung der Arbeitsplätze. Wir wissen tatsächlich nicht, ob es in der nächsten Generation die Menschen warm haben werden und ob sie eine Arbeit finden. Und vom Hunger brauchen wir für den größten Teil der Welt nichts mehr zu sagen, wir wissen, wie es aussieht. Unser Schiff ist nahe am Kentern, das Schiff der Welt und vor allem das Schiff der reichen Industrienationen, zu denen wir gehören. Wir wissen auch, dass der Mangel und die Schwierigkeiten der Verteilung, die auf uns zukommen, zu neuen Formen des Hasses, des Kampfes, der Angst, ja, des Faschismus führen werden. Unser Schlaf ist bedroht, und zwar auch dann, wenn keine besondere Gefahr erkennbar ist, immer weniger Menschen erfreuen sich eines ruhigen, gesunden Schlafes. Wir haben Angst und zwar in den verschiedensten Formen.

Man kann die Ängste der Menschen einteilen in die, die immer gegeben sind, die einfach mit unserer Lage, als endliche Wesen mit unendlichen Ansprüchen gestellt sind, und in die Ängste, die durch gesellschaftliche Ursachen entstehen. Aber im Allgemeinen verbinden sich beide Ängste eng miteinander und gehören zusammen und bedrohen die Menschen gemeinsam.

Ich habe von einer Arbeiterin gelesen, die an ihrem Arbeitsplatz an einer Maschine steht und immer wenn der Meister, der die Eigenart hatte, von hinten an sie heranzutreten, zu ihr kam, zuckte sie zusammen am ganzen Körper, das 30 Jahre lang, an jedem Tag sechs bis sieben Mal, so oft er vorbeikam. Sie hatte dann das, was man einen »Tick« nennt, und wurde entsprechend behandelt. Es gibt sehr viele Formen von Ängsten, mit denen wir leben, und ich meine nicht nur die großen, allgemeinen Ängste, die vor dem Tod, der Schuld und der Sinnlosigkeit, ich meine auch die Ängste, die aus konkreten Anlässen und gesellschaftlichen Situationen, die Sie alle kennen, entstehen, die mehr und mehr Menschen bedrücken.

Die Geschichte, die ich eben vorgelesen habe, ist einfach, sie ist so einfach wie Jesu Botschaft immer. Das Einfache ist, was schwer zu machen ist. Der Inhalt dieser Geschichte heißt Angst oder Glauben, und sie wirbt darum, zu glauben. Was seid ihr so voll Angst, sagt Jesus, warum habt ihr nicht Glauben? Glauben bedeutet nicht, keine Angst mehr haben, nicht einfach damit aufhören, das wäre eine naive Vorstellung vom Glauben und eine Missachtung der menschlichen Seele, die sich nicht so ohne weiteres umfunktionieren lässt. Ich glaube, dass in unserer Gesellschaft die meisten Menschen mit der Angst so umgehen, wie sie es gelernt haben, nämlich mit einer Vermeidungsstrategie, sie gehen ihr aus dem Weg, sie geben sie nicht zu, sie geben sich stark, denn das Ideal vieler Menschen ist der Starke, Zweifelsfreie, Ungebrochene, der mit der lauten Stimme und dem entschiedenen Schritt – wenn ich Sie an ein Reklamebild erinnern darf, dann würde ich sagen: der Mann, der Lincoln raucht. Wenn das das Ideal ist, diese Ungebrochenheit und diese Stärke, dann wird Angst zu einem Kennzeichen der Schwäche, die man sich nicht erlauben darf, und zu einem Kennzeichen, das man überwinden muss, das meine ich mit Angst vermeiden. Denn solche vermiedene Angst, unterdrückte Angst ist damit ja nicht verschwunden. Die unterdrückte Angst kann gerade nicht überwunden werden, alles, was wir verdrängen, kommt wieder und rächt sich in unserem Leben. So schläft auch Jesus in unserer Geschichte nicht aus Naivität oder aus Gleichgültigkeit, sondern aus einem anderen Grundgefühl, das hier mit dem Wort *Glauben* beschrieben wird. Das bedeutet aber nicht, dass er selber angstlos gewesen wäre. Im Evangelium ist überliefert, dass er Blut schwitzt und dass er Tränen weint. Beide Züge wurden schon in der alten Kirche als sehr anstößig empfunden, und einige Leute, die die Bibel abgeschrieben haben, haben diese Züge weggelassen, weil es zu ihrem Idealbild nicht passte, weil sie lieber einen starken Jesus haben wollten, als einen, der weint oder schwitzt vor Angst.

Wir haben mit Hilfe der psychoanalytischen Theorie eine Erklärung für Angst bekommen. Die Psychotherapeuten sagen, dass alle Angst aus Trennungsangst entsteht, und einige von ihnen führen diese Trennungsangst zurück auf das entscheidende Erlebnis, das jeder Mensch hat am Anfang seines Lebens, nämlich auf seine Geburt. Der Übergang von einem Stadium, in dem es dunkel, warm war und in dem man alles von selbst bekommt, ohne sich anstrengen zu müssen, also das Stadium, das wir alle einmal im Leib unserer Mutter erlebt haben, in ein Stadium, in dem es hell, kalt ist und in dem man Hunger und Durst erfährt und erleidet. Dieser Übergang ist eine Basis der Angst, die man immer wieder später im Leben aktualisiert. Die Kirchbauer haben viel von diesen Dingen gewusst, und die meisten Kirchen versprechen ein Stück Dunkel, Wärme und Geborgenheit in einer hellen, kalten und feindlichen Welt. Die späteren Ängste knüpfen an diese Angst davor, getrennt zu werden von dem, was man braucht, an. Die Ängste davor, verlassen zu werden von dem Menschen, den man liebt, eine vielleicht für sehr viele Frauen typische Angst; die Angst vor dem Verkehrsunfall; Ängste, die unser Leben begleiten und die alle damit zusammenhängen, dass wir nicht getrennt, allein gelassen und vereinzelt werden wollen. Es ist ein tiefes Bedürfnis, nein, unser tiefstes Bedürfnis, das wir haben, miteinander zu sein und in der Vereinigung zu leben.

Auch Jesu Angst war eine Angst davor, getrennt zu werden. Denken Sie an den Psalm, den er im Tod gebetet hat und der mit den Worten beginnt: »Mein Gott, warum hast du mich verlassen?« Die Angst davor, von Gott verlassen zu werden, ist die tiefste Form der Trennungsangst. Aber auch alles, was wir an Sünde erfahren, ist eine Angst davor, getrennt zu sein durch Schuld. In der Sünde trennen wir uns vom andern, indem wir ihn beherrschen oder ausnutzen oder ausbeuten wollen und leben dann getrennt von ihm. Ich meine, wir sollten uns abgewöhnen, die Sünde als eine private Sache, die im Wesentlichen zwischen einzelnen Menschen geschieht, anzusehen. Ich glaube, die Sünde, in der wir leben, ist eine, die uns von der gesamten Menschheit trennt. Wir sind die, auf die mit Fingern gewiesen wird im Gericht, wir, die mit den weißen Gesichtern und mit den langen Nasen, wie die Asiaten sagen, die Reichen, Satten, Mächtigen, die zusehen und daran verdienen, dass die Übrigen zu Grunde gehen. Diese Trennung von der gesamten Menschheit, die es möglich macht, dass die Weißen die Verachtetsten und die Gehasstesten sind in der Welt, entsteht aus unserer Sünde, d. h. aus unserer Welt, die aus Profitinteresse und Aggression aufgebaut ist.

Unsere Welt erscheint den meisten Menschen, und ich denke da gerade an junge Leute und ihre Zukunft, durch zwei Bilder bestimmt. Das Leben stellt sich da einmal als eine Fabrik, als ein Großraumbüro, ein Ding, wo etwas produziert und gemacht wird, und dann gibt es daneben noch ein Kaufhaus oder einen Supermarkt, wo man alles kriegen kann. Darüber hinaus gibt es keinen Weltentwurf, es ist das Leben, es besteht aus diesen beiden Dingen. Man kann leisten und produzieren, dann kann man kaufen und konsumieren. Zwischen diesen beiden Welten gibt es nichts anderes. Ich glaube, die Angst vieler junger Menschen vor der Sinnlosigkeit, die sie in den Selbstmord führt oder zum Rauschgift oder zum Alkohol, hat hier ihre Ursache. So haben wir Angst vor der Schuld, vor der Sinnlosigkeit und unsere tiefste Angst ist sicher die vor dem Tod, weil er die tiefste Trennung bedeutet.

Der Glaube an Christus ist ein radikaler Versuch, die

Angst zu überwinden. »Warum habt ihr so viel Angst, warum habt ihr nicht Glauben?«, fragt Jesus die Jünger in dem Schiff, und so fragt er auch uns. Warum haben wir nicht die Kraft, die Angst zu überwinden, alle Trennungsängste zu überwinden, indem wir sie uns nicht verstecken, sie aber dann aufheben in etwas, das uns sagt, dass wir nicht getrennt und nicht allein sind. Gott sagt uns, du bist nicht allein, du bist nie allein, du bist auch im Sterben nicht allein, du bist niemals abgeschnitten von dem Strom der Liebe, einmal in ihn eingetaucht. Einmal berührt von dem Strom der Liebe, gibt es kein Abgeschnittensein mehr, es gibt keine wirkliche Trennung von Gott, sondern Gott ist bei uns und will immer bei uns sein, er will uns an diesen Stromkreis der Liebe anschließen, sodass wir sie niemals vergessen können. Was seid ihr so voll Angst, warum habt ihr keinen Glauben? Der Glaube nimmt die Angst an, er verdrängt sie nicht, gibt sie zu, aber er lässt sie nicht so, wie sie ist. Er bearbeitet sie.

Das Reich Gottes ist, wenn man an die ältesten Visionen denkt, nicht so zu denken, dass alles Alte und Frühere kaputt geschlagen wird, wenn das Neue kommt. Vielmehr wird alles gebraucht und umgestaltet. Aus Schwertern und Spießen werden Sicheln und Pflüge gemacht, aus Panzerwagen und Tanks, für die wir in unserem Land Millionen vergeuden, werden Schulbusse gemacht, aus Mordinstrumenten werden Friedensinstrumente. Auch unsere Angst ist ein Mordinstrument, eine Waffe, und zwar eine Waffe, die wir gegen uns selber richten. Mit der Angst bedrohen wir uns selber, wir zerstören uns selber, wir halten uns in Schach mit der Angst, wir beschäftigen uns selber mit der Angst, wir geraten in einen Kreislauf, in einen Zirkel. Die Angst ist ein Gefängnis, in das wir uns einschließen, und wir sind selber der Wächter und der Gefangene. Wir können sie aber, und das sagt der Glaube, bearbeiten, wir können aus dem Schwert den Pflug machen, wir können aus dem Gefängnis einen Versammlungsraum machen oder eine Kirche. »Eine Kirche ist ein Ort, wo man frei sprechen kann«, hat Angela Davis gesagt. Wir können unsere Angst umgestalteten, wir können die Energie unserer Ängste, die große Kraft, die wir auf sie verwenden, auch verändern und gebrauchen zu andern Dingen. Wir können frei werden von dem Zwang, über unsere Ängste nachzugrübeln, ihnen immer wieder nachzuhängen, wir können aus ihr ein produktives Instrument, ein Instrument des Friedens und der Gerechtigkeit machen. Selig sind, die da Angst haben, sie werden den Frieden bauen.

Um das zu lernen, genügt es nicht als Einzelne in die Kirche zu gehen, überhaupt als Einzelne zu leben. Die wirkliche Verwandlung der Ängste und ihre Aufarbeitung geschieht in Gruppen. Ich denke da etwa an die Technik der Gruppendynamik, die von diesen Fragen ausgeht. Sie ist eine Schmiedetechnik, in der Ängste verändert werden sollen, aber man muss natürlich wissen, wozu man den Pflug und den Schulbus und den Versammlungsraum braucht, wenn man mit der Umfunktionierung anfangen will. Angst umbauen, glauben lernen, heißt heute zweierlei, zuerst frömmer werden, sich gründlicher auf den Glauben einzulassen, und es heißt zugleich kritischer werden, radikaler werden, sich gründlicher auf die Unterdrückten und die Ausgebeuteten in der ganzen Welt einzulassen. In die realen Kämpfe gehen, gemeinsam da hineingehen, und wegen der größeren Vision auch die größere Angst benutzen und gebrauchen. In der Welt habt ihr Angst, aber seid getrost, ich habe die Welt überwunden! Wir verstehen Jesus falsch, wenn wir ihn als eine Art Superstar ansehen, der ganz von oben spricht. Jesus spricht nicht von oben zu uns, die ganz unten und die ganz klein sind. Jesus ist nicht unser Herr, sondern unser Bruder und unser Freund. Das Wort Jesu soll uns dahin bringen, dass auch wir eines Tages sagen können, in dieser Welt, die aus Konkurrenz und Aggression gemacht ist, haben wir Angst, aber wir gehören schon jetzt in eine neue andere Welt hinein. Wir, nicht nur Jesus, sondern wir alle, die dann Jesus Christus geworden sind.

Dorothee Sölle

Warum der Dornbusch nicht verbrennt

2. Mose 3,1–10

Ich habe einige Jahre in New York in der Nähe des Jüdischen Seminars zugebracht; dort ist am Hauseingang ein Relief mit dem brennenden Dornbusch zu sehen, darunter steht »And the bush was not consumed.« Wirklich?, fragte ich mich oft, wenn ich dort vorbeiging, brennt er noch immer? Wer sieht ihn denn, den brennenden Baum am Horeb? Und hört jemand die Stimme aus dem brennenden Busch?

Ein Stück religiöses Urgestein, diese Geschichte von einem Feuer, das brennt, ohne seine Beute zu verzehren und dann mit ihrer Vernichtung selber zu verlöschen. Die Geschichte einer Stimme, die den Namen des Mose ruft und diesen Mann, einen Hirten und politischen Flüchtling, der endlich Ruhe haben will, auffordert, die Sandalen abzulegen und vielleicht noch mehr an Mitgebrachtem, an Gepäck. »Heiliges Land« wird der Ort genannt, und tatsächlich verhüllt der Hebräer mit der ägyptischen Prinzenerziehung sein Gesicht vor der »wundersamen Erscheinung«, wie er sich ägyptisch-distanziert ausdrückt. Es ist eine Geschichte der Bibel, die zwei Grunderfahrungen benennt und verschmilzt, die bei uns, wenn überhaupt, nur getrennt vorkommen. Die eine ist die mystische Erfahrung der Gegenwart Gottes. Und die andere bezieht sich auf die Zukunft Gottes in der Geschichte seines Volkes. Eine neuzeitliche Trennung von Mystik und Politik, von Spiritualität und Handeln, von Innenarbeit und Außenarbeit findet da nicht statt. Gottes Stimme und der Rückweg nach Ägypten – sie gehören zusammen. Und der Busch wurde nicht verzehrt.

Gott sah, rief, sprach mit dem Mann Mose. Der brennende Dornbusch und »der Boden der Heiligung«, wie Martin Buber übersetzt, sind Hinweise auf diese Erfahrung. Das Heilige selbst bleibt unberührbar, unbetretbar und unsichtbar. Der nächste Tourist wird nichts auf seinem Film finden. Und doch war das, was da geschah, ein Offenbarwerden, gewisser als alle Gewissheiten. Mose zweifelt nicht an der Gegenwart des Heiligen. Die Lehre von Gott, die Behauptungen derer, die uns an verborgenen Stellen Gott gelehrt haben, sind nicht widerlegt oder aufgebraucht und abgenutzt. Der Dornbusch brennt und bleibt unverzehrt.

Nicht die Epiphanie ist das, was Mose zu schaffen machte, es ist nicht die mystische Tiefe des heiligen Ortes, der entrückten Zeit, es ist der Auftrag, den Mose bekommt. »Nun geh, ich schicke dich zu Pharao, führe mein Volk, die Söhne Israels aus Ägypten.« Dreimal taucht der Ausdruck »Gott sprach« auf, Gott spricht den Mose dreimal an. Das erste ist eine Warnung. »Tritt nicht herzu!« Denk nicht, dieses sei Land wie jedes andere, zum Weiden, Beackern, Verkaufen! Das zweite ist eine Selbstvorstellung Gottes, er ist kein Fremder, kein Midianiter, er war schon mit dem Vater des Mose. Das dritte ist dann der jetzige Auftrag. »Ich habe das Elend meines Volkes gesehen«, also gerade das, dem Mose zu entfliehen dachte. Und der Dornbusch brennt die ganze Zeit.

Wäre Gott nur der Unnahbar-Heilige, das Wesen der innersten Tiefe, es genügte, ihm die Ehrfurcht zu erweisen und »das Unerforschliche ruhig zu verehren« (Goethe). Wäre er nur der Gott der Väter, der Respekt vor der kulturellen Tradition im Sinne eines religiösen Konservatismus will, wäre Ehrfurcht durchaus zureichend. Aber in dieser Geschichte sind beide Bestimmungen, der Heilige und der Gott der Väter, nur Anknüpfungspunkte, Vergewisserungen im schon Bekannten. Das Neue in dieser Beziehung, die Gott am Horeb aufnimmt, ist weder die steile Theologie des absolut Anderen noch die kulturelle Tradition einer civil religion, sondern dass Gott den gegenwärtigen Schrei seines Volkes hört. »Ich habe ihre Leiden erkannt.« Gott »sieht« die Bedrückung, »hört« das Schreien der Gequälten und »erkennt« ihr Leiden; die Realität seiner Geschöpfe ist das, worum er Sorge trägt, sie sind der Boden der Heiligung. Ihretwegen brennt das Feuer im unverzehrten Dornbusch.

Man kann die Geschichte der Kirchen verstehen als Geschichte der Auslegung der Bibel. Luther z.B. hat den Satz aus dem Römerbrief, dass der Mensch gerecht werde allein aus Glauben ohne des Gesetzes Werke, als Zentrum der Bibel verstanden. In unserem Jahrhundert, seit etwa dreißig Jahren, gibt es ebenfalls eine neue Auslegungstradition, die an die Berufungsgeschichte des Mose am Horeb anknüpft. »Ich habe den Schrei meines Volkes gehört«, ist der Satz aus der Bibel, der zum Ausgangspunkt einer neuen Theologie geworden ist. Christen aus den Ländern der Elendswelt lesen ihn, richtiger müsste ich sagen, »beten« diesen Satz als ein Fundament ihres Glaubens. Sie bilden sich ein, halten daran fest, geben nicht auf – mit einem Wort: Sie glauben, dass Gott das Elend seines Volkes in Guatemala und Somalia sieht und ihr Schreien hört, sie glauben tatsächlich, dass Gott sie aus der Ägypter Hand errettet. Gott, so sagen diese Christen dem zwölfjährigen Mädchen aus Sao Paolo, das am Flughafen auf die Kunden von Air France und Lufthansa warten muss, Gott, so sagen sie diesem Kind, hat dein Wimmern gehört. Gott hat deine Leiden erkannt.

Die Geschichte von der Berufung des Mose wird in der Theologie der Befreiung nicht historisch ausgelegt, sondern gegenwärtig. Heute hört Gott das Schreien seines Volkes. Mose ist nicht ein religiöser Heros der Vorzeit sondern lebt heute in all denen, die zu den Pharaonen gehen, damit Gott das Volk aus dem Sklavenhaus herausführe. Nur 0,6 Prozent mehr Steuern von den reichen Ländern, so sagen die Weltbankexperten, wären genug, um den Hunger abzuschaffen. »Ich habe das Schreien des Volkes vor seinen Treibern gehört«, sagt Gott in dieser Geschichte. Ist es denn sein Interesse, allein zu hören? Er versucht ja gerade den Mose in dieses Hören und Sehen hineinzuziehen. Nur deswegen brennt der Dornbusch noch immer.

Dorothee Sölle

Dialektik der Gefangenschaft

Lukas 3,1–6

»Warum sind so viele Leute im Gefängnis?« Auf diese Frage gibt es grundsätzlich zwei Antworten, die eine heißt *Krieg*, die andere *Ökonomie*. Es gibt Kriegsgefangene und es gibt Wirtschaftsgefangene. Mein ältester Bruder starb als ein Kriegsgefangener, als er aus russischer Gefangenschaft entlassen war; er hatte Ruhr, und es gab keine Medizin. Manche sterben als Kriegsgefangene, andere als Wirtschaftsgefangene. Manchen kommt die Ökonomie wie Krieg vor, und für einige ist der Krieg eine wirtschaftliche Notwendigkeit, um die Welt sicher für das freie Unternehmen zu machen. Die Mächtigen gieren nach immer mehr Militärpersonal und Polizei. Sie haben es nötig, immer mehr Gefängnisse zu bauen, neue Gefängnisse, wo die Türen elektronisch verschlossen werden und die Nummer der Eingesperrten von Computern gelesen wird. Gott sagt: »Ich habe Dich bei Deinem Namen gerufen«, aber die meisten Gefängnissysteme kennen keine Namen, sie geben den Gefangenen Nummern stattdessen. Das System des Gefängnisses stiehlt den Namen einer menschlichen Person und macht sie zu einer Nummer. Je mehr Gefängnisse gebaut werden, desto mehr Gefangene werden gebraucht, um den Raum zu füllen – namenlose, mühselige und beladene Leute, Kriegs- und Wirtschaftsgefangene.

Die rationale Begründung dafür, einen Menschen einzusperren, ist ähnlich wie die Begründung dafür, eine Atombombe zu bauen. Was beiden gemeinsam ist, ist die Abschreckung. Wir glauben immer noch, dass wir Krieg durch Abschreckung und Verbrechen durch Abschreckung vermeiden könnten. Aber Abschreckung ist ein Mittel des Schreckens, des Terrors, und Terror bringt mehr Krieg und Verbrechen hervor. Jemandem den Namen wegnehmen, den Bewegungsraum begrenzen, die Zeit in Stücke schneiden, ihm das Licht Tag und Nacht anlassen – das sind Einzelheiten des normalen Terrors, den wir Gefangenschaft nennen. In dieser Art verfügen wir über andere Leute.

Johannes der Täufer ruft aus der Wüste. Bald wird er eingelocht, wie so viele andere frühe Christen. Genau wie Petrus, Paulus, Johannes und Silas ins Gefängnis geworfen wurden. Warum nennt der Evangelist Lukas all die Mächtigen – von der Spitze bis zum Boden ehe er über die Stimme des Rufers in der Wüste spricht? Ich bin mit dieser Passage der Bibel seit Jahren vertraut, aber ich habe nie verstanden, was die Einleitung bedeutet, wir brauchen das Lukasevangelium nicht zu politisieren – die Politik ist schon da! Lukas benennt die Mächte von der Spitze bis zum Boden, und er platziert Johannes den Täufer nicht einfach in die Wüste der Natur, sondern in das Imperium Romanum, falls sie dieselben Verbrechen wie Stehlen, Plündern, Vergewaltigen oder Morden begehen. Johannes der Täufer wird bald ein Gefangener des Herodes sein – oder einer von Marcos, Botha oder Pinochet.

In dieser Zeit des Advent, der dunkelsten Zeit des Jahres, wollen wir »Gefangenschaft« meditieren, ihren Schrecken, ihre Zerstörungskraft, aber auch ihre Stärke, die durch manche Gefängniszellen hindurchbricht. Es gibt eine Dialektik der Gefangenschaft von Johannes dem Täufer zu Rosa Luxemburg und Antonio Gramsci und Nelson Mandela in Robben Island. Diese Gefangenen sind gebunden und doch freier als wir je waren. Christus war ein Gefangener, und durch sein Gefängnis können wir frei werden. Lasst uns auf die Stimme der Eingesperrten hören, Menschen in Einzelhaft, Menschen die zum Tode verurteilt sind, Leute, die für Frieden während der Jahre des Krieges arbeiten, Leute, die Gerechtigkeit unter Cäsar zu leben versuchen. Denk an jemanden, den Du kennst, der im Gefängnis ist. Bete für sie oder ihn. Lasst uns an die denken, die von uns durch Betonmauern getrennt sind! Es ist eine Sünde gegen den Schöpfer, eine Atombombe zu bauen, und es ist eine Zurückweisung dessen, der gekommen ist, uns zu versöhnen. Es ist eine Sünde, ein Gefängnis zu bauen. Lasst uns an die in den Gefängnissen denken und so uns wieder mit ihnen verbinden.

Am 14. September 1918 gab Eugene Victor Debs nach seiner Verurteilung sein Schlusswort. Er sagte: »Euer Ehren, vor Jahren begriff ich meine Verwandtschaft mit allen Lebenden und ich entschloss mich, dass ich kein bisschen besser bin als der gemeinste auf der Erde. Ich sagte damals und ich sage jetzt, dass solange es eine Unterklasse gibt, ich in ihr bin; solange es ein kriminelles Element gibt, gehöre ich dazu, und solange auch nur eine Seele im Gefängnis ist, bin ich nicht frei.« Freunde, *wir* sind nicht frei.

Fulbert Steffensky

Die drei Todsünden Christi

Matthäus 15, 21–28

Predigt in einem AIDS-Gottesdienst in Hamburg

Manchmal sind die Menschen um Christus mehr zu bewundern als er selbst, so in dieser Geschichte. Da ist eine Frau, sie ist Griechin und gehört nicht zum jüdischen Volk. Aber sie hat etwas, was alle Frauen gemeinsam haben und was sie eint: die Sorge um ihre Kinder. Die Tochter der Heidin ist krank: Besessenheit wird diese Krankheit genannt. Ein böser Geist hat sich in ihr eingenistet. Die Mutter schreit nach der Kraft Christi, von der sie gehört hat. Und er antwortet ihr kein Wort: seine erste Todsünde. Ungehört, echolos, antwortlos bleiben die Schreie der Mutter. Die Jünger legen ein gutes Wort für die Mutter ein, weniger aus Güte, sondern weil sie peinlich berührt sind. »Erledige die Sache doch diskret!«, sagen sie. »Sie läuft hinter uns her und führt sich unmöglich auf.« In der Tat: Diese Frau zerrt etwas an die Öffentlichkeit, wovor Menschen eigentlich verschont werden wollen. Sie zerrt die Leiden der Tochter in die Öffentlichkeit. Sie hat keine Scham, sie hat Interessen. Ihre Tochter soll leben können, sie soll gesund sein. Die Frau nimmt sich das Menschenrecht der Hoffnung und der großen Wünsche: »Erbarme dich und heile!« Sie hat keinen Stolz, sie hat Interessen. Und so verstößt sie gegen die Konventionen und macht das Unglück und die gesellschaftlich nicht akzeptierte Krankheit der Tochter, die Besessenheit, sichtbar. Schaut her!, sagt sie, es gibt diese Krankheit, die niemand sehen will!

Ich will einen Augenblick bei dem Verbot der Sichtbarkeit der Krankheit bleiben. Es gibt Krankheiten, mit denen man sich in der Gesellschaft nur schwer sehen lassen kann; denen man die Würde des öffentlichen Ansehens verweigert. Der Herzinfarkt scheint dem Ansehen des Workoholic nicht zu schaden und das Magenleiden dem Manager nicht. Aids aber betrachtet die Gesellschaft als eine Verschlusssache. Sie soll, wenn sie schon existiert, sich verbergen. Sie soll uns in einer Welt, in der man fast alles machen kann, nicht daran erinnern, dass es nach wie vor tragische Hilflosigkeiten gibt und dass wir sterben müssen. Darum sollen diese Menschen aus der Öffentlichkeit und aus dem Tageslicht. Aber der Mensch braucht die Öffentlichkeit wie das tägliche Brot. Wer man ist, weiß man nicht nur in sich selber. Man muss sich zeigen dürfen, erst dann wird man sich selber einsichtig und kann mit sich leben. Indem wir sichtbar werden, bekommen wir Gesicht. Man muss sich zeigen dürfen, auch als Kranker und mit seiner Krankheit. Die Kultur des Schweigens ist in einem tiefen Sinn eine Unkultur. Wem man verbietet, sich kenntlich zu machen, dem verbietet man zu sein. Man kann sich allein in der eigenen Krankheit nicht annehmen. Annehmen kann man sich nur, wenn man angenommen wird. Man kann sich nur dann selber ansehen, wenn zugleich die Öffentlichkeit einen ohne Panik ansieht. Wir werden Rechenschaft darüber ablegen müssen, wir als einzelne, als Gesellschaft und als Kirche, wo wir Menschen an die namenlose Orte abgedrängt und unsichtbar gemacht haben. Den Menschen, mit denen wir leben, schulden wir die Öffentlichkeit unseres Blicks. Wir schulden ihnen das Ansehen, nicht weil sie es verdienen, sondern weil sie Menschen sind. Es gibt viele Weisen, Menschen zu vernichten. Eine davon ist, sie nicht wahrzunehmen; ihnen nicht erlauben, sich kenntlich zu machen; ihnen verbieten zu sein, die sie sind. Welche Erleichterung wäre es für unsere Aidskranken, sagen zu können, wer sie sind, woran sie leiden und welche Hoffnungen sie haben. Wir gewinnen uns selber, wenn wir keinen im Dunkeln lassen und wenn keiner von unseren Blicken verstoßen wird.

Die Frau aus Syrophönizien hatte ihre Scham verloren, denn sie hatte Interessen. Und so kommen das Unglück der Tochter und ihre eigenen Wünsche ans Tageslicht. Jesus aber antwortete ihr kein Wort.

Lassen Sie uns von der zweiten Todsünde Jesu sprechen: Bring' die Sache in Ordnung!, sagen die Jünger, sie ist peinlich genug. Diskretion, liebe Frau, Diskretion!, sagen sie.

Dann endlich redet Jesus, nicht zur Frau, aber zu den Jüngern: Ich bin nur gesandt zu den verlorenen Schafen des Hauses Israel. Sie ist eine Heidin, sagt er. Sie gehört nicht zu uns, und so hat sie keinen Anspruch. Die zweite Todsünde: zu sagen, sie gehört nicht zu uns! Nicht wer uns braucht, gehört zu uns, sagt er. Sondern nur die, die unserer eigenen Art sind, unseres Blutes, unserer Lebensauffassung, unserer Religion gehören zu uns und haben Anspruch auf uns.

Es gibt Gesellschaften mit Eindeutigkeitszwängen, die viele Opfer schaffen. Sei, wie wir sind, oder geh!, ist der Grundbefehl. Es entstehen merkwürdige Ängste, wenn Andersheiten oder Abweichungen wahrgenommen werden: der andere Glaube, die andere Sexualität, die andere Hautfarbe. Es ist vielleicht nicht so sehr die Bosheit der Menschen als ihre Angst, ihre tiefe Irritation, wenn man sich im anderen nicht gespiegelt findet, sondern wenn man auf den Fremden stößt. Es ist die Unsicherheit bei der Erkenntnis, daß man nicht einmalig und einzigartig ist. Das kränkt unseren Narzissmus. Je sicherer man in der eigenen Art, dem eigenen Lebensentwurf, dem eigenen Glauben und Lebensdialekt ist, um so mehr kann man Andersheiten ertragen. Vielleicht ist es auch eine Frage an unseren Glauben an Gott. Je mehr ich glaube, dass ich nicht der Grund der Welt bin; dass die Welt nicht an meiner eigenen Art und an meinem eigenen Wesen genesen muss, um so mehr bin ich befreit zur Gnade der Endlichkeit. Ich muss nicht alles sein: Gottseidank! Meine Religion, meine Sexualität, meine Lebensauffassung muss nicht alles sein: Gotteseidank! Erst ein endlicher Mensch ist ein geschwisterlicher Mensch. Erst ein endlicher Mensch, der seiner eigenen Einzigartigkeit entsagt hat und seine Endlichkeit angenommen hat, kann Fremde neben sich sein lassen. Er muss sie nicht unter Verdacht stellen, und er muss sich nicht durch sie bedroht fühlen. Es gibt Grenzen, ja, die Grenzen zwischen Judäa und Syrophynizien, zwischen Deutschland und Polen, zwischen Buddhisten und Christen, zwischen der einen Form des Lebens und der anderen. Es ist gut, wenn man weiß, in welchem Land man selber wohnt und wer man selber ist.

Aber es müssen nicht feindliche Grenzen sein. Und eines soll diese Grenzen immer und ohne Visum passieren dürfen: das Leid der anderen. Wie schön der grenzüberschreitende Blick auf den Schmerz derer, die nicht zu uns gehören; die nicht unserer Art, unseres Blutes, unserer Hautfarbe, unserer Sexualität sind. Die Frau aus Syrophönizien ist mit ihrem Leid über die Grenze gekommen, und am Ende hat ihr Glaube Christus bekehrt.

In welcher Gesellschaft leben wir, in der narzisstischen Einmaligkeitsgesellschaft oder in einer Gesellschaft, die die Freiheit ihrer eigenen Endlichkeit erkannt und angenommen hat? Es ist keine Frage: Wir alle sehen die Exkommunikationslüste dieser Gesellschaft; Wir alle leiden unter ihren Eindeutigkeitszwängen. Lassen Sie uns nicht nur dies sehen. Wir sind es unserer eigenen Hoffnung schuldig, die Widersprüche in der Gesellschaft zu sehen. Nur an Widersprüchen kann man arbeiten. Und so sind wir es uns selbst schuldig, genau wahrzunehmen, wo unter uns die Syrophönizierinnen zugelassen werden; wo die Gesellschaft freiheitlicher, geduldiger und angstloser wird. Wir sind schon einen langen Weg gegangen. Lasst uns sehen, woher wir kommen und was wir erreicht haben, um nicht mutlos zu werden!

Die dritte Todsünde Jesu: Er spricht von der Frau wie von einem Hund. Sie fällt vor ihm nieder und sagt den menschlichsten aller Sätze: hilf mir. Und er, wiederum nicht zu ihr sondern ins Allgemeine sprechend: Es ist nicht recht, dass man den Kindern ihr Brot nehme und werfe es vor die Hunde. Die Größe Jesu liegt in dieser Geschichte nicht in seinem Verhalten, sondern darin, dass er die Frau bewundert, die ihn überlistet hat mit ihrer wundervollen Dialektik der Hoffnung: Auch die Hunde fressen von den Brosamen, die vom Tisch ihrer Herren fallen. Da endlich spricht er zu ihr: Frau, dein Glaube ist groß. Dir geschehe, wie du willst. Und ihre Tochter wurde gesund zur selben Stunde.

Die Größe Christi liegt in der Bewunderung der Frau. Die Größe der Frau darin, dass sie ihre Wünsche nicht verloren hat. Sie geht damit auf die Straße, sie lärmt, sie stört, sie fährt dazwischen, sie lässt sich nicht vertreiben, sie findet sich nicht ab. Sie setzt darauf, dass das Leben gut ist, und darum soll es gut werden, und ihre Tochter soll wieder einen freien Geist haben. Grenzenlos ist sie in ihrer Hoffnung.

Liebe Geschwister, fast alles, was ich bisher gesagt habe, war keine Predigt. Man kann es sich mit gesundem Menschenverstand sagen. Aber die Frau mit ihrer unbegrenzten Hoffnung lehrt mich, etwas zu sagen, was man eigentlich nicht sagen kann. Ich möchte die unbewiesenen Behauptungen nicht unterschlagen, die für die Gesunden und die Kranken aufgestellt sind; für die mit einer kurzen Lebensfrist und für die mit einer längeren Frist. Frist, zu Ende gehende Zeit ist das Leben für jeden. Behauptungen der Hoffnung fangen an mit den Worten: einmal wird es sein. Ich sage sie mit der fremden Stimme der Bibel, mit der schon viele ihre Hoffnung gesagt haben: Einmal wird es sein, dass der Tod vernichtet ist auf immer. Einmal werden die Tränen abgewischt sein von jedem Angesicht. Einmal wird die Schmach der Geplagten ein Ende haben. Es sind keine verstehbaren Sätze, es sind fremde Worte. Aber wie könnte man sie nicht sprechen, wenn man die Opfer sieht und all die Söhne und Töchter mit den sie quälenden Geistern; auch wenn man sie gegen die eigene Hoffnungslosigkeit spricht; auch wenn man sie nur als eine Fremdsprache spricht, geborgt von der großen hoffenden Syrophönizierin! Wir nennen den Namen Gottes in unseren Gebeten. Wir wissen nicht so genau, was wir damit sagen. Das eine wissen wir: dass wir mit diesem Namen aufs Ganze gehen; dass wir mit diesem Namen die große Unbescheidenheit lernen, die mit nicht weniger zufrieden ist als mit der Freiheit der Besessenen, dem Augenlicht der Blinden, der Sprache für die Verstummten und dem Leben für die Toten.

Dorothee Sölle

Es ist noch nicht erschienen, was wir sein werden.

1. Johannes 3, 2

Der Text, den wir zusammen für diesen Sonntag und die Reihe »Christsein in der Zeitenwende« ausgesucht haben, spricht mit zwei verschiedenen, und doch zusammengehörigen, aufeinander bezogenen Stimmen. Die eine Stimme ist die der prophetischen Tradition, die andere die der mystischen.

Ich beginne mit der prophetischen Stimme. Sie sagt in unserem Text einen Satz, den ich in meinem Studium der Theologie nie gehört habe. In Luthers Übersetzung heißt er: »Und ist noch nicht erschienen, was wir sein werden.« Ich lernte ihn kennen durch einen großen deutschen Philosophen, der ein Denker der Utopie war, der Hoffnung, die das, was wir von uns selber wissen können, weit übersteigt. Seit 1961 lebte und lehrte Ernst Bloch in Tübingen, er war von einer Reise von Leipzig in den Westen nicht zurückgekehrt. Dort besuchte ich ihn, und brachte meine Zweifel an den verrückten Hoffnungen auf den »neuen Menschen« zu Wort, der ganz anders leben, fühlen, denken und handeln würde als alles, was wir zu kennen glaubten. Bloch, der trotz der Schwierigkeiten, die er in der DDR gehabt hatte, als Marxist galt, antwortete mir nicht mit einem Hinweis auf die dialektische Entwicklung, die notwendigerweise nach der Veränderung der wirtschaftlichen und politischen Verhältnisse diesen ganz anderen Menschen hervorbringen werde, er zitierte stattdessen die Bibel. Das Bewusstsein der Utopie in der Religion – und der Religion in jeder Utopie, auch wenn sie sich noch so atheistisch gibt – war eine Grundlage seines Denkens. Er zitierte einfach dieses Wort aus dem 1. Johannesbrief: »Und ist noch nicht erschienen, was wir sein werden.« Dieses Wort – und vor allem das »noch nicht« hat mich seither nicht mehr verlassen. Was für eine Beschwörung, welch ein Herbeirufen ist doch dieses »noch nicht«!

Im Zusammenhang heißt der Text: »Geliebte, jetzt schon sind wir Kinder Gottes. Und noch ist nicht offenbar geworden, was wir sein werden.« Was bedeutet das? Was soll das heißen? Mir ist schon der allzu vollmundige Anfang »jetzt schon sind wir Kinder Gottes« nicht ganz geheuer. Sind wir nicht in Wirklichkeit Feinde Gottes, Herren und Besitzer der Erde, Verbraucher und Zerstörer, Feinde der Kinder, die für uns Teppiche knüpfen oder Schuhe putzen? Es ist mir nicht ganz klar. Es ist ein Schrei, der nichts und niemanden, auch nicht uns selber, aufgibt. Aus jedem »nicht« macht er ein »noch nicht«. Es ist ein Wort, in dem Schmerz steckt, und der Schmerz ist ja nicht ein Sich-Arrangieren mit dem unabwendbaren Elend, sondern ein »Noch gebe ich nicht auf«-Sagen.

Ein Beispiel ist die Geschichte, die Jesus von dem unfruchtbaren Feigenbaum erzählt. Der Gutsbesitzer will ihn nach drei Jahren abhauen, aber der Gärtner sagt: »Herr, lass ihn noch ein Jahr, ich will die Erde umgraben und ihn düngen, lass ihn noch ein Jahr stehen.«

Der Johannestext spricht die prophetische Sprache der Hoffnung auch da, wo nichts zu hoffen war, aber zugleich spricht er eine andere Sprache, es ist die der Mystik. Johannes, der Lieblingsjünger Jesu, steht in der ganzen Tradition für das Geheimnis, das wir die Seele jeder Religion nennen können, die mystische Gewissheit. Unser Text sagt: »Was ihr von Anfang an gehört habt, das soll in euch bleiben. Und wenn in euch bleibt, was ihr von Anfang an gehört habt, so werdet auch ihr im Sohn und im Vater bleiben«, wohnen, Heimat haben. Und später heißt es: »Wir haben die Liebe erkannt, die Gott zu uns hat, und haben ihr geglaubt. Gott ist die Liebe, und wer in der Liebe bleibt, der bleibt in Gott und Gott in ihm.« Bleiben ist ein Wort für das mystische Einssein, dieses »ich in dir, du in mir«, das so viele mystisch Berührte immer wieder ausgesprochen haben. Gerhard Terstegen singt:

Luft, die alles füllet,
drin wir immer schweben,
aller Dinge Grund und Leben,

Heer ohne Grund und Ende,
Wunder aller Wunder,
ich senk mich in dich hinunter.
Ich in dir, du in mir,
lass mich ganz verschwinden,
dich nur sehn und finden.

Dieses Einssein in der Liebe, in der wir uns selber als Geliebte annehmen, wird zugleich hier wieder eingebunden in den Anfang allen Lebens, in die Schöpfung. »Was ihr von Anfang an gehört habt, das soll in euch bleiben.« Gott hat jeden und jede von uns in seinem Bild erschaffen; auch ein oft duseliges, halbherziges, im eigenen Ich verfangenes Wesen wie mich hat Gott – aus Liebe – geschaffen. Bleib in der Liebe, darum bittet dieser Text, isolier dich nicht, die Wohnung, die dir von Anfang an geschenkt ist, ist das Haus des Lebens.

Allerdings ist es eine der mystischen Grunderfahrungen, dass das Geschenk nicht besessen werden kann. Es wird nicht Besitz. Wo immer die Liebe gelingt und das Leben glückt, da wird die Sehnsucht nach Ganzheit nicht eigentlich gestillt, sie wächst vielmehr mit der Erfüllung. Wir werden nicht satt in Gott, sondern hungriger.

Und das führt uns in die Tiefe unseres Textes, der beide Sprachen, die des prophetischen »noch nicht« und die des mystischen Bleibens braucht. Sie wachsen an und miteinander. Sie sind nicht trennbar. Mir ist das in den letzten Jahren immer klarer geworden. Ich denke, dass das neue Jahrtausend im Jahre 1989 angefangen hat, in der Vereinheitlichung der Welt unter der Herrschaft des Marktes. Die prophetische Stimme wird bei uns bestenfalls milde belächelt, meist aber als vor-modern oder vor-gestrig zurückgewiesen. Es geht so weit, dass selbst das Wort *Gerechtigkeit*, einer der biblischen Namen für Gott, abgewiesen wird, es soll nichts mehr mit Religion zu tun haben. In einer Religion, die Gott zum Privateigentum macht, das der individuellen Glückssuche zugehört, ist es notwendig, den alten umfassenden Begriff Gerechtigkeit durch »fairness« zu ersetzen, eine Art großzügiger Herablassung, die die Sklaven einigermaßen anständig behandelt, aber die Sklaverei nicht antastet.

»Wir haben die Liebe erkannt, die Gott zu uns hat, und haben ihr geglaubt.« Damit haben wir den Schritt in das Wohnen hineingetan und uns zugleich in Widerspruch zu dem Gesetz, das Gewinner und Verlierer trennt, gesetzt. So sind wir, schon jetzt, Gottes Kinder, und sind doch noch nicht offenbar geworden, ich scheue mich nicht »offenbar« mit »öffentlich« zu übersetzen. Wir werden, sagt unser Text in mystischer Unverschämtheit, von der Karl Barth bei Angelus Silesius sprach, ihm gleich sein. »Wir werden ihn sehen, so wie er ist.« Das ist nicht – oder zumindest nicht nur – auf ein Leben nach diesem Leben zu beziehen, sondern auf das Jetzt, das mitten im »Noch nicht« aufleuchtet.

Ich verstehe dieses, dass wir Gott gleich sein werden, manche übersetzen auch »ähnlich« sein werden, so dass wir mit den Augen Gottes die Welt sehen werden, also nicht nur den Glitter und die Pracht, sondern was dahinter steckt und wer darunter leidet. Dass wir uns die Ohren Gottes leihen um die Stimme der Kreatur zu hören. Die heilige Teresa von Avila sagt, dass Gott keine anderen Hände als unsere hat. Sie wollte damit nicht Gottes Macht oder Größe verkleinern, sie wollte nur den falschen Glauben an den weltenlenkenden Knopfdrücker, der nicht auf Freunde und Freundinnen angewiesen ist, zurechtrücken. »Gott ist die Liebe«, bedeutet immer auch: Gott ist angewiesen auf die Liebe, so wie wir es sind.

Mystik und Prophetie brauchen einander. Die Prophetie, das kritische Bewusstsein der Ordnung dieser Welt gegenüber, braucht die Bindung an das, was anders gemeint war, an die Schöpfung. Ohne sie verkommt sie zu einer nörgelnden Besserwisserei, zur intelligenten Analyse, die im Luxus der Hoffnungslosigkeit erstickt.

Die von der prophetischen Tradition abgespaltene Mystik verkommt zu einer Privatangelegenheit. Sie ist sehr trendy. Meister Eckart hat diese Gefahr aller Mystik gesehen und sie als das »in der Süße stecken bleiben« benannt. Er glaubte, dass Gott geteilt werden will, er ist allen gemeinsam und er ist das Allermitteilsamste.

»Gott ist die Liebe«, ist ein Satz, der ein paar Nummern

zu groß für uns ist. Wir müssen uns angewöhnen, ihn jeden Tag neu zu besetzen und die seltsamen Verstecke, die Gott sich einfallen lässt, aufzuspüren. »Siehe da, siehe da!« sagen wir dann im Staunen und im Glück des Wohnens in Gott. Dieses Glück verfällt und verramscht sich, wenn es sich nicht mit dem Vermissen Gottes in unserer Welt verbindet, mit diesem schreienden »nicht, hier nicht, bei uns nicht.« Lasst uns doch versuchen vor jedes Nicht, jedes geschlossene Tor, gegen das wir anrennen, ein »noch nicht« zu setzen! Es ist noch nicht erschienen, was wir sein werden.

Fulbert Steffensky

Meditation

Lukas 19,1–10

Er kam nach Jericho und wollte hindurchziehen. Und siehe, da war ein Mann, der war Oberzöllner, und er war reich.

Und siehe, der Oberzöllner, er ist reich.
Sieh alle dazu, durch die er reich geworden ist:
Sieh den Bauern, der einen Topf Oliven in Jericho verkaufen will: der Zöllner raubt ihm einen Teil der Arbeit seiner Hände.
Sieh die alte Frau, die ihr gewebtes Tuch zum Markt bringt. Der Oberzöllner frisst ihre Mühsal, und er wird reich.
Sieh die Kinder, die schlechtes Wasser trinken, die Würmer haben und die mit ihrem Hunger den Zöllner ernähren.
Und siehe, der Zöllner war reich!
Er ist reich: Die Feststellung eines Selbstmords!
Es hat sich einer aus dem Leben gestohlen.
Die Weisheit der alten Frau erreicht ihn nicht mehr, denn er ist ihr Feind geworden.
Die Freundschaft des Bauern hat er verspielt.
Seine Ohren sind taub für das Lachen der Kinder, deren Brot er isst.
Sich selber hat er den Trost des Lebens gestohlen.

Und Jesus kam nach Jericho und wollte hindurchziehen. Und siehe, da war ein Mann, er war Oberzöllner, und er war reich. Und er suchte Jesus zu sehen, wer er sei. Und er vermochte es nicht wegen der Volksmenge, weil er von Gestalt klein war. Da lief er voraus und stieg auf einen Maulbeerfeigenbaum, um ihn zu sehen. Denn er sollte auf jenem Weg hindurchziehen.

Was erwartet der Tote vom Leben? Sind noch nicht alle Wünsche mit ihm gestorben? Gibt es eine Sehnsucht, die noch nicht ausgerottet ist? Will er, der den Armen das Brot und die Stimme gestohlen hat, ihnen nun auch den Sohn der Hoffnung stehlen? Warum läuft er hinzu, warum will er ihn sehen? Fehlt ihm nun noch das Höhere, nachdem er alles gestohlen hat? Fehlt ihm, der seine Burg gebaut hat, nun noch der Hausgott, dem er den Segen abpresst wie den Kindern ihr Lachen? Fehlt ihm noch ein Gott, dem er die Moral diktiert wie den Bauern die Zölle?

Ist er nur jener? Ist er auch dieser: Der Kleine, der mit allem Reichtum seinem Leib nicht eine Elle hinzufügen kann? Er läuft auf kurzen Beinen der Menge voraus, erreicht mit Mühe den ersten Ast des Feigenbaums und zieht sich hoch. Das Beste, was er hat: seine sehnsüchtige Lächerlichkeit in den Ästen des Baumes; sein Wunsch dazuzugehören. Seine Hoffnung, gesehen zu werden mit einem zweiten Blick vom Sohn des Lebens. Der erste, der heilige Blick sieht die Kinder der Nacht, die sich wärmen unter Brücken in Zeitungen, in denen die Geschichte ihres Hungers nicht steht. Er bettelt um den zweiten Blick – der Kleine, der alles hat und sich doch nicht geben kann, was er braucht: die Freundschaft der Menschen, das Singen des Windes und das Lächeln Gottes.

Als Jesus an den Ort kam, blickte er zu ihm auf und sprach: Zachäus, steige eilends herab! Denn heute muss ich in deinem Hause bleiben. Und er stieg eilends herab und nahm ihn mit Freuden auf.

Gerufen wird er mit einem Namen, der ihm nicht eigen ist: Zachäus, Gerechter! Sein Eigenname ist Steinherz und Mensch ohne Augen. Wer ist er? Der oder jener? Ist er der Tränenlose, ist er Zachäus? Warum ein Name, der noch nichts benennt und der fremd ist seinem eigenen Herzen. Zachäus – Gerechter.

Leicht ist es, Wasser in Wein zu verwandeln.
Leicht ist es, den Sturm zum Schweigen zu bringen.
Leicht ist es, Brot zu vermehren, dass es für alle reicht.
Schwer ist es, ein Herz aus Stein in Fleisch zu verwandeln.
Schwer ist es, trockne Augen zum Weinen zu bringen.
Schwer ist es, einen Menschen widersprüchlich zu machen, dass er wählen kann zwischen seinem falschen und seinem wahren Namen.
Dem Trost allein gelingt es, das Steinherz zu brechen.

Heute muss ich in deinem Hause bleiben.

Jesus tut, als sei da schon ein Haus, in dem man bleiben kann und das keinen abweist. Er gibt nichts. Er nimmt, wie man von einem Freunde nimmt, mit dem man schon einig ist und von dem nichts trennt. Der Blick hebt das Todesurteil auf und ruft die Güte ins Leben. Das ist die einzige List, die die Liebe kennt.

Und als sie es sahen, murrten sie alle und sagten: Bei einem sündigen Mann ist er eingekehrt, um seine Herberge zu finden.

Dies ist verständlich: die Wut der Menge. Die Wut all derer, die schon bezahlt haben beim Oberzöllner, bei seinen Unterzöllnern und bei deren Helfershelfern. Wenn schon der Zöllner den Bauern legt; wenn schon der Reiche den Armen presst; wenn schon die Macht das Recht verschlingt, dann soll es doch diesen späten Sieg des Rechts geben: dass tot bleibt, wer sich selbst das Leben genommen hat; dass dessen Name nicht mehr genannt wird, der anderen den Namen zertreten hat; dass nicht angesehen wird, der blind war für die Tränen der Armen. Der kalte Trost soll doch bleiben! Wenn dies die Welt schon nicht ändert, so erklärt es sie doch.

Zachäus aber trat hinzu und sagte zum Herrn: Siehe, Herr, die Hälfte meines Besitzes gebe ich den Armen. Und wenn ich von jemandem etwas erpresst habe, gebe ich es vierfach zurück.

Das Märchen von der Güte, die eine Tochter gebiert, die Güte heißt. Das Märchen von der Gnade, die eine Tochter gebiert, die Gerechtigkeit heißt. Die Geschichte von der Schönheit, die Schönheit ins Leben ruft. Es ist einer aus seinem Prunkgrab gekommen und hat ein Haus daraus gebaut. Es hat einer seine Krallen geöffnet, und sie wurden zu Händen. Es hat einer seinen Namen gehört, mit dem er schon lange gerufen wurde. Es ist einer von den Toten auferstanden. Es ist einer jung und leichtsinnig geworden: die

Hälfte den Armen! Vierfach zurückgegeben, was abgepresst wurde!

Da sprach Jesus zu ihm: Heute ist diesem Hause Heil widerfahren, wie denn auch er ein Sohn Abrahams ist. Denn der Sohn des Menschen ist gekommen, um das Verlorene zu suchen und zu retten.

Zwei Schönheiten spielen miteinander, und die eine kann ohne die andere nicht sein. Die eine: dass einer gerufen wird, ehe er sich einen Namen gemacht hat; dass er vom Baum geholt und an den Tisch gesetzt wird; dass die Güte mit ihm aus einem Becher trinkt, ehe er gütig ist. Mit ihm trinkt die Güte Bruderschaft, und mit jedem Schluck wird er Mensch. Die andere Schönheit erwacht: Die Augen, die die Hände der alten Frau sehen, wie sie mit Mühe ihr Tuch webt, Faden für Faden. Die Ohren, die den Schrei der Kinder nach Brot und Wasser hören. Die Sanftheit der Hände, die trösten, wo sie vorher geschlagen haben. Die Stimme, die nach dem Recht schreit, das der Zöllner vorher verlacht hat. Und der Zorn, der ihn auf die Straße treibt, aus dem Haus, in dem die Güte mit ihm getrunken hat. Zwei Schönheiten küssen sich und werden zu einer. Zum zweiten Mal entdeckt Zachäus die Menschen. Der Zöllner hat sie gesehen mit schätzendem Auge: Der Bauer mit den Oliven bringt wenig: Sechs Groschen. Die Alte mit dem Tuch weniger: Drei Groschen. Mehr schon der Fischer, der die Nacht gefischt hat und seine Ware am Morgen vom Jordan auf den Markt bringt.

Die erste Entdeckung der Welt mit den Augen des Kalkulierers! Die zweite Entdeckung, nachdem er selbst entdeckt ist: Zachäus sieht den krummen Gang der Alten. Er sieht die rissigen Hände des Fischers. Seine Ohren hören die Kinder vor Hunger weinen. Er liest die Geschichten des Unglücks in ihren Gesichtern. Er schleppt das Heil, das in sein Haus gekommen ist, auf die Straße, an die Zäune, in die Nacht der Geschlagenen.

Da sprach Jesus zu ihm: Heute ist diesem Hause Heil widerfahren, wie denn auch er ein Sohn Abrahams ist. Denn der Sohn des Menschen ist gekommen, um das Verlorene zu suchen und zu retten.

Jahreskreis

Fulbert Steffensky

Meditation

Menschwerdung

Gott, unkenntlich geworden südlich in Bethlehem,
versteckt im kleinen König, geboren im Stall.
Er meldet sich nicht unter dem Namen der Macht und des blendenden Glücks.
Der Unverwundbare hat den Wall seiner Burg geschleift.
Hungrig nach der Nähe der Menschen ist er auf die Straßen gegangen und an die Zäune.
Er duckt sich am Feuer mit den halbwilden Hirten, er zecht mit den Armen.
In der Nacht schläft er bei ihnen, den Kopf auf einem Stein.

Gott, kenntlich geworden im kleinen König, geboren im Stall.
Sein Name ist Habnichts, Flüchtling, Todgeweihter.

Geheimnisvoller Gott, du trocknest die Tränen nicht, die deine Armen weinen.
Du heilst die Wunden nicht, die das Leben schlägt.
Geheimnisvoller Gott, du weichst nicht aus dem Hunger der Brotlosen,
aus der Qual der Gefolterten.
Wie andere auch legt dich das Leben aufs Kreuz.

Vergebung

Ein reines Herz schaffe mir, Gott,
einen festen Geist erneure in meinem Innern!
Verwirf mich nicht von deinem Antlitz,
den Geist deiner Heiligung nimm nicht von mir!
Lass das Entzücken deiner Freiheit mir kehren.

Wenn du uns anblickst, erkennen wir die Gesichter unserer
Opfer:
Félicien Joly, mit 21 Jahren in der Zitadelle von Lille
erschossen,
Jael Silberstein, mit 18 in Auschwitz ermordet,
Hülja Genc, mit 9 Jahren in Mölln verbrannt.
Wenn du uns anblickst, erkennen wir, wer wir sind.

Entsündige mich mit Ysop,
dass ich rein werde,
wasche mich,
dass ich weißer werde als Schnee!
Lass mich hören Entzücken und Freude!

Wenn du uns anblickst, erkennen wir dein Gesetz.
Wir lernen, den Fremden zu achten,
denn selber sind wir fremd im Land.
Wir lernen, das Recht zu lieben,
denn du bist Zeuge derer, die Gewalt leiden.
Wir lernen das Stöhnen unserer Mutter, der Erde, zu hören,
denn du liebst sie und hast sie geschaffen.
Wenn du uns anblickst, werden wir frei vom Gesetz des
Todes.

Rette aus Bluttat mich, Gott,
Gott meiner Freiheit:
Jubeln soll meine Zunge
Deine Bewährung.

Wenn du uns anblickst, werden wir schön,
schön wie die Röte des Morgens.
Deine Güte gebiert unsere Güte,
Deine Gnade ruft unsere Gerechtigkeit ins Leben.
Du senkst den Blick auf uns
Und hüllst uns in deinen Frieden.

Gemeinschaft

Wir sind nicht allein, wir singen die Lieder der Toten.
Wir kommen von weit her aus einem fernen Land der Wünsche und Träume.
Wir kennen Franziskus und seinen Gesang auf die Sonne,
Wir kennen Elisabeth, die Christus sah
in den Augen des hungernden Kindes,
Jan Hus und Sophie Scholl, Teresa von Avila und Franz Jägerstätter.
Unter den Toten sind viele, die uns behüten.
Unsere Hoffnungen lesen wir ihnen von den Lippen.
Wir kommen von weit her und singen die Lieder der Toten.

Wir sind nicht allein, wir haben Geschwister, die Gott loben mit anderen Liedern.
Gott ist alles in allem. Wir aber sind endlich,
an unserem Wesen muss niemand genesen.
Befreit von dem Wahn, das Ganze zu sein,
sind wir Teil der Wahrheit, die die Welt erleuchtet,
sind wir Teil der Kraft, die das Leben trägt,
Teil des Trostes, vor dem die Tränen versiegen.
Wir sind nicht allein: Wir bringen das Brot,
das Gott uns gibt, und essen gemeinsam.

Fulbert Steffensky

Die Hosen des heiligen Josef

Von den Hirten wird gesagt, dass sie ein großes Licht sahen und dass sie Engelschöre hörten. So sind sie leichtfüßig zum Stall gelaufen. Wenn auch ziemlich erbärmlich war, was sie fanden – ein obdachloses Ehepaar mit einem neugeborenen Säugling, so hatten sie doch noch das Licht vor Augen und die blendende Erscheinung der Engel und ihren Ruf: Fürchtet euch nicht! Und sie konnten leicht glauben. Die Weisen, diese Frühesoteriker, hatten einen Stern, der sie geführt hat und der endlich über dem Stall stehen blieb, in dem das Kind lag. Sie hatten leicht gehen, sie hatten einen überzeugenden Stern. Maria schließlich hatte einen Engel, der ihr ihren Auftrag und ihre Schwangerschaft erklärte. Ein Engel macht einem den Glauben leicht.

Mich interessiert heute am Heiligen Abend zunächst eine Figur, die mindestens bis zu diesem Zeitpunkt keinen Stern und keinen Engel gesehen und die kein Licht geblendet hat. Es ist Josef. Er ist bei jedem Krippenszenario zu finden. Aber er steht meistens im Hintergrund, hält die Laterne, zu alt, um einen brauchbaren Verlobten abzugeben. Er sieht die komischen Gestalten kommen: die Hirten, die Subproletarier jener Zeit, die zu arm waren, um fromm zu sein wie viele andere vor ihnen und nach ihnen auch. Er sieht die drei abgerissenen Ausländer, die der Stern aus ihrer Heimat getrieben hat und die die Geschichte später zu den Heiligen Drei Königen gemacht hat. Josef ist der Einzige, der keine Erscheinung hat. Und darum ist er mir lieb. Josef ist der Erste, der nur eine Erzählung von der Erhabenheit der Dinge hat – von Engeln, vom Licht und von dem Kind, das das Heil Israels sein soll. Er ist der erste Protestant, der nicht mehr hat als das Wort und die Erzählung dieses Lumpengesindels um die Krippe. Wenn es noch das Zeugnis und die Erzählung von ehrbaren Leuten gewesen wäre, von Professoren, Hauptpastoren, Bischöfen und ähnlichen überzeugenden Erzählern! Nein, es waren nur diese bambuleverdächtigen

Hirten und Ausländer. Josef steht verlegen im Hintergrund, er runzelt die Stirn. Er möchte ja so gerne glauben, dass ab sofort den Armen Recht widerfahren soll und dass die Gewalttätigen vernichtet werden. Aber die Verhältnisse sind nicht so. Er schaut um sich, sieht den Stall und die lächerlichen Figuren darin und runzelt die Stirn, weil er noch nicht mehr hat als die Erzählung vom Recht der Armen. Er bestreitet die Geschichte nicht. Vielleicht braucht er sie viel zu sehr, als dass er sie für völlig unwahrscheinlich halten könnte. Aber er runzelt die Stirn, zieht seine Hose aus, wie es auf alten Weihnachtsbildern zu sehen ist, und wärmt das Kind. Wenigstens das! Wenigstens dieser kleine Anfang für den Trost der Armen. Wenigstens dieser bescheidene Anfang des Reiches Gottes: die Hosen des heiligen Josef.

Ich liebe Josef, denn er ist wie wir. Die wenigsten von uns hat heute Abend eine Erscheinung hergetrieben oder ein Stern gelockt. Wir kommen auf Gutglauben. Wir haben eine alte Erzählung im Ohr. Einige hatten damals schon einen Stern gesehen und haben davon erzählt. Einige haben schon Engel gesehen, und für sie ist die Welt nicht einfach, was sie ist; der Stall nicht mehr, was er ist, und das Kind nicht mehr, was es ist. Uns hat eine alte Erzählung hierher getrieben. Wir sind ein bunter Haufen hier: Einige von uns glauben an diese Erzählung von der Geburt des Sohnes des Lichts. Sie setzen auf die Wahrheit und auf das Versprechen dieser Erzählung, wenn vielleicht auch keiner ohne Stirnrunzeln wie jener Josef. Welche Würde, die Welt einfach nicht mehr zu nehmen, wie sie ist; schon das Recht der Armen zu riechen, obwohl sie noch wenig von ihm sehen. Welche Würde, schon vom Frieden zu sprechen und davon, dass den Kriegstreibern das Handwerk gelegt wird, obwohl diese Kriegstreiber ihr Handwerk immer noch betreiben. Welche Würde, sich von jener Erzählung leiten zu lassen und in jedem neugeborenen Kind mehr zu sehen als die bloße Tatsache seiner Armut und seiner Hilflosigkeit. Wenn wir diese Erzählung hören, tragen wir unsere eigenen Wünsche und Hoffnungen in sie ein. Sie sind wie alte Formulare, in die wir unsere Geburts- und Sterbedaten eintragen; unsere Glücksdaten und die Daten unserer Niederlage und unserer Schuld. Nein, man kann nur schwer ohne jene Erzählung leben. Ich meine nicht, dass sie jeder glauben kann. Es spricht ja viel dagegen, wie uns das Stirnrunzeln des heiligen Josef lehrt. Aber jeder kann diese aufrührerische Erzählung schön finden. Und etwas schön zu finden, ist noch besser, als nur an etwas zu glauben.

Einige von uns setzen auf die alte Erzählung, wie man in einer Wette setzt und weiß, dass man verlieren kann. Viele, die Weihnachten in die Kirche gehen, glauben nicht. Aber sie sehen zu, wie andere glauben. Und das ist wohl auch ein Stück Glaube. Ein Glaube auf Zeit, und ein Glaube bei Gelegenheit! Wer wollte ihn verachten! Viele von uns spielen den Glauben, den sie verloren haben. Sie haben Adventskränze und Kerzen, hören und singen die Lieder, hören das Weihnachtsoratorium. Wer wollte das verachten! Den Glauben und die Hoffnung zu spielen, ist eine Form des Glaubens, eine dürftige vielleicht, aber man soll sie nicht verachten, wenn man nicht mehr hat.

Nun habe ich uns Josefs und Josefinen genug bemitleidet und gelobt, die wir kein Licht sehen und von keinem Stern gedrängt werden; die wir nicht mehr haben als die Erzählungen vom Licht und von der seltsamen Geburt. Ein bisschen Ehre will ich nun auch Gott geben. Denn »Ehre sei Gott in der Höhe!« ist schließlich der Grundruf dieser Nacht. Was sagen wir da: Gott ist Mensch geworden. Gott hat sein Gesicht aufgedeckt in jenem Jesus von Nazareth. In den großen Rettungserzählungen sind die Retter durchweg stark. Sie kommen auf Rossen, sie sind unverwundbar, sie haben in Drachenblut gebadet. Sie zerschlagen ihre Feinde. Sie legt keiner aufs Kreuz. Weihnachten ist das Ende der Erhabenheit Gottes. Es ist wie eine Parodie auf den gewöhnlichen Gottesglauben. Der Retter des Volkes, verehrt von den abgerissenen Gestalten und eingewickelt in die wärmenden Hosen des zweifelnden Josefs. Es ist ein blasphemisches Fest. Was soll daran retten?

Was soll daran retten! Ich gehe einen Umweg und erzähle Ihnen die Geschichte einer Frau, die Geschichte von Simone

Weil, der französischen Jüdin und Sozialistin, die bis in das Herz des Glaubens gekommen, aber nie in eine Kirche eingetreten ist. Simone Weil war in der Resistance, sie hat kurze Zeit in einem Nazigefängnis gesessen. Sie konnte mit ihren Eltern nach New York entkommen. Sie war in Sicherheit, und dort konnte sie endlich leben. Aber sie hat es dort nicht ausgehalten. Sie hat es nicht ausgehalten, nicht dort zu sein, wo ihr Volk leidet. Sie hat es nicht ausgehalten, mehr Brot zu haben als ihr gequältes Volk hat; mehr Sicherheit, mehr Glück als die, die den Henkern verfallen waren. Sie wollte zurück nach Frankreich. Bis England ist sie gekommen, dann nicht weiter. Sie hatte abenteuerliche Pläne, sie wollte mit einem Fallschirm über dem besetzten Frankreich abspringen. In England aß sie nur so viel wie Juden nach ihrer Vermutung in Frankreich damals zu essen hatten. Sie bekam eine TB und ist verhungert. Welcher zwecklose und welcher zärtliche Tod! »Sie ist verrückt!«, hat de Gaulle damals bündig erklärt. »Ihr Herz schlug für die ganze Welt!«, hat Simone de Beauvoir von ihr gesagt. Auch sie war ein aufgedecktes Antlitz Gottes.

Simone Weil hat diesen Gott nachgespielt, der es nicht ausgehalten hat, nicht dort zu sein, wo seine Söhne und Töchter leiden. Welches zwecklose Leiden und welcher zwecklose Tod des Sohnes der Güte! Kein Kind stirbt weniger, weil er gestorben ist. Kein Schmerz ist geringer geworden. Die Verzweiflung und das Unrecht sind nicht ausgerottet aus der Welt. Und immer noch sind unsere Tränen nicht gestillt.

Doch welch eine Zärtlichkeit: ein Gott, der bedürftig wird wie wir; der das Glück der Freundschaft und der Liebe kennt wie wir; der früh auf der Flucht ist wie viele von uns und den das Leben aufs Kreuz legt wie andere auch. Die pure Macht, Stärke und Größe hat noch niemanden gerettet. Aber die nicht weichende Zärtlichkeit ist der große Trost.

Es ist nicht alles, was von diesem Gott zu sagen ist. Ich verlange von ihm auch seine Stärke. Wir lassen ihn nicht davonkommen und verlangen von ihm das Recht der Armen, den Trost der Unglücklichen, und dass endlich die Stadt erscheine, in der niemand mehr Beute des anderen wird. Wir verlangen es, weil wir die Toten nicht vergessen können und die Opfer nicht aufgeben wollen. Und doch ist die innere Hauptsache Gottes nicht seine Stärke, sondern sein Durst, anwesend zu sein und aus unseren eigenen Schicksalen nicht zu weichen. Endlich ein Gott, dessen Größe uns nicht erschlägt! Endlich ein Gott, der weiß, wohin er gehört! Endlich ein Gott, dessen man sich nicht schämen muss!

Liebe Gemeinde, ich komme noch einmal auf den heiligen Josef zurück. Gott hat ihm seinen Glauben schwer gemacht, weil er ihm kein Licht und keinen Stern geschickt hat. Er hat ihm den Glauben so schwer gemacht, wie er uns schwer ist. Vielleicht hat dieser Josef noch nicht in seinem Herzen geglaubt. Aber er hat es schon mit seinen Hosen, indem er sie ausgezogen und das Kind darin gewärmt hat. Die Kollekte in dieser Heiligen Nacht ist für »Brot für die Welt« und für »Brot für St. Petersburg«. Sie merken schon, worauf ich hinaus will: Ich will Ihnen an die Hosen. In dieser Nacht des schweren und vielleicht auch geringen Glaubens könnten wir doch wie Josef mit unseren Hosen und Röcken glauben, wenn das Herz schon taub ist. Wir könnten doch darin die Kinder der Kälte wickeln und so dem Reiche Gottes auf die Sprünge helfen. Wie wäre es, wenn wir so viel in die Kollekte täten wie unsere Hose oder der Rock wert ist, den wir gerade tragen? Ich hoffe, Sie haben Ihre teuersten angezogen. Der Glaube mit den Hosen und ohne das Herz ist jedenfalls besser als der Glaube mit dem Herzen ohne die Hosen. Gott sieht nicht nur auf das Herz, er sieht auch auf die Hosen des heiligen Josef.

Du starker Gott, Du hast die Erde gebildet und die Berge geformt,
Du lässt die Sterne singen und das Meer aufbrüllen.
Deine Erde hatte nicht mehr für Dich als den Stall und die Kälte des Windes.
Du schöner Gott, Du lässt das Gras singen und schmückst das Gesicht der Erde.
Mehr ist nicht da für Dich als das Brot der Armen, die Lieder der Hirten
Und die Wünsche der fremden Weisen.
Gott, Du birgst die Welt wie eine Mutter die Kinder wärmt in ihrem Schoß.

Für Dich hatte die Erde kein Haus, und Dich hat niemand gerettet vor der Flucht und vor der Feindschaft im fremden Land.
Die Nacht Deiner Geburt ist nicht nur die helle Nacht.
Es ist die Nacht, in der sich die Einsamkeit vieler unter uns aufbäumt wie ein wildes Tier.
Es ist die Nacht, in der die Menschen überall auf der Erde um ihre Toten
weinen, um die Kinder, die ermordet wurden wie jene zu Deiner Geburt.
Du, Gott, hast Deinen Namen verloren.
Darum kennst Du die Namen der Vertriebenen, der Gefolterten und der Ermordeten.
Wir haben nicht genug Tränen, um alle zu beweinen.
Du aber bist das Herz der Welt und das Gedächtnis der Verlorenen.
Sei ein starker Gott und rette die, für die Du Deinen Namen verloren hast!
Fahre nieder, o Gott, und zerbrich die Macht der Mörder!
Stürze ihre Throne und vernichte ihre Pläne!
Du bist gekommen, wir warten auf Dich.
Du bist gekommen, so komm!
Wir warten auf Dich, bis jeder seinen Namen hat, seine Schönheit und sein Zuhause. Amen.

Fulbert Steffensky

Das Fest des Lumpengesindels

Wir sind eine bunte Schar, die wir spät in der Heiligen Nacht nach Katharinen gekommen sind. Einige von uns glauben an das Geheimnis dieser Nacht. Einige von uns sehnen sich vermutlich danach, glauben zu können. Vielleicht gehört für andere der Gottesdienst zum Heiligen Abend wie »Dinner for one« zum Sylvesterabend, und dies wird wohl auch eine Form der Sehnsucht sein. Wer wir auch sind, lassen Sie uns doch für eine Stunde den Glauben spielen! Lassen Sie uns die Lieder singen, als stimmten unsere Herzen damit überein! Lassen Sie uns das Vaterunser beten, als sei es unsere eigene Sprache! Die Kirchen sind auch eine Art Kostüm- und Sprachverleih. Sie leihen Kleider, Masken, Sprachen, Lieder, Gesten aus an die, die keine eigenen haben und die doch gelegentlich spüren, dass sie sie brauchen – die Sprachen der Hoffnung und die Lieder, die davon singen, dass es ein Herz der Welt gibt und dass das Leben nicht über eisigen Abgründen hängt. Dies ist die Nacht des religiösen Lumpengesindels, und so gehören wir dazu, wer immer wir seien. Es ist die zwangloseste aller Nächte.

Weihnachten, eine große Posse, vom Lumpengesindel aufgeführt. Wer gehört dazu, wer spielt mit, wer ist anzutreffen bei dieser merkwürdigen Schwangerschaft und Geburt? Maria, ein junges Mädchen, verarmter Adel aus dem Hause Davids, zu Unzeiten schwanger. Sie behauptet, dies sei höhererseits veranlasst. Wie auch immer! Sie hat nicht viel Renommee. Die zweite Figur: Josef, ein Zimmermann, ein Kleinbürger, ziemlich verwirrt über die Schwangerschaft seiner Braut, mit der er nichts zu tun hat. Er hat keine Reichtümer. Auf alten Bildern wird dargestellt, wie er seine Hosen auszieht und damit das göttliche Kind wärmt, nicht gerade ein hoffähiges Verhalten. Im Hintergrund Elisabeth, eine alte Frau, sie hat zu Essen und zu Trinken. Aber sie hat nicht, womit eine Frau in jener Gesellschaft erst angesehen ist: Sie hat keine Kinder, sie ist unfruchtbar. Weitere Personen: die Hirten. Es sind die Subproletarier jener Zeit. Bei ihrer Arbeit mit dem Vieh und dem Dreck können sie nicht einmal die Gesetze der Frömmigkeit einhalten. Schließlich die drei merkwürdigen Figuren aus dem Morgenland, denen die Tradition nachträglich den Glanz von Königen angedichtet hat, jene Frühesoteriker, die die Geburt des Kindes aus den Sternen gelesen haben wollen. Jeder Protestant schüttelt sich bei dieser theologischen Methode. Die Posse des Lumpengesindels: der Armen, der Unfruchtbaren, der Nicht-Dazugehörigen. Die Rolle der Spieler wird noch deutlicher, wenn man beachtet, wer in diesem Spiel fehlt. Der König soll geboren werden, und es fehlt die Macht. Das göttliche Kind soll geboren werden, und es fehlen die offiziellen Vertreter der Religion. Bei ihnen sind zwar die Bücher, die die Geburt ankündigen. Dort kann man alles nachschlagen und studieren. Sie vermitteln den Ort, aber sie gehen nicht hin. Gefunden wird das Kind nicht von der Macht und der Religionsverwaltung, nicht in Jerusalem, nicht in Rom und nicht in Wittenberg.

Eine Gruppe von Mitspielern wenigstens erscheint standesgemäß und situationsgemäß: die Engel in Heerscharen und in der Klarheit des Himmels. Einer von ihnen sagt die Nachricht, auf die die Hirten lange gewartet haben: Euch und allem Volk wird eine große Freude widerfahren. Euch und allem Volk ist der Heiland geboren, der Messias, der Herr in der Stadt Davids. Der alte Traum der Gedemütigten, der Armen und der Gequälten soll wahr werden: Endlich ist er da, der Messias, der Retter, der Heiland und Herr. Er wird die Feinde vertreiben. Er wird den Blutsaugern das Handwerk legen, er wird die Macht aufs Kreuz legen, er wird die Waffen zerbrechen, er wird unsere Wunden heilen. Das ist die Nachricht. Noch ist nichts zu sehen, wo sie wahr wird, aber die Engel geben schon ein Zeichen für diese Wahrheit. Wie sieht es aus (die Posse, geht weiter!): »Und das habt zum Zeichen: Ihr werdet ein Kind finden, in Windeln gewickelt, es liegt im Futtertrog der Esel und der Ochsen.« Dieses Zeichen hat nicht zu tun mit dem, was es bezeichnen soll. Der Messias soll kommen. In den alten

Schriften ist doch versprochen, welche Ereignisse seine Ankunft begleiten: »Den Gefangenen soll gesagt werden: Gehet heraus! Zu denen in der Finsternis: Kommt hervor! Niemand wird hungern noch dürsten, sie wird weder Hitze noch Sonne stechen.« Das sind Zeichen, die überzeugen. Das sind Zeichen, die zum Messias passen.

Und nun geschieht ein erstes Weihnachtswunder: Die Hirten glauben den geringen Zeichen. Sie warten nicht mehr auf den glänzenden Gott der Heerscharen. Sie warteten nicht mehr auf den Unverwundeten und Unverwundbaren, den niemand aufs Kreuz legen kann. Wo sucht man einen Starken? Bei den Starken. Wo sucht man einen Befreier? Bei den Befreiten. Die Menschen vergeben Gott viel, manchmal zu viel. Nicht aber vergeben sie ihm, dass er sich in unseren eigenen Masken in der Welt herumtreibt: Als ein Kind, das allen Gefahren ausgesetzt ist; als einer der zum Tode verurteilt ist und seiner Marter nicht entrinnen kann. Das Weihnachtswunder, das zweitgrößte: Die Hirten erkennen ihren Retter in dieser fremden Gestalt. Sie gehen eilends hin, und sie finden Maria und Josef und das Kind in der Krippe. Die spätere Tradition hat es ausgemalt: Die Hirten bringen dem Kind Milch von ihren Schafen und ein Fell, das es wärmen soll. Die Armen helfen ihrem Retter überleben, sie trösten ihn mit ihren Liedern, und sie wärmen ihren Gott. So haben wir gesungen:

Er äußert sich all seiner G'walt, wird niedrig und gering
und nimmt an eines Knechts Gestalt, der Schöpfer aller Ding.

Das größte Weihnachtswunder ist, dass Gott weiß wohin er gehört, zu jenem Lumpengesindel, das ihn braucht und das ihn erkennt. Die Götter, die wir uns ausdenken, haben all das, was uns selber fehlt: Unsere Kargheit machen wir zu ihrem Reichtum. Unsere Wunden machen wir zu ihrer Unversehrtheit. Unsere Niederlagen machen wir zu ihren Siegen. Dieser kleine König im Stall von Bethlehem ist der große Einspruch gegen unsere Gottesbilder des ungetrübten Glanzes und der ungebrochenen Macht. Macht euch kein Bildnis! Tut diese falschen Bilder von den unberührbaren Göttern weg. Das Wort Gott ist in der Geschichte der Menschheit ein verschlüsselter Text, man kann ihn auf viele Weise auslegen. Das Kind in der Krippe ist die Lesart, die uns bindet: Gott ist unkenntlich geworden südlich von Jerusalem, versteckt im kleinen König, geboren im Stall. Er meldet sich nicht unter dem Namen der Macht und des blendenden Glücks. Der Unverwundbare hat den Wall seiner Burg geschleift. Hungrig nach der Nähe der Menschen ist er auf ihre Straßen gegangen und an ihre Zäune. Er duckt sich am Feuer mit den halbwilden Hirten, er zecht mit den Armen. In der Nacht schläft er bei ihnen, den Kopf auf einem Stein. Dieses Kind in Bethlehem ist das Fleisch gewordene Bilderverbot. Und dieses Kind ist die neue Kenntlichkeit Gottes. Gott ist kenntlich geworden im kleinen König, geboren im Stall. Sein Name ist Habenichts, Flüchtling, Todgeweihter. Ein geheimnisvoller Gott, der die Tränen nicht trocknet, die seine Armen weinen; der die Wunden nicht heilt, die das Leben schlägt. Ein geheimnisvoller Gott, der nicht weicht aus dem Hunger der Brotlosen, aus der Qual der Gefolterten und den das Leben aufs Kreuz legt wie andere auch. Sein Grundname ist Emmanuel, der Gott mit uns; der Gott bei uns. Eines unserer Kinder konnte es, als es noch klein war, nicht ertragen, von irgend einem Gespräch oder einem Unternehmen ausgeschlossen zu sein. »Auch dabei« war sein Lieblingswort. Emmanuel, »Auch dabei«, ist der Lieblingsname jenes Gottes, der sein Gesicht aufgedeckt in dem Kind zu Bethlehem und der in unserem Glück und in unseren Schmerzen wohnt. Es kommt nicht so sehr darauf an, dass sie die Vorgänge dieser Nacht in Bethlehem glauben. Ich wünschte noch mehr, dass Sie sie schön finden; dass sie diesen Gott schön finden, der sich nicht in sich selbst verkrallt, in seinen eigenen Glanz und seine Absolutheit; der nicht geizig sein eigenes Glück bewacht, sondern ausströmt in die Welt der Kälte. Dieser Gott ist Mitteilung, er ist das Allermitteilsamste, wie ihn Meister Eckhart nennt.

Gott hat sich mitgeteilt. Er duldet keine Apartheid, auch nicht die zwischen sich selber und seinen Geschöpfen. Das sagt etwas über ihn. Und es sagt etwas über uns: Alles ist wichtig, bedeutet es. Ob Menschen in Ruhe und im Glück leben oder nicht; ob Menschen Brot haben oder nicht; ob Menschen Arbeit haben oder nicht – das alles ist eine spirituelle Angelegenheit geworden, seit Gott sich in unseren Wunden und in unserem Glück versteckt. Seit Gott die Gestalt unserer Leiden angenommen hat, sind sie mehr als eine nackte und brutale Tatsache. Sie haben eine endgültige Bedeutung, denn sie sind die Verletzungen Gottes. Unser Verhältnis zu den Schicksalen der Menschen ist nicht nur eine Frage der Moral, es ist eine Frage des Glaubens: Erkennen wir den verwundeten Gott unter den Masken der Menschenwunden, oder sind wir taub und blind? Es gibt keine Unterscheidung mehr zwischen dem Vorläufigen und dem Endgültigen, zwischen einem rein Politischen und dem Religiösen, zwischen nur Weltlichem und Eigentlichem. Seit Gott die Gestalt unserer Knechtschaft angenommen hat, ist alles eigentlich geworden: das Brot und das Wasser, das Glück und die Wunden, das Gelingen des Lebens und seine Zerstörung. Nichts ist mehr gleichgültig, und das Leben hat eine unendliche Kostbarkeit und Bedeutung. Nichts ist gleichgültig. Der Glaube an Weihnachten ist das Gegengift gegen jeden Zynismus.

Schön ist die Höflichkeit Gottes, der nicht aus unserem Leben weicht. Aber reicht das alles? Ist es nicht die romantische Glorifizierung der Schwäche eines Kindes? Stirbt keiner mehr, nachdem dieser Messias da ist? Wird keiner mehr erniedrigt und angespieen? Werden den Armen die Schulden erlassen? Sprechen die Verstummten und springen die Lahmen schon wie ein Hirsch? Es ist der alte jüdische Einwand, wenn wir unser Weihnachten feiern und die Geburt dieses Sohnes. Es ist die widerborstige Frage der Hoffnung, die nicht eher zufrieden ist, bis die Schwerter zu Pflugscharen geschmiedet und bis alle Tränen getrocknet sind. Glauben heißt, mit Widersprüchen leben können. Wir beharren auf einem Widerspruch: Ja, Gott hat sein wahres Gesicht gezeigt in diesem Sohn; ja, das Morgenlicht ist angebrochen; ja, es ist der Tag, den Gott gemacht hat; ja, die Tür ist aufgeschlossen zum schönen Paradeis. Sie hören, dass ich das große ›Ja‹ mit der Stimme der Tradition, der Lieder und der Bibel sage. Denn dieses ›Ja‹ überfordert den Glauben eines Einzelnen. Das ›Nein‹ des Widerspruchs kann man mit der eigenen Stimme sprechen; denn man braucht es ja nur am Zustand dieser Erde abzulesen: Noch immer verhungern Kinder; noch immer werden die Fremden erschlagen und noch immer unterliegen wir dem Lebenshass. Und so muss noch kommen, der gekommen ist. So muss noch siegen, der gesiegt hat. So muss noch erscheinen, was schon ist. Aber wir sind nicht die ewig Wartenden, die ewig Ausschau haltenden, die ewig Morgigen. Wir haben nicht nur Zukunft, wir haben eine Vergangenheit. Die Hoffnung braucht eine Herkunft. Wir haben einen guten Anfang, die wir aus jener Nacht kommen und aus der Freude jener Nachricht der Engel: Er ist da, er ist geboren, die Rose ist aufgeblüht, die die Schönheit der Welt bedeutet.

Liebe Gemeinde, die Predigt ist aus. Aber es gibt einen kurzen Nachtrag, der zur Sache selbst gehört. Ich werbe für die Kollekte, was man nie tun soll in einer Predigt. Sie ist bestimmt für ›Brot für die Welt‹ und für ›Brot für St. Petersburg‹. Gott ist das Allermitteilsamste. Spielen wir Gott, und teilen wir mit! Man glaubt an die Geburt des Lichtes nicht nur mit dem Herzen, sondern auch mit geöffnetem Geldbeutel. In der Bibel steht zwar, dass Gott auf das Herz sieht, aber ich glaube, dass er auch unseren Geldbeutel respektiert, wenn das Herz schwach ist. Und diejenigen, die Brot brauchen haben vom Geldbeutel immerhin mehr als von unserem puren Herzen. Ich habe mich gefragt, ob ich eine Summe empfehlen soll. Das ist insofern schwierig, als ich die Großzügigkeit von niemanden unterschätzen möchte. Aber ich habe mir gedacht, angemessen als Spende für das nackte Kind im Stall wäre das, was wir ausgeben für unser Weihnachtsessen, jedenfalls angemessen fürs erste, bis das Reich Gottes kommt, da werden wir noch viel mehr abgeben. Also essen Sie und trinken Sie nach Herzenslust. Wir haben allen Grund dazu, und unsere Geschwister in den Ställen brauchen es.

Fulbert Steffensky

Heilsame Selbstunterbrechung

Joel 2,12–17

Warum eigentlich wussten die Menschen nach dem Krieg nicht, was mit den Juden während der Nazi-Zeit passiert war? Warum wussten sie nicht, dass unter ihren eigenen Augen ein ganzes Volk unsichtbar gemacht und schließlich ermordet wurde? Sie haben doch die Schilder vor den Geschäften gesehen: »Deutsche, kauft nicht bei Juden!« Sie haben doch die christlichen Predigten gehört, in denen das Volk als verworfen bezeichnet wurde. Sie haben doch die Aufrufe in den Zeitungen gelesen, dass Juden ihre Fahrräder und ihre Musikinstrumente auszuliefern hatten. Sie haben doch bemerkt, dass schließlich niemand mehr da und übrig war. Gerade darum wussten wir nichts davon, weil das Verbrechen so geläufig, so allgegenwärtig und so selbstverständlich war. Unsichtbar macht sich die Dummheit, indem sie große Ausmaße annimmt, heißt es bei Brecht. Unsichtbar wurde das Verbrechen, weil es überall war.

Wir können das Beispiel aktualisieren: Warum sind wir entsetzt, wenn wir erfahren, dass deutsche Unternehmen die Giftgasanlagen für den Irak aufgebaut haben; dass deutsche Techniker die Zielgenauigkeit der Raketen verbessert haben und ihre Reichweite, sodass sie jetzt Israel erreichen? Wir haben es doch gewusst, welches Geschäft der Waffenhandel auch in unserem Land ist. Man konnte es doch in den Zeitungen lesen. Wir kennen doch die Skrupellosigkeit des Marktes. Wir haben uns daran gewöhnt, und die Gewöhnung macht das Unrecht geläufig. Die Gewöhnung verdummt. Wir sehen die Korruption nicht mehr, weil sie täglich geschieht. Was immer so war, was täglich geschieht, was alle tun, das legitimiert sich dadurch, dass es immer so war und dass es alle tun. Die Gewöhnung raubt uns das Wissen und das Gewissen; wir können das Unrecht nicht erkennen, und wir vergessen, was Recht ist.

Ich habe zwei Beispiele politischer Korruption genannt,

in denen den Menschen Wissen und Gewissen abhanden gekommen sind. Wir können bei uns selber und im Persönlichen bleiben und sehen, wie das, was wir gewöhnlich tun, uns geläufig, vernünftig, einsichtig und selbstverständlich wird, nur weil wir es immer tun. Wer gewohnt ist, seine Kinder zu schlagen, wird sich nicht als hart empfinden. Wer gewöhnlich seine Meinung durchsetzt, wird sich nicht als autoritär empfinden. Wer gewohnt ist, zu betrügen, wird den Betrug für das Natürlichste der Welt halten. Wir werden uns geläufig in dem, was wir tun. Die Bibel nennt das Verblendung: Das Unrecht tun und nicht wissen, dass es Unrecht ist; in der Korruption gefangen sein und nicht wissen, dass wir das Leben schon verloren haben.

Wie kommen wir heraus aus der Benommenheit, aus der Trunkenheit, aus der Gewissenlosigkeit, aus der Verblendung? Wie schützen wir uns vor uns selber? Wenn man die Einzelgeschichten und die Weltgeschichte ansieht, könnte man vermuten, dass nur die Katastrophen den Menschen die Augen öffnen – bestenfalls. Wenn die Ehe zerbricht, erkennen wir vielleicht ein Stück unserer selbst; wenn die Kinder uns weglaufen, sehen wir vielleicht, was wir angerichtet haben; wenn die Granaten einschlagen, merken wir, was Waffenhandel ist; wenn ein Volk vernichtet wird, sehen wir vielleicht – vielleicht nur einen Augenblick, was Antisemitismus ist.

Aber gibt es denn nicht mehr als die Erkenntnis, die zu spät kommt? Ist denn die Katastrophe die einzige Lehrmeisterin? Wie arbeiten wir vorher an der Erkenntnis von Recht und Unrecht? Wie arbeiten wir an unserem Gewissen? Denn der Mensch ist nicht nur *vor* seinem Gewissen verantwortlich. Er ist auch *für* sein Gewissen verantwortlich. Er ist nicht nur dafür verantwortlich, dass er das Recht tut und das Unrecht meidet. Er ist verantwortlich für seine Erkenntnis von Recht und Unrecht.

Zerreißt eure Herzen, heißt es in dem Joel-Text, den wir gerade gehört haben. Brecht mit euch selber! Wiederholt euch nicht, bis ihr endgültig gestorben seid in der Selbstverdummung und in der Gewissenlosigkeit! Unsere Lust, ungestört mit uns selber zu sein, ist groß: zu denken, was man immer schon gedacht hat; gut zu finden, was man immer schon gut gefunden hat. Das Leben scheint uns garantiert, wenn man sich selber fortsetzt. Die jüdisch-christliche Tradition sagt, dass dies eher den Tod garantiert. Diese Tradition ruft uns vielmehr zu Schritten der Trennung von uns selber auf: Zieh aus! Verlasse dein Haus! Kehre um! Weine über dich, und halte dich nicht für selbstverständlich! Entfliehe aus der Gefangenschaft deines eigenen Herzens! Das heißt fasten: sich sich selber in den Weg stellen; sich selber aufstören im Bau der Korruption. Fasten ist nicht eine psychohygienische Technik zwecks Steigerung des Wohlbefindens und zur Gewichtsabnahme. Das ist es übrigens auch, nur interessiert das in dieser Tradition nicht. Fasten ist mit einer Lebensabsicht verbunden: Das Recht soll hergestellt werden, das Unrecht erkannt und vermieden. Fasten ist Bruch mit der Normalität des Unrechts; es ist nicht eine sanfte spirituelle Überhöhung dieser Normalität. Fasten ist mit einer Lebensabsicht verbunden. Eine berühmte Stelle bei Jesaja versteht Fasten ausdrücklich so: »Das ist ein Fasten, wie ich es liebe: dass du ungerechte Fesseln öffnest; dass du Misshandelte frei sein lässt und jedes Joch zerbrichst; dass du Nackte bekleidest und den Hungrigen dein Brot brichst.« Fasten findet auf der Straße statt: bei den Nackten, bei den Brotlosen, bei den Gefangenen. Spiritualität ist nicht der ungestörte Höhenflug der Seele über dem Tal des Jammers. Der Hunger der Menschen, die verletzte Gerechtigkeit, das Brot – sie sind Gegenstände unserer Spiritualität. Brich dem Hungrigen dein Brot, das ist das Fasten, das mir gefällt.

Was aber heißt das für die Übung, die wir im engeren Sinn Fasten nennen? Was heißt es, dass sich Menschen auf Zeit des Essens und Trinkens enthalten; dass sie sich des Rauchens enthalten; dass sie sich des unnötigen Redens enthalten und dass sie sich selber Bedenkzeiten geben, Zeiten des Schweigens und der Ruhe? Das Herz kommt nicht ohne die Sinne aus. Menschen unterbrechen sich in ihren äußeren Geläufigkeiten, in Essen und Trinken, in Reden und Unrast, in Verrichtungen, die sich eingeschliffen haben und die allmählich die Macht über unser Denken und unseren Willen übernehmen. Jede Unterbrechung in äußeren Eingeschliffenheiten macht auch unseren Verstand stutzig und bringt unser trottendes Herz ins Stolpern. Der Mensch lebt nicht nur von innen nach außen. Er baut sich auch von außen nach innen. Wenn er sich selbst unterbricht in seinen äußeren Lebensgewohnheiten, dann kann ihn dies auch auf sein dummes, träges und blindes Herz stoßen. Er wacht auf. Er sieht, was er vergessen hat und was die Gewöhnung unsichtbar gemacht hat. Es hat noch nie eine spirituelle Landschaft gegeben, sei sie religiös oder nicht religiös, die ohne diese Übungen ausgekommen ist; ohne die Übung des Schweigens, des Fastens, der Askese. Alle Spiritualitäten bringen zwei widersprüchliche Begriffe zusammen: das glühende Wort *Geist* und das kühle Wort *Methode*. Die Übung und die Methode sind Wege, den Geist zu befreien; den Geist nicht verkommen zu lassen. Unsere große Gefahr: dass wir verkommen in unseren Wünschen, in unseren Lebensabsichten und in unserem Gewissen; sogar in unserer Fähigkeit glücklich zu sein. Und so legen wir uns in diesen Übungen kein neues Gesetz auf. Sie führen uns heraus aus der engen und dumpfen Stube, die mit dem Mief unserer selbst angefüllt ist. Sie führen uns in ein neues Licht und in eine neue Freiheit.

Fulbert Steffensky

Meditation

Gesichter der Passion

Kreuzwege / Scheidewege heißt die Reihe, zu der auch dieser Gottesdienst gehört. In den alten Kreuzwegen hat die Passion Christi ihre lange und langsame Zeit. Man geht 14 Stationen ab und sieht die Gesichter der Menschen in diesem Drama: das Gesicht Christi, das Gesicht der Verräter Judas und Petrus, des Pilatus und der Kleriker, Simon von Cyrene, die weinenden Frauen, die Soldaten und das Volk, Maria und Johannes unter dem Kreuz. Die Frage ist, wo wir unser eigenes Gesicht erkennen, das Gesicht unserer Kirche, unserer Stadt, unserer Gesellschaft. Wo kommen wir vor?

I.

Gesichter im großen Drama: Das Gesicht Christi in der Nacht der Angst und der Zweifel am Ölberg. Bei Lukas kommt der Engel schnell, der ihn stärkt. Aber die Nacht war lang, und lange lag der Gerechte im Schweiß der Angst; so lange wie die Frauen in all den Kriegen, die auf ihre Vergewaltiger und auf die Mörder ihrer Kinder warten; so lange wie die Nächte der Menschen, die auf Brot und Medizin warten. Der Engel der Stärkung hat es nicht eilig in ihrem Fall.

Das Gesicht Judas: das des Verräters. Judas, der den Gerechten küsst. Ein Kuss als Verrat. Verräterische Zärtlichkeit.

Das andere Gesicht: das des Freundes, des Jüngers und des Verräters. Petrus sitzt am Feuer im Hofe der Macht. Die Träume sind verloren. Er will überleben, mehr nicht. Er will nicht hineingezogen werden, nachdem die Sache verloren ist, an die er geglaubt hat. Und so verrät er – dreimal! Ich bin's nicht! Ich bin's, der dich verwundet, singt die Treue und die Frömmigkeit. Ich bin's! Ich bin's nicht, damit habe ich nichts zu tun, ich distanziere mich davon, sagt der Verrat. Petrus verrät – und er weint bitterlich. So menschlich ist er, der Verräter, dass er noch Gewissen und Tränen hat. Das ist nicht selbstverständlich unter Verrätern, Verschweigern, Wegsehern, Wegläufern, Übersehern und Beschönigern. Sie hören keine Hähne. Sie bleiben mit sich im Reinen und haben keine Tränen.

Gesichter: Die Masken der Macht: die Kleriker mit ihrem taktischen Spiel. Es ist besser, wenn einer für das Volk stirbt, als dass das ganze Volk umkommt, sagen sie. Die Wahrheit spielt keine Rolle. Sie denken vom Ganzen her. Da kann einer über die Klinge springen.

Die Masken der Macht: Pilatus und Herodes, sie werden Freunde in dieser Stunde. Herodes, die römische Marionette. Pilatus, der sensible Zyniker. Er ist nicht unberührt von der Wahrheit des Gerechten. Er will ihn freigeben, wenn es nichts kostet und wenn seine Interessen nicht im Spiel stehen; wenn es seine Position nicht gefährdet und wenn es ihn bei der höheren Macht nicht in Ungnaden bringt. Der Machtstarre und der philosophische Schöngeist, der seine Hände in Unschuld wäscht. In dieser Nacht werden sie Freunde.

Die Masken der Macht: die Soldateska aller Zeiten mit ihrer Lust am Quälen und Vergewaltigen. Die Folterknechte, die die Augen des Gerechten verbinden und fragen: Wer ist's, der dich schlug? Die Soldaten, die das Röcheln des am Galgen Hängenden nicht stört. Sie spielen um sein letztes Hemd. El Salvador, Irak, Haiti – endlose Kommentare zur Geschichte auf Golgatha.

Das Volk: zwiespältig. Es spendet Beifall dem Gerechten, der auf seinem Esel in Jerusalem einschreitet. Es spendet Beifall den Masken der Macht und fordert seinen Tod. Es rennt mit, wenn einer gehenkt wird, es weidet sich an seinen Schmerzen, es begafft das Unglück, jeden Abend – folgenlos.

Das Volk: Es liebt die starken Götter: Wenn du der Sohn Gottes bist, dann steige herab von deinem Kreuz; dann hilf dir selbst, du hast ja anderen geholfen. Nicht an seiner Gerechtigkeit will es den Sohn der Wahrheit erkennen, sondern an seiner Macht. Steige herab! Gehöre zu den Siegern!

Sei stärker als die Starken, dann wollen wir an dich glauben. Es ist mehr die Verzweiflung des Volkes als seine Bosheit. Vielleicht meinen sie dies mit ihrer Anbetung der Sieger: Wenn unser Leben schon kärglich ist, dann wollen wir uns wenigstens im Glanz der Sieger sonnen: an den Geschichten der Reichen, am Glanz der Königshäuser, an den Wegen der Erfolgreichen. Die Märchen von den Gewinnern als Opium für das Volk! Christus aber ist ein Verlierer.

Andere Gesichter sind zu sehen: Simon von Cyrene, der Christus das Kreuz nachträgt – freiwillig oder von den Römern gezwungen – wer weiß? Aber er trägt das Kreuz. Es sind da Frauen am Weg, die um Christus weinen. Weinen bei öffentlichen Hinrichtungen war verboten. Denn die Weinenden solidarisieren sich mit den Verurteilten. Weinen war staatsfeindlich. Bis heute sind die Solidarität und die Tränen staatsfeindlich – an vielen Stellen der Welt.

Wir sehen die Gesichter: Des Verräters, der Macht, des Volkes, der weinenden Frauen. Die Hauptfrage steht noch aus: Wo kommen wir da vor? Wie spielen wir da mit? Als Zuschauer unter der lachenden Menge? Als Freunde Jesu, die eingeschlafen sind? Als Petrus, der alles ableugnet? Als Judas, der bezahlt wird? Als Vertreter der Behörden, mit einer Ahnung von der Unschuld derer, die wir behandeln, und mit größerer Angst vor der nächst höheren Behörde? Als die Religionsbeamten, die vor allem keinen Konflikt in der Gemeinde wollen? Es gibt keinen Ort in der Welt, auf den der Schatten des Kreuzes nicht fiele. Auch an den schönsten Badestränden Südamerikas oder an der Adria tauchen die Fragen auf, denen wir nicht entkommen: Wer hat dich geschlagen? Dahinter die alte Frage Gottes an Kain, nachdem er seinen Bruder erschlagen hat: Wo ist dein Bruder? Und dahinter die andere Frage: Wo bist du, Adam? Warst du dabei, als Christus gekreuzigt wurde? Als wer? Wer hat dich so geschlagen?

II.

Im Märchen wird erzählt, wie zwei Freunde, die sich trennen mussten, einen Ring brachen. Jeder von ihnen nahm einen

Teil des gebrochenen Ringes. Der Ring war die Erinnerung an die Freundschaft. So lange jeder seinen Teil vom Ring hatte, war die Freundschaft unverloren. Und zugleich war der Ring die Hoffnung darauf, dass man sich wiederfände; dass man dereinst die beiden Teile zusammenfügen würde und dass die Freunde, die lange auseinander waren, sich erkennten am Stück des Rings, das jeder hatte. Der gebrochene Ring, das unvergessbare Zeichen der alten Freundschaft; der Ring, die untrügliche Hoffnung auf das Wiedersehen der getrennten Freunde.

Brot und Wein, unser Teil des Ringes, den Christus für uns gebrochen hat. Das Mahl, das unvergessbare Zeichen jener Nacht der Freundschaft, in der er Brot und Wein geteilt hat mit jenen Freunden und Freundinnen. Das Mahl, das Vorspiel jenes Mahles im Reich des Friedens, in dem wir Gott erkennen und Gott uns erkannt hat.

III.

Kreuzigen: Die Tilgung der Zinsen verweigern, kein Asyl gewähren, Flüchtlinge in den Tod schicken, Fremde ermorden, ihre Häuser anzünden, Frauen vergewaltigen: Es ist nicht vollbracht!

Kreuzigen: Jemandem keine Arbeit geben, ihn auf der Straße verkommen lassen, die Mieten hochtreiben, die Kindergärten schließen, die Schulen verkommen lassen, das Wasser verseuchen, die Zukunft der Enkel auffressen: Es ist nicht vollbracht!

Kreuzigen: Vergessen, verschweigen, es doch nicht aufbauschen wollen, verdrängen, es nicht gewusst haben, es für einen Einzelfall halten, es für unabänderlich erklären, es zu lassen: Es ist nicht vollbracht!

Es ist nicht vollbracht: Die Lahmen gehen noch nicht, die Stummen sprechen noch nicht und die Schwerter sind noch nicht zu Pflugscharen umgeschmiedet.

Es ist vollbracht: Der Tod hat sich an seiner Beute verschluckt und er ist an ihr gestorben. Keiner ist seit dem Tod des Gerechten verschont geblieben von den Niederlagen, von der Krankheit, von der Schuld, vom Tod. Aber gegen alle Niederlagen gibt es eine hilflose, eine schwache, eine unbewiesene Geschichte einer neuen Schöpfung. Es wird erzählt, dass es getan und vollbracht ist und dass alles Leben einen neuen Anfang hat.

Der eine der Erzähler des Todes Jesu in der Bibel gab sich nicht zufrieden mit dem großen Aufschrei am Ende: Gott, mein Gott, warum hast du mich verlassen? Er legt dem Gerechten ein Wort der Versöhnung in den Mund: Vater, in deine Hände befehle ich meinen Geist! Das Warum ist verklungen. Der Gerechte ist jenseits seines Durstes und jenseits aller Schmerzensschreie. Vielleicht war es so. Vielleicht wird es so sein bei unserem Tod, dass wir versöhnt werden; versöhnt nach allen Schmerzen, versöhnt mit der Endlichkeit des Lebens. Vielleicht wird es so sein, dass wir uns abgeben können und uns nicht in den eigenen Händen verlieren.

Dorothee Sölle

Der Einzug des kleinen Königs

Matthäus 21,1–11

Jesus kommt nach Jerusalem, um dem jüdischen Brauch entsprechend das Passahfest zu feiern. Das Fest erinnert an den Auszug des Volkes Israel aus der Sklaverei in Ägypten, es ist beiden Religionen, dem Judentum und dem Christentum, der Mutter- und der Tochterreligion, gemeinsam. Die Tochter mit der Mutter zu versöhnen, ist eines der wichtigsten Ziele meines theologischen Denkens.

Heute erinnern wir uns an den Tag des Einzugs in die Heilige Stadt. »Einzug« ist ein großes und einigermaßen feierliches Wort. Es benennt den feierlich inszenierten Einzug von großen und mächtigen Helden, Herrschern, Siegern. In der römisch beherrschten Welt, der »pax Romana« wurden solche Einzüge gut inszeniert, feierlich begangen, Trommelwirbel voran, Musik, geschmückte Straßen, möglichst viel Volk dabei und dann der Präfekt, der Herrscher, gar der Kaiser. Das Ritual lässt sich vergleichen mit unsern Fernsehshows, die ja auch mit Macht, Geld und Schönheit inszeniert werden.

Die damaligen Herrscher kamen auf einem prunkvoll geschmückten Schlachtross. In der hebräischen Bibel hat das Wort »Ross« häufig einen negativen Klang, es gilt als das Symbol der Macht, ja des Vertrauens in die Selbstermächtigung. Im Psalm heißt es einmal: »Jene verlassen sich auf Wagen und Rosse. Wir aber denken an den Namen des Herrn.« (Ps 20, 8) Oder: »Einem Könige hilft nicht seine große Macht; ein Riese wird nicht errettet durch seine große Kraft. Rosse helfen auch nicht, und ihre große Stärke errettet nicht. Siehe, des Herren Auge sieht auf die, so ihn fürchten, die auf seine Güte hoffen.« (Ps 33, 16–18) Und bei Jesaja steht schlicht und klar: »Ihre Rosse sind Fleisch und nicht Geist.« (Jes 31, 3)

Jesus ist ein frommer Jude, der die Schrift kennt. Er liebt sie, und die ganze Passionsgeschichte lebt von ihr bis zum – vielleicht letzten – Schrei aus dem Psalm 22, der nicht nur

»Warum hast du mich verlassen?« heißt, sondern mit »Mein Gott« beginnt. Die Schrift ist die Grundlage, sie wird von Jesus, genau wie von anderen Rabbis, immer wieder neu ausgelegt, verbal und non-verbal, im Reden und im Handeln.

Was bedeutet der Esel, den Jesus sich aussucht? Auch dieser merkwürdige Ritt auf dem Eselchen geht auf die Schrift zurück. Beim Propheten Sacharja, der sich an Jesaja anlehnt, heißt es: »Aber du, Tochter Zion, freue dich sehr, und du, Tochter Jerusalem, jauchze! Siehe, dein König kommt zu dir, ein Gerechter und ein Helfer, arm und reitet auf einem Esel und auf einem jungen Füllen der Eselin.« (Sach 9, 9) Esel waren die Reittiere der Armen, und der von Jesus war offenbar halb geliehen und halb gestohlen! Der Eselbesitzer war wohl ein Freund Jesu. Die Freunde von Jesus sind arme Fischer – und vor allem, was in der Geschichte der Auslegung immer wieder verdunkelt wurde, vor allem Frauen.

Es sind die Ärmsten der Armen – und ein winziger Blick in die Elendswelt, z.B. Brasiliens, kann uns belehren, dass die Ärmsten der Armen immer die Frauen sind, spätestens nach dem vierten oder fünften Kind haut der Mann normalerweise ab und lässt die Frau mit den Kindern sitzen. Das arme Volk, das sich mit Jesus auf den Straßen herumtrieb, waren mehrheitlich Frauen, die zu den Elendesten gehörten.

Die Vorstellung, dass die Jünger Jesu nur Männer waren, ist eine sozialgeschichtlich falsche Vorstellung, die darauf beruht, dass die antiken Sprachen keine Wörter für Jüngerin, Zöllnerin, Lehrerin usw. hatten. Es gibt einen lateinischen Grabstein aus der Jesuszeit, auf dem steht: »Hier ruht der Zöllner Antonia.« Es verhält sich ähnlich wie im Französischen, wo noch bis vor kurzem gesagt wurde »Le ministere, Madame Pompidou«. Vielleicht kann man ja am meisten im Leben von seinen Gegnern lernen, ich finde es sehr interessant, dass die römische Intelligenz, als sich die verrückte Jesussekte auszubreiten begann, erklärte: Alles Weibergeschwätz. Auferstehung – was soll das heißen?! Frauen waren als Zeuginnen im römischen Recht normalerweise nicht zugelassen.

Jesus ist von Armen und zweifelhaften Leuten umgeben

bei seinem Einzug nach Jerusalem. Sie legen ihre miesen, zerrissenen Kleider auf das Eselchen, sie werfen sie auf die Straße. Er reitet ein in die mächtige, die hochgebaute Stadt, und die Menschen erinnern sich an die alte Weissagung. Man kann die Erfüllung fast als komisch verstehen, der Trost und Retter Israels strahlt nichts von Unverwundbarkeit, Stärke oder Gottesmacht aus.

Lassen Sie mich einen kleinen Umweg machen, in die germanische Mythologie. Einer ihrer größten Helden ist Siegfried. Er ist Sohn eines Königs und von ungeheurer Stärke. Er erschlägt einen riesigen Lindwurm, er kocht den Drachen und badet im heißen Blut des Untiers. Dann wird seine Haut zu festem Horn, keine Lanze, kein Schwert konnte ihn erreichen, er war unverwundbar geworden. Kraft, Schönheit, Reichtum – alles war sein. Ein Übermensch, ein Sohn der Götter, er kann nicht verlieren, er ist ein Souverän dem Leben gegenüber.

Ich habe eine lange Geschichte mit dem Wort »unverwundbar«. Sie begann in den achtziger Jahren des vorigen Jahrhunderts, als Ronald Reagan, der geistige Großvater von George Bush junior, davon sprach, dass das »Fenster der Verwundbarkeit« geschlossen werden müsse. Es ist ein militärgeschichtlicher Ausdruck für eine Lücke im Verteidigungssystem, und die MX-Raketen damals sollten diese Einbruchsstelle schließen. Damals entdeckte ich Siegfried neu, Drachenblut als das Erkennungszeichen der Mächtigen, in dem sie gebadet haben, ihr Siegerlächeln sagte mir, dass sie alle Fenster zumauern wollten, kein Licht darf mehr einfallen. Ich schrieb damals ein kleines Gedicht, weil ich Angst hatte.

das fenster der verwundbarkeit
so sagen die militärs
um die aufrüstung zu begründen
muss geschlossen werden

ein fenster der verwundbarkeit
ist meine haut
ohne feuchtigkeit und ohne berührung
muss ich sterben

das fenster der verwundbarkeit
wird zugemauert
mein land
kann nicht leben

wir brauchen licht
um denken zu können
wir brauchen luft
um atmen zu können
wir brauchen ein fenster
zum himmel

Dass alle Fenster bei uns vermauert werden sollten, kein Licht mehr bei uns erlaubt sei, nichts sollte uns noch berühren dürfen, – so habe ich diese Zeit erlebt. Es kam mir so vor, als müsse alle wahre Transzendenz verhindert werden, nur die Transzendenz, die sich aufs Jenseits und auf die Bedürfnisse des Individuums konzentriert, schien noch erlaubt zu sein. Heute ist diese Angst vor den unverwundbaren Helden zu mir zurückgekommen. Der waffenlose Zimmermannssohn aus Galiläa steht dem unverwundbaren Siegfried gegenüber, und dieses »aut Caesar, aut Christus«, entweder die Staatsmacht oder Christus! kann nicht harmonisiert werden.

Transzendenz macht verwundbar, das gilt wohl für alle Religionen, aber vielleicht ist es im Christentum auf die Spitze getrieben. Gott macht sich verwundbar, er zieht auf einem Esel ein. Das männische Ideal der Unverwundbarkeit steht dem Gekreuzigten, der von seinen Freundinnen und Freunden als Sohn Gottes erfahren wurde, wie eine Fratze des Lebens gegenüber. Christus ist die Wunde Gottes in der Welt, er ist über den Esel und die Lumpenkleider hinausgewachsen. Er braucht uns, jede und jeden von uns. Im Glauben geht es nicht um eine Siegermentalität. Und wir brauchen diese Verwundbarkeit des Herzens, wenn wir noch ahnen, dass jedes verhungernde Kind Christus ist und niemand anderes. Es macht mich verzweifelt, wenn ich Leute höre, die immer noch das Blut des Lammes mit dem Blut des Drachen mischen wollen. Wenn wir eine innere Beziehung zu Christus haben, dann brauchen wir nicht eine

Hornhaut, nicht eine Rüstung, die ja nun wieder in Milliardenhöhe auf uns zukommt, sondern eine Verwundbarkeit, die in jedem dieser überflüssigen Menschen Christus sieht, in Lumpen auf dem Esel, diesen erfolglosen Träumer, in dem sich Gott verbirgt. Die Liebe sieht ihn.

Dorothee Sölle und Fulbert Steffensky

Wider den Geist der Kaufmannschaft

Hiob 38 + 40

Predigt am 6. April 2003 im Berliner Dom

Dorothee Sölle: Als wäre Macht je ein Argument! Die beiden Reden Gottes am Ende des Buches Hiob werden als Antworten Gottes an den leidenden Hiob eingeführt. Aber sie antworten nicht wirklich auf die Fragen und Anklagen, die Hiob nach all seinem Unglück stellt. Gott fragt vielmehr ziemlich entrüstet, wer es wage, seinen Ratschluss durch unverständige Worte zu verdunkeln. Immerhin fordert er Hiob zu einem Disput auf (38, 3), der dann nicht stattfindet. Kann denn Hiob überhaupt den Anspruch erheben, Gottes Handeln richtig zu beurteilen? Dass das nicht der Fall ist, führt ihm Gott vor Augen, indem er ihm eine Anzahl von Fragen vorlegt, die sich alle auf die Schöpfung beziehen, erst auf die leblose Natur, dann auf die Tiere. Kann ein Mensch solche Vorgänge verstehen? Hat er etwas dazu zu sagen, kann er diese Vorgänge, die in poetisch schöner Sprache benannt werden, überhaupt begreifen? Kann er Gott beurteilen? Der Verfasser des Hiobbuches scheint das für Anmaßung, für Arroganz zu halten. Aber Hiob hat nicht über die Entstehung der Meere gesprochen, nicht über Wind, Schnee oder Regen, sondern über das, was Gott ihm angetan hat an Leid und Schmerz. Er sagt über Gott: »Siehe, es wird mich doch umbringen und ich habe nichts zu hoffen« (13, 15). Eine andere Übersetzung: »Mag er mich töten, ich halt es nicht aus.«

Ich habe mich im Zusammenhang eines politischen Nachtgebets von amnesty international noch einmal mit den Fragen der Gefolterten beschäftigt. Wenn wir heutige Berichte von gefolterten Menschen wahrnehmen, wenn wir mit ihnen zu denken, zu fühlen und vielleicht zu beten versuchen, so wissen wir, dass sie sich ein Ende wünschen –, so oder so, Ende der Qual oder Ende des Lebens. »Mag er mich töten, ich hab nichts zu hoffen«, sagt Hiob, und am Ende unseres Textes heißt es von Gott: »Du tilgst die Hoffnung aus.« (14, 20)

Fulbert Steffensky: Am Anfang der Hiobserzählung: Gott hat Hiob in die Hand des Satans gegeben, und dieser schlägt zu. Die Häuser stürzen ein, die Herden verkommen, seine Kinder sterben. Und Hiob sagt: »Der Herr hat's gegeben. Der Herr hat's genommen. Der Name des Herrn sei gepriesen!« Es ist übrigens einer der fett gedruckten Sätze in meiner Lutherbibel. Fett gedruckt sind immer die Sätze der Ergebung und der Demut.

Dem Satan wird erlaubt, ein zweites Mal zuzuschlagen. Dieses Mal geht es Hiob an Leib und Leben, und es heißt: »In diesem allen versündigte sich Hiob nicht mit seinen Lippen.« Und dann wieder fett gedruckt die Antwort Hiobs an seine Frau: »Haben wir Gutes empfangen von Gott und sollen das Böse nicht auch annehmen?« Welche merkwürdige Folgerung: Wer Gutes empfängt, soll auch das Böse annehmen! Welche fett gedruckte falsche Logik! Wer versteht nicht Hiobs Frau, die er selber als törichtes Weib beschimpft: »Sag Gott ab und stirb!«

Schließlich hat alles seinen guten Ausgang. Hiob bekommt am Ende 14000 Schafe, 6000 Kamele, 1000 Eselinnen und 10 Kinder! Welch ein schwaches Ende eines guten Buches. Als wenn einfach wiedergutzumachen wäre, was Hiob, seiner Frau und seinen Kindern geschehen ist; als wenn die einen Söhne durch die neuen und als wenn die umgekommenen Töchter einfach durch andere zu ersetzen wären. Kein Leben kann ein Leben wiedergutmachen, geschweige denn Rinder, Ochsen, Kamele und Schafe können es. Weder das Ende des Buches überzeugt, noch die Verteidigungsrede Gottes in den letzten Kapiteln, wo er seine Muskeln spielen lässt: »Ich bin stark! Hast du etwa einen Arm wie ich? Ich habe den Behemot geschaffen, das Riesentier: Siehe welche Kraft ist in seinen Lenden und welche Stärke in den Muskeln seines Bauches. Das alles habe ich gemacht!« Welch ein Geplustere! Als wenn Stärke je ein Argument wäre!

In einem Roman von Isaak Singer sagt Mascha, die Heldin des Buches: »Papa hat mich immer mit ins Kino genommen […] Er hat gesagt, im Kino vergisst er alle seine Sorgen […] In einem Film kamen zwei Hirsche vor, die um ein Weibchen kämpften. Sie gingen mit den Geweihen aufeinander los, bis einer tot umfiel. Der andere war auch halb tot. Die ganze Zeit über hat die Hirschkuh weiter gegrast, als ob sie überhaupt nicht damit zu tun hätte. Ich war noch ein Kind, im zweiten Jahr des Gymnasiums. Damals habe ich gedacht, wenn Gott so viel Gewalttätigkeit in unschuldige Tiere legt, dann ist die Sache hoffnungslos. In den Lagern musste ich oft an den Film denken. Er hat mich Gott hassen gelehrt.«

»Er hat mich Gott hassen gelehrt!«, sagt die Frau in Singers Roman. »Sage Gott ab und stirb!«, sagt Hiobs Frau.

Dorothee Sölle: Was soll angesichts der Gefolterten in unserer Welt die Theologie der Freunde Hiobs? Ich kann sie nur verachten, sie benutzt das traditionale Schema von Tun und Ergehen in einem falschen Sinn. Das Schema versucht das Verhältnis von Handeln und Ergehen auf eines von Ursache und Wirkung zu reduzieren: Weil du schön fleißig warst, bist du jetzt reich, weil du so viel geraucht hast, bekommst du jetzt Lungenkrebs. Wenn es dir jetzt so schlecht geht, Hiob, muss das in deinem früheren Verhalten begründet sein. Es ist, als sagten sie einem heute Gefolterten: Bist du nicht Kommunist gewesen? Ist es nicht nur gerecht, wie man mit dir umgeht? Logisch geredet, oder besser theologisch, drehen diese schlauen Freunde das Körnchen Wahrheit, das in diesem Zusammenhang von Handeln und Ergehen steckt, herum. Es ist sinnvoll, dem Handelnden warnend zu sagen: Wer Wind sät, wird Sturm ernten. Aber es ist sinnlos, dem Schiffbrüchigen damit zu kommen und rückwärts vom Ergehen das Handeln rekonstruieren zu wollen. Die Freunde Hiobs versuchen, Gott zu rechtfertigen, um jeden Preis. Wenn es dir schlecht geht, musst du Böses getan haben. Was tun sie aber damit ihrer eigenen Theologie an?

Fulbert Steffensky: Vielleicht sind gerade religiöse Menschen lösungsversessen. Sie leiden unter Erklärungszwängen. Ich glaube nicht, dass wir eine Lösung finden. Ich glaube nicht, dass wir eine Erklärung finden für all die Leiden der Hiobs, für ihre eitrigen Wunden, mit denen sie bedeckt sind »von den Fußsohlen an bis auf den Scheitel«. Ich möchte Hiobs Frau verstehen lernen: »Sage Gott ab und stirb!« Ich möchte den Atheismus verstehen lernen. Der Grund des Lebens ist gut, singen und sagen wir. Der Grund des Lebens ist Sprache und Gehör. Aber wo hört denn einer? Sind unsere Gebete mehr als ein Monolog? Im besten Fall eine Art monologischer Selbstvergewisserung; eine psychologische Methode, das große Misstrauen in die Welt und in das Leben auszutricksen? Das Schweigen Gottes ist die große Einrede gegen das Weltvertrauen, gegen die Behauptung der Güte des Seinsgrundes, die jeder Beter aufstellt, indem er betet. Gottvertrauen macht »theodizee-empfindlich« (J. B. Metz), es zwingt zur Erklärung dessen, was das Vertrauen in Frage stellt. Der Glaube, der nicht blind ist, wird aufs Tiefste irritiert durch das Schweigen Gottes, und so lehrt er eine der wichtigsten Fragen zu stellen: Wo bist Du, Gott! Sei endlich Gott! Er verlangt von Gott, Gott zu werden. Wir sind es gewohnt, dass Gott die Frage stellt »Wo bist du Mensch?«, und es gehört zu unserer Humanität, sie zu hören. Die Frage »Wo bist du, Gott?« ist der atheistische Schatten des Glaubens selber. Der ernsthafte Glaube und der ernsthafte Atheismus sind nahe Geschwister, so wie die banalen Welterklärungskünstler und die schmerzfreien Gottesleugner nahe Kumpels sind.

Es gibt die Würde der Untröstlichkeit. Die Würde der Untröstlichkeit ist die des ernsthaften Atheisten. Er kommt nicht darüber hinweg, was dem Leben angetan wurde. Er ist fähig, das Augenlicht der Blinden zu vermissen, den aufrechten Gang des Lahmen und die Sprache des Verstummten. Er lässt sich nicht trösten über allem, was dem Leben angetan wurde, und er weigert sich ein Ganzes zu nennen. In Psalm 91 heißt es: »Fallen auch tausend zu deiner Linken und zehntausend zu deiner Rechten, so wird es dich doch nicht treffen.« Dieser Vers ist nicht nur ein Trost, er ist eine tiefe Irritation, mit der der Glaube leben muss und für die er keine Lösung hat. Wir Theologen sagen manchmal mit leichter Zunge: Gott hört und hilft auf eine andere Weise, als wir es erwarten und als wir es uns vorstellen. Aber die Menschen in den Lagern wollten nicht auf eine höhere Weise erhört werden. Sie wollten befreit werden von den Demütigungen, vom Hunger, von den Vergewaltigungen und vom barbarischen Tod. Wir sagen: Gott erfüllt unsere Bitten, indem er sie zurechtrückt; indem er sie transformiert und sie nach seinem eigenen größeren Willen formt. Aber die Gedemütigten haben einen Anspruch auf die Freiheit von ihrer Qual, weil sie Menschen sind und weil sie gedemütigt sind. Wir sollten es aufgeben, Gott zu verteidigen. Es genügt, wenn wir ihn loben durch allen Schmerz und durch alles Nichtverstehen hindurch. Das Leben geht nicht auf, auch für den Glaubenden nicht. Gott hat uns gelehrt, groß vom Menschen zu denken, Söhne und Töchter nennt er uns. Je größer wir vom Menschen zu denken gelernt haben, umso weniger ist zu erklären, wieder gutzumachen, darüber hinwegzutrösten, was ihm angetan wird. Das ist die Würde der Untröstlichkeit.

Dorothee Sölle: Gustavo Gutierrez, der Vater der Befreiungstheologie, sagt, dass die Freunde an ihre Theologie glauben, statt an den Gott ihrer Theologie zu glauben. Damit wird ihre so genannte Theologie zur Ideologie. Sie produzieren Ausflüchte und Unehrlichkeiten, sie sind wie Hiob sich ausdrückt »Pfuschärzte« (13, 4). Aber liegt es nicht daran, dass sie in ihrem Verhältnis zu Gott die Wahrheit zu kurz kommen lassen, um die Macht ungestörter anbeten zu können? Wie Erhabenheit und Barmherzigkeit Gottes zusammen gehen könnten? Ich würde die Erhabenheit lieber mit dem deutlichen Wort »Macht« wiedergeben wollen, und ihr möchte ich nicht das letzte Wort lassen. Mein Atheismus will an Gott glauben, aber nicht um den Preis der Wahrheit und um den der Anbetung der Macht, die die Freunde Hiobs so eifrig betreiben. Einer von ihnen sagt: »Meinst du, dass Gott ungerecht richtet oder dass der Allmächtige das Recht verkehrt?«

Es gibt ein Argument für diese Freunde, das meinen Zorn auf sie vielleicht besänftigen kann. Sie kennen ja, so lese ich die Texte, die Vorgeschichte nicht. Sie wissen nicht, dass Gott sich erlaubt hat, mit dem Teufel ein Wettspiel zu machen, ein ziemlich sadistisches Spielchen, in dem Kinder zu austauschbaren Besitzgegenständen gemacht werden und im Übrigen alles ausprobiert werden darf, jede Quälerei erlaubt ist. Vielleicht hätten sie anders reagiert, wenn sie die Wettbedingungen gekannt hätten. Warum hat sich denn Gott auf diese Wette eingelassen? Wollte er dem Teufel zeigen, wer mächtiger ist? Vielleicht war es Gottes Interesse, dem Teufel etwas beizubringen von einem anderen Verhältnis zur Macht und einer anderen Liebe als der auf Gewinn und Lebensbereicherung konzentrierten. Das Interesse des Teufels ist, wie Gutierrez überzeugend gezeigt hat, die Entlarvung der Religion. Frömmigkeit, Glauben, Gottvertrauen sind utilitaristische Muster, die der aufgeklärte Satan durchschaut. Sie stehen und fallen mit der Erwartung einer Belohnung, einer Gegenleistung. Dieser Ansicht – und das ist literarisch eine hochinteressante Verklammerung der volkstümlichen Prosaerzählung und der geschliffenen poetischen Rhetorik der Reden – sind auch die Freunde Hiobs, die Leiden nur als gerechte Bestrafung verstehen wollen. Sie wollen Hiob seinen Unschuldswahn nehmen.

Eine andere Vorstellung von Religion, die also nicht auf die Manipulation Gottes im Interesse menschlicher Vorteile hinausliefe, ist dem Teufel undenkbar. Eine wirkliche Begegnung zwischen Menschen und Gott findet in dieser Religion, die sich selbst sucht, nicht statt, eher die Konstruktion eines Götzen. Die »liebende und absichtsfreie Begegnung zweier Freiheiten, der göttlichen und der menschlichen« ist dem Teufel nicht vorstellbar; er hat keine Kategorien außer den merkantilen.

Fulbert Steffensky: Dies nun wird ein Plädoyer für die unerlässliche Macht und Stärke Gottes! Es gibt die Würde von

Hiobs Frau, die Würde der Untröstlichkeit. Aber es gibt eine andere Würde, die Würde der unbewiesenen Behauptungen: Einmal wird es sein! Einmal wird es sein, dass die Steppe blüht; dass der Lahme seinen Tanz gefunden hat und der Blinde sein Augenlicht. Es ist die Pflicht der Sprache des Glaubens, das Versprechen der Ganzheit zu nennen; zu sagen, dass Gott sieht, hört, heilt, tröstet und die Toten zum Leben bringt. Dies mag schwer sein in Zeiten, die belustigt auf jeden Versuch einer Ganzheit schauen. Die die Ganzheit einklagen und behaupten, mögen altmodisch sein, und sie mögen in die Nähe des Kitsches geraten mit den Bildern und mit der Behauptung vom guten Ausgang des Lebens. Aber lieber des Kitsches verdächtigt sein, als die Versprechen für die Toten und für die Gequälten dieser Erde aufzugeben. Der Glaubende hält die Widersprüche aus, und er verfällt nicht in Lösungszwänge und in Sinngebungszwänge. Er hört nicht auf, den Gesang der stumm Gemachten zu vermissen, er kommt nicht hinweg über den Tod im Leben, *und* er preist Gott und lobt ihn, als ginge das Leben schon. Liebe Gemeinde, wenn mir die Hiobs mit ihren Eiterbeulen und Fesseln, mit ihrem Hunger und mit ihrer Würdelosigkeit, mit ihren Schmerzen und mit ihren Toden gleichgültig wären, dann würde ich mich wohl als Agnostiker bekennen. Ich wäre Zuschauer und würde mich des Urteils enthalten. Ich würde darauf verzichten, den Sinn oder den Unsinn eines Geschehens zu behaupten. Ich bliebe neutral. Wenn mir, was dem Leben angetan wird, nicht gleichgültig ist, dann habe ich nur zwei Möglichkeiten, die eine: die Empörung, Gott abzuschwören und die Güte des Weltgrundes zu leugnen. Die andere Möglichkeit: die des Glaubens. Ich lasse die Toten nicht allein, ich gebe die Hoffnung nicht auf, und sei es nur aus Trotz. Ich beharre auf der Macht und der Stärke Gottes. In einer alten jüdischen Chronik ist folgende Geschichte erzählt: Ein alter Jude, ein Emigrant aus Spanien, war mit seinen Kindern und mit seiner Frau auf der Flucht. Die Frau starb. Der Mann trug die Kinder weiter, bis er ohnmächtig niedersank. Als er aufwachte, fand er beide Söhne tot. In seinem

Schmerz stand er auf und sprach: »Herr der Welten! Viel tust du, damit ich meinen Glauben aufgebe. Wisse aber, dass ich sogar den Himmelsbewohnern zum Trotz ein Jude bin und ein Jude sein werde. Da wird nichts nützen, was du auch über mich gebracht hast und noch über mich bringen magst.« Dann raffte er ein wenig Staub und Gräser auf, bedeckte damit die toten Kinder und ging seines Weges, um eine bewohnte Stätte zu suchen.

Dorothee Sölle: Hiob dealt nicht! Ich habe viele Jahre lang an der Frage des Leidens der Unschuldigen, z.B. der in Auschwitz ermordeten anderthalb Millionen Kinder, herumgedacht. Ich war auf die Frage nach dem omnipotenten Herrscher des Himmels und der Erde konzentriert. Heute scheint mir der Grundbegriff, um den es in der Erzählung vom schuldlosen Leiden des frommen Mannes aus Uz geht, nicht der eines Kampfes mit dem Machthaber im Himmel, sondern der einer mystischen Liebe zu Gott. Kann sie sich auch im Leiden durchhalten? Die Frage, um die es dem Autor des Buches geht, heißt: Ist ein zweck- und interessefreier Glaube an Gott überhaupt möglich? Gibt es so etwas wie Religion pur, die nicht aus Angst vor Strafen reagiert oder auf Belohnungen aus ist? Oder ist Religion immer ein Deal, ein Tauschhandel, in dem Menschen sich etwas wie Wohlbefinden, Glück hier wie dort, Gesundheit, Reichtum, Anerkennung erwarten und dafür bestimmte Selbstverpflichtungen eingehen? Ist das »do ut des«, ich gebe, damit du gibst, das Marktprinzip, ein alles beherrschendes Grundgesetz menschlichen Lebens? Ich glaube, dass man Religion nur versteht, wenn man die Liebe zu Gott »ohne Warum« (Meister Eckart), ohne Zweck, ohne Bezahlung denken kann. Als Gott in seiner Freude an Hiobs Frömmigkeit ihn als den, »dem keiner auf Erden gleich ist«, lobt, antwortet der Satan dem Herrn: »Ist etwa Hiob umsonst gottesfürchtig?« (1, 9) Der hier gebrauchte Ausdruck »chinam« bedeutet: ohne Bezahlung, um nichts, ohne Entgelt; und kurz danach taucht das gleiche Wort auf in der Bedeutung von »ohne Grund, ohne Ursache« (2, 3).

Wenn die Liebe zu Gott, also das wichtigste Gebot, nichts ist als ein Deal, ein Handel, dann zerschellt sie an der bitteren Ungerechtigkeit des menschlichen Leidens. Darauf setzt der Teufel und er verliert die Wette. Die mystische Liebe zu Gott ist anders, sie ist ›un amour fou‹, eine verrückte Liebe, ohne Berechnung, eine Liebe, die sich nach Meinung des Teufels nicht auszahlt. Aber fragt diese verrückte Liebe zu Gott, den man weder knipsen noch bestechen kann, nach Auszahlung? Gott zu lieben, heißt nicht: Ich leiste dir den richtigen Glauben und komme dafür in den Himmel. Es heißt, sich Gott geben, ohne Versicherung, ohne Rückzahlung. Hiob lebt seinen Glauben »gratis« und hilft so Gott, die Wette zu gewinnen. Selbst wenn er in äußerster Verzweiflung spricht, verflucht er nicht Gott, wohl aber den Tag seiner Geburt. Was der Satan gehofft hat, dass Hiob Böses von Gott rede, erfüllt sich nicht. An keiner Stelle sagt Hiob, dass Gott ungerecht sei, wohl aber stellt er die Theologie des Lohns und der Interessen in Frage. Mystik ist kein Deal, und gerade daran hat Hiob Anteil. Vielleicht könnte er mitsingen bei einem Lied, das ich liebe:

In Deine Lieb versenken
will ich mich ganz hinab
mein Herz will ich Dir schenken
und alles was ich hab.

Fulbert Steffensky: Ich höre einen Kommentar zu Hiob, zu den Schmerzen seiner Frau und zu unserer Predigt. Der Kommentar ist diese unsere Zeit, in der sie gehalten wird: In einigen Tagen feiern wir, wie Christus, das aufgedeckte Antlitz Gottes, ohne Macht und auf dem lächerlichen Esel in die Stadt reitet; wir erleben, wie die Angst und die Einsamkeit ihn überfallen; wir erleben, wie er verraten, gequält und umgebracht wird, Christus, das aufgedeckte Antlitz Gottes! Er ist offensichtlich kein Zuschauer. Er sitzt da wie Hiob mit bösen Geschwüren bedeckt »von der Fußsohle bis zum Scheitel«. Er sagt mit Hiob: »Lass ab von mir, denn meine Tage sind nur noch ein Hauch.« Dieser andere Hiob kommt nicht davon, und mit ihm nimmt es kein gutes

Ende. Er hat die Lebenswetten verloren. Der andere Gott, der Hiob geworden ist und der uns geborgen hat in seinem Tod. Es ist nicht mehr der Zuschauer-Gott, sondern der Gott mit uns. Und schließlich der Christus, der vom Tod auferstanden ist. Vom Tod auferstanden? Weiß Gott, was wir damit sagen! Gott weiß es, das genügt!

Dorothee Sölle

Auferstehung: Geschichten aus dem Morgengrauen

Lukas 24,13–35

Die Geschichten im Neuen Testament, die von der Begegnung der Jüngerinnen und Jünger mit dem auferstandenen Jesus erzählen, spielen meistens im Morgengrauen, wo man Tag und Nacht noch nicht genau unterscheiden kann, oder am Abend wie unsere Geschichte. Sie sind nicht ganz deutlich, sie bringen Tag und Nacht zusammen, sie schließen den Zweifel ein.

Die erste Frage an unsere Geschichte ist: Warum haben die beiden Jünger Jesus nicht erkannt? Sie kannten ihn doch lang und gut genug, sie hatten ihm zugehört, wenn er redete, seine Gesten gesehen, wenn er jemanden heilte oder etwas erklärte, sie kannten sein Haar und seinen Scheitel, er hatte ihnen ja die Füße gewaschen. Aber sie gingen mit ihm, etwa zwei Stunden auf diesem Weg von Jerusalem, der Stadt, wo Gott im Tempel zu finden war, nach dem Dorf Emmaus, ohne Jesus zu »sehen«, ohne ihn wahrzunehmen.

Der Grund dafür ist ihre ausweglose Trauer. Sie haben die Auslieferung Jesu an die römische Staatsgewalt und ihr Recht, alle Aufstandsverdächtigen zu beseitigen, als Zerstörung ihrer Hoffnung verstanden, der Hoffnung auf den Messias, der Gerechtigkeit und damit Frieden für die Verelendeten bringt. Der Messias, auf den die jüdischen Menschen warteten, lässt sich nicht entpolitisieren und auf individuelle Erlösung oder auf ein Leben nach dem Tode reduzieren. Er war mehr als das, er versprach ein Leben, in dem alle Tränen einer Mutter, deren Kinder vor ihren Augen verhungern, abgewischt werden.

Diese Hoffnung war für die Freundinnen und Freunde Jesu mit Jesus vor drei Tagen am Kreuz gestorben. »Wir aber hatten gehofft, er sei es, der Israel erlösen sollte.« (Lk 26, 21) – ein bitterer Satz. Das war mit Karfreitag vorbei. Die dunkle Nacht des aussichtlosen Leidens umfing die Gemeinschaft der Jünger. Aber der unbekannte Wanderer geht mit nach Emmaus, ja er bleibt bei ihnen, er legt ihnen die Schrift aus, die von dem leidenden Knecht Gottes handelt, und teilt das Brot des Lebens mit ihnen. Im selben Augenblick, da er den Brotsegen spricht, erkennen sie ihn, sie wissen plötzlich, das ist er, der auch vor seiner Ermordung das Brot mit uns geteilt hat.

Was ist das für eine Erfahrung, ist es ein Gespenst, was sie da sehen, eine Fantasieprojektion? Offensichtlich ist es etwas anderes als die Sicherheit der leiblichen, ganz zu schweigen von der wissenschaftlich beweisbaren Wahrnehmung. Den Auferstandenen zu erfahren ist kein Faktum, das beweisbar, fotografierbar, mit Händen zu greifen ist. Alle Erzählungen über die Auferstehung berichten gleichzeitig die Bezweiflung; noch in einem der letzten Verse des Matthäus-Evangeliums heißt es über die Jünger »Einige jedoch zweifelten« (Mt 28, 17). Sie überlegen, war es nicht der Gärtner, war es nicht ein Fremder am Ufer des Sees, war es nicht eine Verwechslung im Morgengrauen oder am schnell hereinbrechenden Abend? Alle diese Erscheinungen lassen sich so oder so lesen, alles ist offen.

Ich will damit nicht sagen, dass es keine Wahrheit gibt. Aber ich will sagen: Eine unmittelbare, eine uns überwältigende und unsere Zweifel austreibende Erfahrung von Auferstehung gibt es *nicht*. Gott ist höflich, er vergewaltigt uns nicht mit seiner Klarheit, auch unsere Zweifel lässt er stehen. Vielleicht ist dieser Wunsch nach einer Unmittelbarkeit, die ich faul, träge nennen möchte, diese fundamentalistische Sucht nach Greifbarkeit und Sicherheit die große Sünde der christlichen Religion. Auf die Frage, die ich manchmal in den USA auf der Straße zu hören bekam »Are you saved?«, lässt sich nur antworten: »God knows better than you and me!«

Auch die ersten Jüngerinnen und Jünger Jesu mussten die Szenen nach dem Tode Jesu erst lesen lernen als Begegnungen mit dem Auferstandenen, sie als solche interpretieren, um zu wissen, dass ihr Herr nicht im Grab geblieben ist und dass die Hoffnung lebt, bis auf den heutigen Tag, weil er nicht nur einmal, sondern immer noch bis auf den heutigen Tag aufersteht. Sie mussten glauben, um zu merken: Das Erste ist nicht die Erfahrung, der dann ein Glaube folgt. Es gibt keine Erfahrung, die am Leben selber abliest, was zu glauben ist. Das Leben ist rätselhaft, zweideutig, undeutlich, seine Güte, sein Sinn, seine Zärtlichkeit lässt sich hin und wieder, aber nicht immer ablesen. Wir wissen doch alle, wie viele Menschen aus dem Kinderglauben herausgefallen und vom Leben überzeugt worden sind, dass es keinen Gott gibt und niemanden, der als der Erste den Tod, in dem wir leben, überwunden hat. (1. Kor 15, 20)

Ich möchte hier eine Geschichte von einem meiner Enkelkinder erzählen, um die Sache klarer zu machen. Dieses kleine Mädchen, dreieinhalb Jahre alt, holte alle meine Tassen aus dem Schrank und baute sich – unter meinen besorgten Augen – ein Café auf. Es schenkte imaginären Kaffee an imaginäre Gäste aus. Nach einer Weile sagte ihre Mutter: »Jetzt musst du aufräumen, wir wollen zu Abend essen.« Das Kind antwortete – nicht aggressiv, eher nachdenklich – mit dem Satz: »Mama, du, du denkst immer nur in echt.« Ein wunderbarer Satz! Mir fiel dazu ein, dass ich seit etwa fünfzig Jahren wenig »in echt« gedacht habe, sondern vielleicht in Transzendenz, in Auferstehung, vielleicht noch in Achtsamkeit. »In echt« denken hochgelehrte Theologen bei uns darüber nach, ob das Grab leer war oder ob Jesus darin verwest ist, aber sie wissen nicht mehr, dass es außer »in echt« noch etwas mehr, etwas anderes geben muss. Bedeutet Erwachsenwerden denn immer nur dümmer, immer blinder, immer effizienzbesessener und immer weniger achtsam zu werden?! Die Krise der Religion innerhalb der reichen Welt ist auch eine Krise des Erwachsenwerdens, das sich total der nützlichen Richtigkeit unterwirft. Jesus sagt: »Wer das Reich Gottes nicht annimmt wie ein Kind, der wird nicht hineinkommen.« (Mk 10, 15)

Es sind zwei Auffassungen, die heute die Religion bedrohen, ich nenne diese Gruppen »die Glaubensversicherten« und »die Erfahrungsbesessenen«. Die Glaubensversicherten sind Menschen, die keinen Einspruch des Lebens gegen den Glauben zulassen, für sie gibt es kein Zwielicht und kein Morgengrauen, kein Zögern. Der Zweifel ist für sie immer schon Abfall vom Glauben, und so wird die Auferstehung eine Art Lehre, die die Welt ohne Rest erklärt. Aus der Sprache des Glaubens wird dann die Poesie der Hoffnung vertrieben und zugleich die Rebellion gegen das Unrecht außer Kraft gesetzt. Sie verlassen die jüdische Tradition, in der ein Name Gottes »Gerechtigkeit« lautet. Sie pflegen eine Sprache, die über die Wirklichkeit hinweggleitet. Sie reibt sich an nichts, sie kann jederzeit, vor oder nach Auschwitz, in gleicher Weise gesprochen werden.

Die anderen Gegner der Religion sind sehr viel moderner. Es sind die Erfahrungsgierigen, die sich in den alten Häusern der Religion nicht mehr zurechtfinden, weil sie dort als eigene Subjekte zu wenig vorkamen und eine persönliche Sprache nicht finden konnten. Heute klagen sie die eigene Erfahrung ein, aber dabei entsteht oft eine Beschränkung der Sprache auf die Möglichkeiten des eigenen Herzens. Die großen Sätze der Tradition, die uns sagen, dass der Tod besiegt ist und vom Leben verschlungen wurde, sind verstummt. Wer nur »in echt« denkt, kann sie nicht wiederholen, die technokratische Weltaufgeklärtheit verbietet das. Wir brauchen die Tradition, die unsern Vätern und Müttern geholfen hat, und die uns überlieferte Sprache, die uns das Träumen und Hoffen, das Wünschen und Beten und auch das Klagen und Anklagen gelehrt hat. Und unsere subjektive Erfahrung allein kann niemals eine Sprache rechtfertigen, die aufs Ganze geht und die Einheit des Lebens behauptet trotz aller unübersehbarer Zersplitterung. Die Tradition des Glaubens bietet uns an, nicht nur »in echt« zu denken.

Die Worte des Glaubens sind nicht das Ergebnis unserer Weltbetrachtung, sie sind nicht, wie die Bibel sich ausdrückt, »Menschenweisheit«. Die Erzählung von dem Sohn Gottes, der nicht im Tod geblieben ist, sind fremde Worte, sie sind Versprechen Gottes an uns, nicht aus der eigenen Tiefe quellend. Wir brauchen mehr als die eigene Redlichkeit, für Ostern brauchen wir größere Zeugnisse als das unseres eigenen Herzens. Glauben heißt, sich – auch gegen die eigenen Erfahrungen und über sie hinaus – in die Versprechungen des Lebens für alle zu stürzen. In der Bibel ist das Leben in seiner Fülle für alle in der Schöpfung versprochen, auch für die 58 chinesischen Sklaven, die vor einiger Zeit in Dover erstickt sind. Nicht weil wir es erfahren haben, schreien wir, dass die Toten leben sollen, sondern weil wir und alle anderen Toten das Leben brauchen, greifen wir zu den Versprechen, die uns in der fremden Sprache gemacht sind. Wir können nicht wirklich leben, wenn wir »nur in echt« denken.

Der Weg zum Glauben ist uns nicht durch die Tradition abgenommen. Es bleibt unsere Aufgabe zwischen Zweifel und Hoffnung, zwischen »nichts gesehen haben« und dem schönen Satz in unserer Geschichte »da gingen ihnen die Augen auf«. (V. 31) Es gibt ein zweites Gesicht der Dinge, neben dem »in echt« existiert etwas, das ich – vielleicht etwas zu großspurig – die produktive Verwechselbarkeit Gottes mit den Menschen nennen will. In einer Legende über Franz von Assisi wird erzählt, wie er eine Quelle bittet, ihm von Gott zu erzählen. Die Quelle sprudelt auf. Dann wird das Wasser wieder ruhig und im Spiegel sieht Franziskus das Gesicht Klaras, der Frau, die er liebt. Dann sieht er, mitten im Winter, einen Mandelbaum. Bruder Mandelbaum, erzähl mir von Gott, sagt Franziskus, und der Baum fängt an, Blüten und Blätter zu treiben. Schließlich trifft er einen armen alten Mann und bittet ihn: Erzähl mir von Gott. Der Mann antwortet ihm nicht, nimmt ihn aber mit in die Stadt, in das Armenviertel. Dort verteilt er das Brot aus seinem Sack, und die Leute verteilen es weiter. Schließlich sagt der alte Mann: »Unser Brot, unser Vater.« Das Brot wird nicht alle.

Auch die beiden Jünger in der Emmausgeschichte erkennen Jesus am Brot, von Gott gesegnet und von den Geschwistern geteilt. Die Kulturen der Armut sind für uns schwer zu verstehen, aber das Christentum ist in ihnen verwurzelt. Gott will geteilt werden, Gott ist kein Privateigentum, wie das heruntergekommene Christentum uns weismachen will. »Gott ist das Allermitteilsamste«, wie Meister Eckart sagt.

Dazu noch eine Auferstehungsgeschichte, die von Elisabeth von Thüringen (1207–1231) überliefert ist. Sie sah ein bettelndes Kind auf der Straße und fragte es: »Wo ist deine Mutter?« Aber das Kind schüttelte nur den Kopf, es war verwaist. In der Nacht erscheint der Elisabeth Christus mit dem Gesicht dieses Kindes. Sie erkennt in dem geschundenen Kind das geschundene Gesicht Christi. Solche Erzählungen sind nicht moralische Ermahnungen, die unser Mitleid stärken sollen. Sie erzählen, dass Gott gefunden werden kann, er ist antreffbar. Die Auferstehung Christi bedeutet nicht, dass Christus von uns fort, in seinen fernen und glückseligen Himmel gegangen ist. »Ich bleibe bei euch!«, das ist die Nachricht. Auch in den hervorquellenden Augen und dem aufgetriebenen Leib des verhungernden Kindes. Auch im Gesicht der von Franz geliebten Frau.

In den Begegnungen der Liebe gibt es immer wieder eine Erfahrung des Glücks, die uns den Glauben an Gott zumindest nahe legt. Die Arbeiten, mit denen wir anderen Menschen das Leben wärmen, werden als selbstverständlich und fraglos verstanden. Einem Hungernden Essen zu geben, einen Kranken zu waschen, ein Kind zu trösten, gegen das Unrecht zu kämpfen und einen Tyrannen zu stürzen, das hat seinen Grund in sich selber. Das sind Handlungen, an denen die Zweifel nicht nagen, sie geben uns ein Stück Lebensgewissheit und ein Stück Überzeugung von der Güte des Lebens. Wir tun sie ohne Zweck, ohne warum, wie Meister Eckart das nennt, wir haben uns dann vom Geist der Berechnung des Lebens, des »do ut des«, getrennt. Wir sind das, was wir tun. Und gerade das ist Erfahrung Gottes, egal welchen Namen wir ihm geben.

Man kann diese Erfahrung nicht vor der Handlung und nicht ohne sie haben. Auferstehung ist immer auch Aufstand! Ressurection is insurrection. Gegen den Tod zu kämpfen suspendiert die Lebenszweifel. Es bringt uns näher an den Willen Gottes, der das Leben in seiner Fülle will, nicht nur für die 20 Prozent der Menschen, die sich dieses

Recht heute als die Sieger im globalen Wettbewerb sichern, sondern auch für die Unverwertbaren, die angeblich Überflüssigen, zu denen Jesus gehörte. Es ist kein Zufall, dass er umgebracht wurde und auch heute umgebracht wird.

An die Auferstehung Christi zu glauben, heißt heute, gegen die Schändung des Lebens mit ihm aufzustehen. Er war nicht umzubringen, und er ist nicht umzubringen. Die Güte lässt sich nicht einfach verscharren. Wir leben in einer Welt, in der an vielen Stellen neue Formen der Sklaverei entstehen, unsere Textilien werden von Textilsklavinnen fabriziert, immer jüngere Mädchen müssen sich für den Sextourismus prostituieren, um der Familie das Überleben zu ermöglichen. Wird es uns gelingen, den großen produktiven Begriff der »Achtsamkeit« und ihre Praxis zu verbinden mit dem aus den abrahamitischen Religionen stammenden Grundbegriff der Gerechtigkeit? Die Christenheit hat ihre spirituell-politischen Ziele unter drei große Begriffe der Tradition gestellt: Gerechtigkeit, also eine andere Weltwirtschaftsordnung als die der Sieger, Frieden, also eine andere Art der Konfliktlösung als die uns ins Haus stehende neue Form der Weltraumaufrüstung, und die Bewahrung der Schöpfung, zu der nach meinem Verständnis die Achtsamkeit die wichtigste spirituelle Voraussetzung ist. Der Auferstandene und der Aufstehende ist mit dabei. Jesus und Buddha werden Brüder sein, wenn wir Geschwister werden.

Fulbert Steffensky

Die alte Dame und ihre Geburtsurkunde

Apostelgeschichte 2,1–13

Ich denke an eine alte Dame – Sie mögen im Laufe meiner Predigt erraten, wer sie ist! Es ist ihr manchmal so schrecklich nachdenklich zumute. Dann zieht sie ihr Schwarzseidenes an und kramt gerührt über sich selber in alten Briefen, Papieren und Urkunden. Dabei stößt sie auf ihre Geburtsurkunde. An Pfingsten hat sie Geburtstag. Sie liest, wie sie angefangen hat und wie sie gedacht war. Es ist in jener Urkunde von wilden Sachen die Rede: vom Sturm des Geistes, vom Feuer des Anfangs und vom Mut der ersten Zeugen. Und sie erschrickt, wenn sie noch des Erschreckens fähig ist. Denn in dieser Geburtsurkunde liest sie von einer alten und lange vergangenen Schönheit. Betulich und langsam, wie sie geworden ist, liest sie, dass sie einmal als junger, wilder Wein gedacht war. Sie liest, dass sie einmal so voll des Geistes war, dass man sie für betrunken gehalten hat – schon um neun Uhr morgens. Jetzt hält sie niemand mehr für betrunken. Sie genehmigt sich nur noch selten ein Gläschen Geisteslikör. Sie ist ehrbar geworden. Sie geht ja auch mit ehrbaren Leuten um, mit Professoren und Hauptpastoren, mit Ministern und Exzellenzen, mit Superintendenten und mit Generalsuperintendenten. Sie isst mittags mit Generaldirektoren und abends mit Oberstaatsanwälten. Da kann man doch nicht tun, als sei man erst zwanzig. Aber wie war die alte Dame gedacht bei ihrer Geburt, und was hat man ihr in die Wiege gelegt? Lassen Sie uns in der Geburtsurkunde lesen.

Es wird zunächst eine Merkwürdigkeit berichtet und die Erfüllung eines Urtraums der Menschen: dass alle einander verstanden. Der Geist war über die Jünger und Jüngerinnen in jener frühen Stunde des Tages gefallen, sie fingen an zu predigen, und jeder der herbeigelaufenen Neugierigen hörte sie in seiner eigenen Sprache reden. Alle verstanden, was da gesagt wurde.

Es gibt eine andere Sprachengeschichte am Anfang der Bibel, es ist die Geschichte des Turmbaus zu Babel. Es wird da erzählt von einer Zeit, da alle eine einzige Sprache sprachen. Schon hatten sie Angst, sie könnten diese Sprache verlieren und sich einander fremd werden. Schon hatten sie Angst, sie könnten zerstreut werden und einander nicht mehr finden. Da bauten sie einen Turm. Er sollte bis an den Himmel reichen, seine Spitze sollte überall zu sehen sein, und er sollte ihre Einheit retten. Gott hat diesen Traum zerstört. Man weiß nicht so genau, warum; wie man sich manchmal fragt, was Gott sich so denkt. Jedenfalls war es seitdem ein Traum, dass die Menschen ihre Sprache verstehen; dass einer weiß, was der andere meint; dass einer gegen den anderen sein Misstrauen begraben kann; dass eine dem anderen Schwester sein kann und einer dem anderen Bruder. Nun in der frühen Pfingststunde wird der Traum wahr: Jeder versteht die Sprache des anderen. Ich verstehe dich – sagen sie. Ich weiß, wer du bist. Ich fürchte mich nicht vor dir.

Die alte Dame, versunken in die Urkunde ihrer Geburt, überlegt einen Augenblick, ob der Zustand vor dem Turmbau zu Babel nicht doch besser war, wo es überhaupt nur eine Sprache gab. Zu Pfingsten, denkt sie, hat man sich zwar verstanden, aber es gab eben viele Sprachen. *Eine* Sprache in der Kirche, denkt die alte Dame. Das wäre praktisch. Es wäre höchst angenehm, denkt sie, wenn unsere Hauptpastoren sprächen wie Drewermann. Ach nein, überlegt sie: doch lieber Drewermann wie unsere Hauptpastoren. Es wäre alles so praktisch und gut kontrollierbar, wenn die Katholiken, die Orthodoxen, die Methodisten, die Reformierten alle sprächen wie die Hamburger Lutheraner, eine Sprache! Aber die Ordnung und die Kontrollierbarkeit hat nun einmal nicht im Interesse des Pfingstgeistes gelegen. Sie werden verstehen – ja, das ist versprochen. Nicht versprochen ist die Einförmigkeit der Sprache. Da röten sich die Wangen der alten Dame, sie tritt mit dem Fuß auf und sagt: Gut so! Schön ist die Vielfalt, und langweilig ist die Einförmigkeit. Und für einen Augenblick ist sie wieder jung wie das wilde Mädchen, das sie einmal war.

Die alte Dame liest weiter in der Urkunde ihres Anfangs. So hat der Prophet Joel geweissagt: »In den letzten Tagen will ich meinen Geist ausgießen auf alles Fleisch: Eure Söhne und eure Töchter sollen weissagen; eure Jünglinge sollen Gesichte sehen, und eure Alten sollen Träume haben. Auf die Knechte und die Mägde will ich von meinem Geist ausgießen, und sie sollen weissagen.«

Die alte Dame wird nervös. Das ist die Revolution, denkt sie! Wir haben doch unsere Gremien für Träume, Welterklärungen, Vorausplanungen und Weissagungen. Wozu sind unsere theologischen Kommissionen da, wenn da Knechte und Dienstmädchen zuständig werden sollen für die Wahrheit; wenn die Alten, die mit ihrer milden Resignation am erträglichsten sind, plötzlich mit neuen Lebensvisionen daherkommen. Das ist nicht im Sinne der EKD und der anderen kirchenleitenden Instanzen, denkt sie. Das ist von unten nach oben gedacht. Aber, seufzt die alte Dame erleichtert, es ist ja gerade noch gut gegangen. Wir haben den Geist ganz gut von oben nach unten geregelt gekriegt. Es könnte sogar noch etwas mehr Papst sein, denkt sie. Doch ihr evangelisches Herz schämt sich sofort dieses Gedankens.

Einen Rest von Anarchie hat sich die alte Dame bewahrt, und sie spielt mit dem Gedanken – heimlich natürlich und ihn vor den eigenen Kirchenleitungen verbergend –, wie es wäre, wenn der Geist unten gesucht würde: bei den Kindern, bei den Konfirmanden, bei den Schwulen und Lesben, bei den Frauen, bei den Arbeitern. Die Alte wird aufgeregt und stellt sich vor, ihre Presbyterien und Synoden seien nicht nur mit Studienräten, Pfarrerinnen und Gehaltempfängern ab A 13 besetzt. Sie stellt sich vor, Ausländer wären darin; eine Prostituierte wie zur Zeit Jesu und einige Handwerker, beispielsweise Fischer und Schreiner wie in jenen Zeiten. Die Alte denkt an ihre ministeriellen Bekanntschaften und vertreibt diesen Gedanken.

Sie blättert weiter in ihrer Urkunde und stößt auf einen Bericht, den sie schon ganz verdrängt hatte: Die jungen Christen blieben beständig in der Lehre der Apostel, in der Gemeinschaft, im Brotbrechen und im Gebet. Und dann liest sie etwas geniert: »Alle aber, die gläubig geworden waren, blieben beieinander und hatten alle Dinge gemeinsam. Sie verkauften Güter und Habe und teilten sie aus unter alle, je nachdem es einer nötig hatte.« War das wirklich so?, denkt die alte Dame. Was man doch vergisst!

Dem Geist von Pfingsten und dieser träumenden Gemeinde war die Einheit in blassen Glaubenssätzen nicht genug, ja, sie war nicht einmal sehr daran interessiert. Sie teilten ihre Träume, sie teilten ihre Gebete, und sie teilten ihr Geld. Das war der Anfang! Das steht in der Geburtsurkunde! War das mit dem geteilten Geld nicht eher geistlich gemeint?, fragt sich die Alte. Aber dann erinnert sie sich daran, dass der Pfingstgeist immer so plump direkt ist; nicht so vergeistigt, wie man ihn eher haben möchte; so peinlich wörtlich; so materialistisch. Es steht da, und dann wird es wohl auch so gemeint sein. Manchmal, denkt die Alte aufsässig, könnte man besser leben, wenn es keine Urkunden gäbe.

So also war ich gemeint, denkt die alte Dame Kirche. Das war der Anfang und der große Traum: Jeder sollte die Sprache des anderen verstehen; jeder sollte Gesichter haben und der Wahrheit näher sein, nicht nur die Profis oben; alle sollten miteinander das Gebet, das Brot und das Geld teilen. Sie sieht sich und wird traurig. Was ist noch da von der Schönheit des Anfangs? Ist wirklich nicht mehr geblieben als das Gehäuse, die Ordnungen, die Theologien und die Oberkirchenräte?

Es ist mehr da. Einmal sind die Urkunden da, die Träume des Anfangs und die Geschichte vom Gelingen. Die Kirche ist nicht so sehr ein Haus, das aus Steinen gebaut ist als aus Geschichten von der Würde des Menschen und von dem Reichtum, der uns zugedacht ist. Wir haben Urkunden, wir haben alte Texte. Die Texte lehren uns wünschen. Ein Mensch wird nicht nur schön durch alles, was ihm gelingt. Es machen ihn auch seine Wünsche schön. Es macht ihn auch sein Durst nach dem ganzen Leben und nach dem Geist schön – nach dem Geist in geistlosen Zeiten. Und es macht uns auch die Trauer schön, die kommt, wenn wir uns vergleichen mit den Träumen, die Gott für uns hat. Es ist schöner, im Zwiespalt mit sich selber zu sein als in hartleibiger Vergessenheit alle Träume hinter sich zu haben und nicht mehr zu kennen als die betörende Gegenwart, die sich als einzigartig gibt. Wir haben die Träume der Toten, wir haben die Träume des Geistes. Darum ist die Kirche eine schöne Frau. Und vielleicht wird der Geist sie ja noch einmal erwischen, dass die draußen denken: Die Alte ist schon wieder besoffen.

Fulbert Steffensky

Meine Seele hört im Sehen

Die Ferien sind vorbei. Einige von Ihnen waren im Urlaub. Vielleicht sind Sie in diesen Wochen etwas zu sich selbst und zur Besinnung gekommen. Vielleicht sind Sie auch zum Sehen gekommen. Vielleicht haben Sie die Silhouette eines Baumes betrachtet vor der untergehenden Sonne; das Glitzern des Meeres in der Morgensonne, die Wolkentürme vor einem Gewitter. Über die Kunst des Sehens möchte ich heute predigen. Ich nehme dazu nicht einen Text der Bibel, sondern den Text einer Händel-Arie. Auch sie ist ja weitergesponnenes Evangelium. So heißt dieser Text:

Meine Seele hört im Sehen,
wie, den Schöpfer zu erhöhen,
alles lacht, alles jauchzet,
alles jauchzet, alles lacht.
Höret nur!
Des erblühenden Frühlings Pracht
ist die Sprache der Natur,
die sie deutlich durchs Gesicht
allenthalben mit uns spricht.

Händel liest im Text und in der Musik dieser Arie das Lob Gottes der Natur von den Lippen. Die Natur ist nicht stumm. Sie lacht, sie jauchzt, sie hat eine Sprache, Gott zu loben und mit uns zu sprechen. Ihre Schönheit und ihr Reichtum sind ihre Sprache und ihr Lied, die »sie deutlich durchs Gesicht allenthalben mit uns spricht.«

Das Auge, das die Schönheit sieht, ist nicht das Hauptorgan in der jüdischen und protestantischen Tradition. Die Natur ist in dieser Tradition nicht der Hauptort, an der das Lob Gottes erwartet wird. Jüdische und protestantische Kulturen sind eher Ohrenkulturen; es sind eher Hör- als Sehkulturen; eher misstrauisch gegen eine so unmittelbare Wahrnehmung wie das Sehen; eher misstrauisch gegen die Augenschönheiten und misstrauisch gegen die Natur. Die Augen sind für das alte Buch da, in dem man das Gesetz und das Wort Gottes liest und studiert. Das Sehen, das

Schauen und die Unmittelbarkeit erwartet diese Tradition eher später in der Erfüllung der Welt, wo wir Gott sehen von Angesicht zu Angesicht; wo wir die Herrlichkeit des Herrn sehen; wo wir endlich klar sehen, und nicht nur im Spiegel. Man traut dem Auge nicht; nicht der Unmittelbarkeit der Erscheinungen. Zu oft hat diese Kultur erlebt, wie die unmittelbare Erscheinung vergötzt wurde: der Blitz, die Sonne und der Baum. Man traut den Bildern nicht. Darum hat diese Kultur eher Objekte des Hörens als des Sehens hervorgebracht. Sie hat Sprache geschaffen, sie hat Lieder geschaffen. Ihr großer Reichtum! Diese Skepsis gegen die Sichtbarkeiten ist eine Begabung. Aber leicht wird, wer immer nur in Büchern liest, kurzsichtig. Er hört im Hören; er hört weniger im Sehen. Händel schleicht sich in Text und Musik dieser Arie heraus aus dieser Buchkultur. Er zieht sich ein eher katholisches Mäntelchen an und sieht. Er sieht »des erblühenden Frühlings Pracht«. Er sieht das Lachen der Natur. Seine Seele hört im Sehen. Er hört die Sprache der Natur, die »sie deutlich durchs Gesicht allenthalben zu uns spricht«.

Was ist das für ein Sehen, das Händel hier übt und preist? Es ist nicht eine neutrale Sinneswahrnehmung. Das Sehen ist nicht ein besitzergreifendes Abfotografieren. Es ist nicht der berechnende Blick, der den Baum als verkaufbares Holz sieht und den Fluss als Transportweg und als Wasserstraße. Es ist ein Sehen, das zugleich ein Lob der Dinge ist, nicht das Lob der Verwendbarkeit der Dinge! Das Auge Händels lobt den Baum und seine weißen Blüten, das Wasser und seine Schaumkronen, weil sie sind; nicht weil man sie verwenden kann; nicht weil man sie verkaufen kann. Vom Wurzelstamm hängen loben, lieben und Glauben zusammen. Das lobende Sehen ist das liebende respektierende und achtende Sehen.

Das nun ist unsere erste Schwierigkeit mit dem Loben und mit der preisenden Wahrnehmung der Dinge, dass wir der außermenschlichen Natur hauptsächlich als Beherrscher gegenübertreten: dem Wald, dem Wasser, den Tieren, den Rhythmen der Natur. Die Herrscher, Züchter und Verwerter aber können nicht loben. Ich merke nun selbst, dass ich schon wieder zu klagen anfange. Ich wollte eigentlich doch nur übers Loben, über das lobende Sehen reden. Aber klagen ist leichter; es gehört keine große Kunst dazu. Die Klage kann man ja einfach am Leben ablesen, wenn man sieht, was ihm angetan wird. Das Loben ist nicht so einfach. Man muss es auch in die Dinge hineinlesen. Man lobt nicht von allein. Es können Menschen durch einen Wald gehen und nichts sehen. Sie können an einem Wasser sitzen und sein Murmeln nicht hören. Sie können die Schönheit eines Kindes sehen und nicht entzückt sein. Es lobt sich nicht von allein. In dem Lied von Paul Gerhard, das wir am Ende singen, heißt es: »Geh aus, mein Herz, und suche Freud!« Das Herz kann offensichtlich auch träge sein, der Mensch kann in sich verschlossen sein, dass er Schönheiten, Ganzheiten, Lebensgelingen nicht wahrnimmt. So fordert Paul Gerhard einen Glaubensakt von seinem eigenen Herzen: Geh aus! Bleib nicht bei Dir! Sieh von Dir ab und von allem, was Dich quält! Sei fähig, Dir von einem Mandelzweig zuwinken zu lassen. Sei fähig, den Wind nicht nur als Geräusch zu hören, sondern als Stimme. Wir sind immer auch etwas lächerlich in unserer oft gegenstandslosen Lebenstrauer und Lebensklage, wie Maulwürfe, die das Licht nicht sehen und sich eigentlich nur im Dunkeln Zuhause fühlen.

Gewiss ist auch die wirkliche Klage eine Lebenskunst. Die Psalmen lehren sie uns. Die Klage, in der wir aufschreien, wo uns ein Stück vom Leben genommen wird. Die Klage und der Zorn, wo wir sehen, wie Menschen geschändet und beleidigt werden. Vielleicht hängen Klagenkönnen und Lobenkönnen zusammen. Wo man das Gefühl hat, dass nichts gleichgültig ist, weder die Schönheit des Lebens noch seine Zerstörungen, da kann man klagen und loben.

In alten spirituellen Lehren wurde vor einem schwer zu beschreibenden Zustand gewarnt, den man *inertia* oder *acedia* oder *nausea* nannte. Diese drei Wörter haben eine ähnliche Sinnrichtung. Man könnte sie übersetzen mit Untätigkeit, Herzensträgheit, Lebensfaulheit, Lebensekel. Diese Haltungen gehörten zu den Hauptsünden. Das ist die

Maulwurfskrankheit und die Maulwurfssünde. (Der Herr Maulwurf möge mir verzeihen, dass ich sein Bild benütze zur Beschreibung dieser Krankheit!). Lebensfaulheit: zu faul sein, aus sich herauszugehen und die Freude zu suchen. Herzensträgheit: zu träge sein, den Schöpfer zu erhören, im Sehen sein Lob zu hören und die Lobessprache der Natur zu hören. Lebensekel: die morbide Kunst, aus allem, was ist und uns umgibt, nur den Verfall und die Zerstörung herauszulesen. Nicht schreien und nicht jubeln können, nicht klagen und nicht loben können – das ist die Grunz-Trauer, die weder fluchen noch beten kann. Wir sind – zumindest ein Stück – für unsere Lebensfreude verantwortlich. Franz von Assisi hat seinen Brüdern gesagt: »Das ist der größte Triumph des Teufels, wenn er uns die Fröhlichkeit des Geistes rauben kann. Er führt einen feinen Staub mit sich, den streut er in kleinen Dosen durch die Ritzen des Gewissens, um den Glanz der Seele zu trüben. Die Freude aber, die das Herz des geistlichen Menschen erfüllt, macht jenes todbringende Gift der Schlange zunichte. Ist einer aber traurig und meint er verlassen zu sein in seinem Kummer, so reibt ihn entweder die Traurigkeit auf oder er überlässt sich leeren Zerstreuungen. Wenn sich die Traurigkeit festsetzt, wächst das Übel. Wenn es sich nicht in Tränen löst, bleibt ein dauernder Schaden.« Darum – so heißt es von Franziskus – mied er die Melancholie, und sobald ein Hauch davon sein Herz berührte, nahm er sogleich seine Zuflucht zum Gebet.

Es ist nicht die wirklich tiefe Trauer, die Franziskus fürchtet; es ist nicht der Lebensschmerz, dem er ausweicht, sondern eben diese vom Teufelsstaub bedeckte Freudlosigkeit, Lobesunfähigkeit; die Trägheit der Sinne, die uns nichts sehen, nichts schmecken und nichts hören lässt. Vor ihr flieht Franziskus ins Gebet, d.h. ins Lob und – geheimnisvoll! – in die Tränen. Die tödliche Melancholie weint nicht, sie ist fühllos. Darum gab es in der alten Kirche ein besonderes Gebet um die Gabe der Tränen.

Liebe Gemeinde, Franziskus, der die Freude preist, war schmerzensfähig, Paul Gerhard, der sein eigenes Herz auffordert, die Freude zu suchen, sind in kurzem Abstand fünf Kinder weggestorben. So lehren uns beide, dass mit der Freudefähigkeit nicht die ewige kastrierte Gutgelauntheit gemeint ist, nicht das große Gelächter unserer Kultur, das eher die Kehrseite ihrer Depressivität ist und das nicht an die Güte des Lebens glaubt. Vielleicht liest der Glaube die Dinge besser, als sie sind, so wie Eltern – und vor allem Großeltern – ihre Kinder und Enkelkinder immer besser lesen als sie sind. D.h. der Glaube gibt die Ganzheit des Lebens nicht auf, und er setzt auf die Güte des Lebens, obwohl man oft an ihr zweifeln kann. So übt er sich im Loben, und er lobt das Ganze im Einzelnen. Und noch einmal über Franziskus: »Die Welt war für Franziskus ein Spiegel der Güte Gottes. In jedem Kunstwerk lobte er den Künstler. Was er in der Schöpfung fand, führte er zurück auf den Schöpfer. Durch das, was sich seinen Augen an Schönheit bot, schaute er hindurch auf den Leben spendenden Urgrund der Dinge. Alles Gute rief ihm zu: Der uns erschaffen hat, ist der Beste.«

Fulbert Steffensky

Das Recht ströme wie Wasser

Amos 5,18–27

Was erwarten Christen am Buß- und Bettag, besonders wenn sie protestantisch sind? Wir wissen es: eine Bußpredigt. Was bewirkt eine Bußpredigt, besonders dann, wenn sie erwartet ist? Nichts! Also weigere ich mich, eine Bußpredigt zu halten. Ich will weder mich noch Sie in eine genüssliche Reue und Hoffnungslosigkeit hineinreden. Ist das nicht oft unser Problem in den Kirchen, dass sie sich gegenseitig übertrumpfen mit Nachrichten des Unglücks und der Hoffnungslosigkeit? Haben wir noch Zeit für so viel Hoffnungslosigkeit? Ich will mich heute widersprüchlich machen. Ich sehe, was unseren Kirchen fehlt. Ich sehe ihre Sattheit. Wir alle kennen das große Gähnen in unseren Kirchen. Wir wissen, dass die Menschen in ihr samt Bischöfen und Theologen eine Wirklichkeitsauffassung haben, die der eines schläfrigen älteren Geschäftsmannes nach dem Mittagessen gleicht. Ich will aber unserer eigenen Hoffnung wegen etwas anderes suchen: Ich will sehen, ob ich nicht wenigstens Rinnsale jenes Wassers des Rechts finde. Ich will kritischer Geläufigkeit entrinnen und sehen, ob nicht schon Gras und kleine Weidenbäume an jenem Wasser wachsen. Wir sind für unsere Hoffnung verantwortlich. Und darum müssen wir wahrnehmen lernen, worauf wir heute schon stolz sein können. Unser Mut wächst, wenn man die Spuren des Geistes entdeckt, auch unter uns.

Das Wasser des Rechts kühlt und tröstet. Wo also finde ich Wasser und Geist des Trostes in dieser Kirche und in ihren Gemeinden? Ich schaue mir die Themen dieser Kirche und der Gruppen in ihr an, und ich schaue mir an, wer auf dem Katholikentag und den Kirchentagen beachtet wird. Ich sehe, dass diese Kirche ein Auge hat für die Niederlagen der Menschen: für die, die in Schulden geraten sind; für die, die von einer Sucht überfallen sind; für die, die in seelischen Konflikten leben. Sagen Sie nicht sofort: aber zu wenig, und zu selten und nicht zentral genug! Ja, aber zunächst will ich sehen, was da ist, dann kann ich immer noch feststellen, dass es nicht genügt. Das Wasser kühlt und tröstet: Es ist schön, zu dieser Kirche zu gehören; nicht also nur zu einem Verein, der nichts anderes weiß und kennt als sich selber. Ich sage: Dies ist *schön*, es ist nicht nur moralisch und gut. Das Leben ist reicher, annehmbarer und spielerischer, wenn man mehr hat und sieht als sich selber.

Ich schaue noch einmal hin und sehe: Diese Kirche kümmert sich nicht nur um Geschlagene aus den eigenen Reihen. Sie geht an andere Orte als die eigenen. Da ist die Gruppe, die schon lange El Salvador wahrgenommen hat. Da ist die Hilfe für Tschernobyl. Da sind die schon fast in allen Gemeinden selbstverständlichen Eine-Welt-Läden mit ihren Interessen an Gerechtigkeit; da ist die Namibia-Gruppe. Schön, nicht nur in sich selber gefangen zu sein! Schön, eine Kirche, die einen größeren Horizont hat als Köln-Deutz und Hamburg-Altona! Das nimmt uns die provinzielle Enge, und das lässt uns in mehr beheimatet sein als in der Dumpfheit des eigenen Ortes. Ich war gerade in einer Gemeinde, die eine dichte Beziehung zu einer Kirche in Namibia hat. Welch ein Lebensreichtum, wenn Frauen in dieser Gemeinde die allein erziehenden Frauen in der namibischen Gemeinde als ihre Schwestern erkennen. Sie haben sich nie gesehen, und sie sind Schwestern: welch eine Auffassung vom Leben! Ich denke jetzt nicht allein daran, was das für die Frauen in Namibia bedeutet. Ich denke an uns. Ich denke daran, welche Würde es für uns bedeutet, unsere Grenzen zu sprengen; nicht gefangen zu sein in der eigenen Horde und im eigenen Land, sondern ein Mensch mit Weite und mit Freiheit zu sein. Es gibt eine Heimatsehnsucht, in der man immer nur bei sich selber bleiben will, bei der eigenen Gruppe und bei den eigenen Leuten. Man will nur denken, was man immer schon gedacht hat. Man will kochen und essen, was man immer schon gegessen hat. Dass das Herz an andere Orte gehen kann, das macht uns zu mehr als zu Berlinern, Frankfurtern und Hamburgern. Was wir da tun, indem wir Namibia, Guatemala, Argentinien, Tunesien, den Kongo und El Salvador im Auge haben, entheimatet uns vielleicht hier ein Stück. Wenn wir sehen, dass es etwas anderes gibt als uns selbst, dann sind wir mit uns selbst allein nicht mehr zufrieden. Dann werden wir ein Stück weit vaterlandslose Gesellen und Ausländer im eigenen Land. Und das ist schön. Die Heimat ist ja nicht nur ein Haus, in dem man geborgen ist und wohnen kann. Sie ist, wenn man nicht mehr hat als sie, auch ein Gefängnis. An andere Orte gehen heißt also auch, mehr haben als das dumpfe Gefängnis. Das ist Kirche: nicht bei sich selber bleiben müssen und nicht nur mit sich selber auskommen müssen.

Wir gehen aber nicht nur an andere Orte, wir gehen auch in andere Zeiten. Ich denke an die Friedensgruppen und die Umweltgruppen in unseren Kirchen. Für eine Welt sorgen, in der man leben kann, heißt ja mehr, als nur für die Gegenwart zu sorgen. Es heißt, für das Lebensrecht und die Lebensmöglichkeiten unserer Kinder und unserer Enkelkinder zu sorgen. Menschsein heißt, den Namen der Großeltern kennen und für die Enkelkinder sorgen. Auch das macht uns klüger, reicher und lebensfähiger, nicht nur in der eigenen Zeit und im Heute gefangen zu sein, sondern aus ihr herauszutreten in der Sorge für unsere Kinder und Enkel. Der Trost ist unteilbar. Er trifft die, die ihn brauchen und die das Leben geduckt hat. Und er kehrt zu den Tröstenden und Recht Schaffenden zurück als Lebensermutigung und als Lebensreichtum.

Das Wasser des Rechts kühlt und tröstet. Wir in der Kirche bleiben ganz gern bei diesen eher milden Bildern und bei den sanften Eigenschaften des Wassers. Das Wasser reißt auch nieder, wenn es in großen Fluten kommt. Es stört und zerstört, es löst auf und untergräbt. Auch das Wasser des Rechts, von dem Amos spricht? Schönheit ist subversiv, sie hat etwas Umstürzlerisches an sich. Große Lebensträume machen den Menschen unbescheiden im kleinen und mageren Leben. Worauf will ich hinaus? Wir haben in der Kirche auch Gruppen, die dem allgemeinen Konsens widersprechen. Ich denke etwa an Gruppen, die sich um die

Flüchtlingsfrage kümmern. An der Asylfrage wird das Wasser des Geistes tosend und untergrabend in unserem Land. Denn wer sich um Flüchtlinge kümmert, ist ja nicht nur für jemanden, er ist auch gegen etwas. Er ist gegen einen Provinzialismus, der meint, dass außerhalb seiner selbst nichts von Interesse und Aufmerksamkeit sei. Er ist gegen die Angst, die vermutet, dass das Fremde immer nur die Bedrohung des Eigenen sei. Und er ist gegen Gesetze, die die Flüchtlinge in die Gefängnisse und in den Tod schicken. Der Geist untergräbt und unterspült die falschen Lebensgebäude. Der Geist ist gefährlich. Er ist nicht nur ein nettes, freundliches Kerlchen, das ab und zu milde fächelt. Er wird zum Sturm. Auch das gehört zu unserer Würde, das falsche Leben zu entlarven und sich vor der Korruption nicht zu beugen. Es ist schön, dass es in unseren Kirchen so viel Auseinandersetzung und Streit gibt. Dies sind Mittel, die Wahrheit voranzutreiben. Es gibt ja kein Depot von Wahrheiten, das von Päpsten und Bischöfen verwaltet würde. Die Wahrheit ist ein Gespräch. Sie kommt zu Tage und sie wird gewonnen in der Auseinandersetzung der Gruppen. Von einer Kirche, die keinen Streit kennt, ist die Wahrheit nicht mehr zu erwarten. In den besten Zeiten der Kirche waren die Christen nie ganz eingebürgert in dem Staat, in dem sie lebten. Sie hatten, wie es bei Paulus heißt, ihr Bürgerrecht im Himmel. Das heißt nicht, dass sie blasse Spiritualisten waren, sondern Menschen mit großen Wünschen für alle an das Leben. Große Wünsche machen einen in der eigenen Gegenwart immer fremd. Vielleicht sind wir darin die besten Verbündeten der Ausländer, weil ja auch wir nicht ganz Zuhause sind in der Welt, in der wir leben.

Und noch eins sehe ich in unseren Kirchen – und das ist besonders in einem Gottesdienst der Arbeitsgemeinschaft christlicher Kirchen zu sagen: Der Geist sprengt Grenzen. Auch das ist zu sehen in unseren Kirchen. Denken wir an den Kirchentag in Berlin, wie erhebliche Gruppen fremd gegangen sind; wie die Katholiken bei den Protestanten das Abendmahl genommen und Protestanten bei Katholiken kommuniziert haben. Und wenn wir auch noch nicht alle bei den anderen kommuniziert haben, so haben wir doch angefangen, zu lachen über die Phantomschmerzen, von denen wir uns so lange haben quälen lassen; von dem falschen Bewusstsein, wir seien voneinander wesenhaft getrennt und wir dürften das Mahl nicht zusammen nehmen. Viele haben angefangen zu verstehen, dass wir für unsere Freiheit verantwortlich sind und dass wir die Verantwortung nicht an Bischöfe und Kirchenleitungen delegieren können. Die Grenzen gehen schon lange nicht mehr zwischen Konfession und Konfession. Sie gehen quer durch die Konfessionen. Vor kurzem hat mir eine katholische Theologieprofessorin erklärt, mit mir, der ich evangelisch bin, könne sie gerne zusammen das Mahl nehmen. Sie hätte es damals in Chile aber nicht mit dem Mörder Pinochet genommen, der wie sie katholisch ist. Ich habe ihr geantwortet, mit ihr würde ich gerne das Mahl nehmen; aber ich hätte es nicht mit jenem evangelischen Bischof von Thüringen genommen, der nach der Reichsprogromnacht am 9. November 1938 gesagt hat, diese Nacht sei ein Gottesgeschenk zu Martin Luthers Geburtstag am 10. November. Herrlich, wie wir in den anderen Häusern essen. Lasst Euch von niemandem die Suppe versalzen!

Das Wasser kühlt und tröstet. Das Wasser des Geistes reißt die falschen Welten nieder. Und noch eine Eigenschaft des Wassers und des Geistes nenne ich: Das Wasser spielt. Können wir unsere Gemeinden und Kirchen auch am Spiel erkennen? Mit Spiel meine ich auch das, was wir in unseren Gottesdiensten tun: Wir singen. Wo gibt es das, dass Menschen miteinander singen, die nicht geübte Sänger sind? Wir teilen miteinander die Poesie unserer Gebete. Wir spielen im Abendmahl das große Spiel der Freiheit, die kommen wird. Wir spielen das große Spiel der Zuneigung Gottes zu den Menschen. Das Spiel muss sich nicht rechtfertigen, weil Schönheit sich nicht rechtfertigen muss. Vielleicht war es ein Fehler gerade der kritischen Leute in der Gesellschaft, dass sie nur vernünftig und rational handeln wollten, zielorientiert und funktional, aber dass sie alles vernachlässigten, was sich funktional nicht rechtfertigen ließ. Sie konnten kämpfen, aber den Sieg des Rechtes nicht spielerisch vorwegnehmen. Sie konnten arbeiten, aber den Shabbath nicht vorwegnehmen, der auf die Arbeit folgen soll. Die Verachtung von Religion ist das deutliche Zeichen eines solchen Funktionalismus. Wir haben keine Zeit, die Umwege über das Gebet, über die Lieder, über die Stille, über das Lob Gottes zu vermeiden. Man kann nicht aus dem Stand gerecht sein. Man kann nicht aus dem Stand mutig und widerstandsfähig sein. Man braucht die Vergewisserung der Träume in den alten Liedern und in den Geschichten von der Würde und der Freiheit.

Habe ich zu viel gesagt von dieser Kirche? Habe ich sie zu sehr gelobt? Wie wenige kommen in die Menschenrechtsgruppen? Wie wenige Gemeinden gewähren Asyl? Wie wenige sind an der Eine-Welt-Arbeit interessiert? Ist das Recht nicht eher Programm als Realität in unseren Kirchen? Traurig genug! Aber es ist wenigstens Programm. Wenigstens das ist es in unseren Kirchen, und das ist nicht selbstverständlich. Denn es gibt dies nicht oft, dass Trost, Gerechtigkeit, Aufruhr gegen die Korruption Programm sind. Programm in der Gesellschaft ist ja nicht der Trost der Unterlegenen, sondern der Abbau der Sozialhilfe. Programm ist nicht die Eine Welt, in der es eine gerechte Verteilung der Güter gibt. Programm ist die Globalisierung des Unrechts und die Aussaugung der Völker. Die Kirche ist der Ort der verfemten Begriffe und der ausgestoßenen Wörter: Gerechtigkeit, Mitleid, Barmherzigkeit, Trost, Schutz des verfolgten Lebens, Sturz der Tyrannen, und endlich ist sie der Ort, an dem der Name Gottes genannt wird. Und wenn sie dies nicht ist, dann ist sie die Gruft der modernden Knochen. Dann sind ihre Gebete und ihre Lieder gigantische Blasphemien. Dann wird sie verstoßen, und ihren Ort wird man nicht mehr finden.

Themen & Anlässe

Fulbert Steffensky

Der gregorianische Choral

Semestereröffnungsgottesdienst

Willkommen zum ersten Hamburger Universitätsgottesdienst in diesem Semester! »Gesang als die Muttersprache des Glaubens«! In einem der schönsten Märchen der Antike werden uns Ursprung und Gehalt der Musik gedeutet. Der Gott Pan jagt die Baumnymphe Syrinx. Sie flieht vor ihm, kommt an einen Fluss und bittet das Wasser, sie in eine Welle zu verwandeln, dass Pan sie nicht erkenne. Pan greift nach ihr, hält aber nur noch Schilfrohr in den Händen. Während seiner Klage fährt der Wind durch das Rohr, und Pan hört einen leisen und sehnsüchtigen Flötenton. Er bindet Schilfrohre verschiedener Größe zusammen, und wir haben die Panflöte. Die ersten Töne, die er spielt, sind die der Klage, des Vermissens und des Entbehrens. Musik ist der »Ruf ins Entbehrte«, sagt Ernst Bloch zu der Syrinxgeschichte. Die Panflöte gleicht am meisten der Orgel, und diese gleicht am meisten der menschlichen Stimme. Gesang als Ruf ins Entbehrte und Gesang als Ausgriff in die Fülle. Was schon da ist, wird in seiner Güte und Schönheit besungen. Was noch nicht da ist und ersehnt wird, wird herbeigesungen. Unsere Stimme und unser Mund sind oft klüger als unser Herz. Es ist erstaunlich, was wir alles singen. Wir singen: »Aus meines Herzens Grunde sag ich dir Lob und Dank!« Aber wie unbeteiligt ist oft der Herzensgrund! Wir singen: »Ist Gott für mich, so trete gleich alles wider mich!« Singt das Herz, oder singt nur der Mund? Es ist eine falsche Frage. Manchmal singt wirklich nur der Mund. Aber wir sind ja nicht nur Herz, Gott sei Dank! Wir sind auch unser Mund, der das schwache Herz hinter sich herschleift, bis es wieder auf den eigenen Beinen gehen kann. Daran ist nichts falsch. Das Herz muss nicht immer Meister seiner selbst sein. Der erste Gottesdienst in diesem Semester erinnert an die große Musiktradition des gregorianischen Chorals. Wegen Paul Gerhard könnte man gut und gerne konvertieren und evangelisch werden. Der gregorianische Choral aber ist zum Katholischbleiben schön.

Liebe Gemeinde, in den homiletischen Seminaren hatten wir eine Regel für die Predigt: Sage etwas von dir, aber sage nicht, dass du es bist. Verbirg dich in einer Gestalt oder in einer Szene, die du erfindest! Das soll keine Anleitung zur Lüge sein, es soll der Schutz der Gemeinde sein vor der dickflüssigen Intimität eines Pfarrers. Ich werde heute die Regel brechen, und es kommt so: Als ich diese Gottesreihe plante, ahnte ich noch nicht, wie sehr ich mir selbst mit dem Thema Gregorianik auf den Leib rücke. Ich war 13 Jahre in einem Benediktinerkloster, und ich habe diesen Choral 13 Jahre täglich gesungen – in der Messe und beim Chorgebet. Der gregorianische Gesang war nie im eigentlichen Sinn Gesang der Gemeinde. Er wurde in den Domkirchen gesungen, vor allem aber in den Benediktinerklöstern. Sie waren ja der Grundtyp von Klöstern vom 6. bis ins frühe 13. Jahrhundert, also in der eigentlichen Hochzeit des gregorianischen Chorals. Der Choral war nicht nur ein Musikstil, der dort gepflegt wurde, sondern er entspricht der Frömmigkeitsform jener Klöster. Ich werde also nicht hauptsächlich über eine musikalische Gattung reden, sondern über eine Frömmigkeitsform, der jene Musik entsprach.

Nur wenige Bemerkungen zur Art und Geschichte der Gregorianik: Es ist die früheste Äußerung christlicher Musik, die etwa bis zur karolingischen Epoche abgeschlossen war, es war der einstimmige, unbegleitete Gesang der klassischen römischen Liturgie. Er folgt treu der Klanggestalt eines Wortes oder dem Sinn eines Satzes, und Latein ist die eigentliche Textgrundlage. Sie haben es gespürt: Die monotone Einstimmigkeit hat eine konzentrierende Wirkung. Der Choral hat keine ekstatische Emotionalität, er hat relativ wenig Dynamik und wenig schwere Rhythmen. Die germanische Tradition der Gregorianik ist dynamischer. Ich denke etwa an die dramatische Sequenz des Dies Irae aus der Totenmesse oder an die Sequenz aus der Ostermesse *Victimae paschali laudes*. Gregor der Große (†604) gilt der

Legende nach als Autor oder Redaktor der Melodien. Darum wird er dargestellt mit der Taube des Geistes, die ihm die Melodien einflüstert.

Was aber ist diese benediktinische Welt, in der der Choral gesungen wurde und der der Choral entspricht? Diese Mönchswelt ist ja von den allgemeinen Glaubensvorstellungen nicht getrennt, und sie ist nicht ein vollkommener Sonderort. Klösterlicher Glaube, die Moral und die Liturgie war in jener Zeit das innere Bild allen Glaubens und aller Liturgie. Wie also sieht diese Welt aus? Am besten, wir begleiten einen jungen Mann auf den Weg ins Kloster; die Freunde Luthers konnten diesen nur bis zur Klosterpforte bringen, wir gehen mit hinein. Dieser Jüngling nun wählt den erlaubten Ausstieg aus seiner Gesellschaft. Vielleicht kann er sie nicht mehr ertragen, vielleicht ist sie ihm zu banal, vielleicht will er sich einfach aus sich selber hinwegstürzen in einen größeren Zusammenhang, den er nicht mehr allein verantworten muss. Und in dem allen sucht er Gott.

Im Kloster wird ihm die Last und das Glück seiner selbst abgenommen. Er trennt sich von seinen alten Intimitäten, von seinen Freunden und seiner Familie. Er trennt sich von den alten Lebensgewohnheiten. Er kommt aus dem Lärm in die Stille, aus einem unruhigen Leben in ein Leben von karger Ruhe. Er stirbt sich selber. Die Mönchsweihe ist der Taufe nachgebildet, in der man in Christi Tod gegeben wird, um eine neue Kreatur zu werden. In einer zärtlichen Geste wird der neue Mönch von der Gemeinschaft aufgenommen. Der Abt wäscht ihm die Füße, er und alle Brüder küssen ihm die Füße. Er wird seiner Vergangenheit beraubt. Er bekommt einen neuen Namen, ein neues Gewand. Name und Gewand symbolisieren bis in die letzte Tiefe die menschliche Person. Er bekommt neue Geschwister. Nicht mehr die leiblichen sind die wichtigsten, sondern die geistlichen. Er bekommt neue Ahnen, neue Tote und eine neue Biographie. Nicht mehr seine persönliche Biographie ist das Wichtigste, sondern die Geschichte seines Ordens wird wichtig. Er vergisst seine eigenen Lieder, und er singt gregorianischen Choral, ein einstimmiger Gesang der keine Stimmlagen kennt, die den einzelnen entsprechen. Sie fügen sich in diese Lieder, ob sie ihnen passen oder nicht.

Nun höre ich einen Protestanten aus der Sedanstraße, dem Sitz der theologischen Fakultät in Hamburg, flüstern: Warum, Mönchlein, gehst du so gewaltsam mit dir um? Warum zerstörst du deine alte Welt und fliehst deine alten Lieben? Warum veränderst du dich bis zur Unkenntlichkeit und übst so viel Gewalt gegen dich selbst aus? Gott ist Gnade. Du musst dich nicht auf zwanghafte Weise kenntlich machen, denn du bist erkannt. Wie wirst du mit anderen umgehen, wenn du gewaltsam mit dir selbst bist? Lies Drewermann, wenn du dem Protestanten schon nicht glaubst!

Das Mönchlein antwortet unserem Zeitgenossen aus der Sedanstraße: Hast du noch nie etwas Ganzes mit deinem Leben gewollt? Sind deine Wünsche nicht zu klein? Du erstickst in deiner eigenen Kontinuität, wenn du mit 20 berechnest, wie dein Leben mit 50 sein soll und wie hoch die Pension mit 70 ist? Hast du nie gelesen, dass der sein Leben verliert, der es bewahren will? Hast du nicht gelesen, dass das Himmelreich Gewalt leidet und dass die Gewalttätigen es an sich reißen? Weißt du nicht, welche Freiheit es bedeutet, zu brechen und nicht Beute der eigenen Vergangenheit zu sein? Lass die Toten ihre Toten begraben und schau nicht zurück, wenn du die Hand an den Pflug gelegt hast!

Unser Zeitgenosse ist hin- und hergerissen, wie es seine Art ist. Seiner Maßstäbe ist er nicht mehr sicher. Und wo man keine Maßstäbe hat, da verliert man sich in fauler Toleranz – das sagt schon Ratzinger in seinem Brief *Dominus Jesus*. Einmal erkennt der Zeitgenosse das alte Menschheitsgesetz in den Zitaten des Mönchleins: Verlass dich und geh aus dir aus! Sei fähig zu sterben; dann wirst du leben! Wenn du bei dir selber bleibst, dich selber ständig beabsichtigst, hinter dir selber ständig herschnüffelst, wirst du das Leben verfehlen. Aber er fragt das Mönchlein, ob der folgende Spruch der Haupttodeskünstler aus unserer Zeit seinen Idealen nicht gefährlich nahe komme: »Es ist nicht nötig, dass du lebst; wohl aber, dass du deine Pflicht gegenüber dem Ganzen erfüllst. Was dich nicht umbringt, macht dich nur stärker.« Das Mönchlein schweigt. Begleiten wir den Mönch bei seiner Hauptarbeit, dem Gebet und der Liturgie. Siebenmal am Tag wird er mit seinen Brüdern das Gotteslob singen. Opus nennen sie diese Liturgie – Werk, Arbeit, Mühsal. Gebet, Gesang, die Liturgie als Arbeit! Keiner fragt das Mönchlein, ob ihm morgens um 3 oder 4 nach Gebet zumute ist. Die Mönche haben Teil am großen objektiven Werk des Lobes Gottes, das die ganze Schöpfung singt. Sie rühmen mit den Himmeln des Ewigen Ehre. Sie preisen ihn mit den 150 Psalmen, die in jeder Woche gesungen werden. Sie stimmen ein in den großen Lobgesang der Engel. Sie heiligen Gott mit allen Kreaturen:

Alles, was dich preisen kann,
Cherubim und Seraphinen
stimmen dir ein Loblied an;
alle Engel, die dir dienen,
rufen dir stets ohne Ruh:
heilig, heilig, heilig zu.

Im Angesicht der Engel will ich dir lobsingen, heißt es im Psalm, und dieser Vers ist aufgenommen in der Benediktinerregel. Die Liturgie ist das Werk aller Kreatur und als solches das große praeludium vitae aeternae – das Vorspiel zum ewigen Leben. Dieser Liturgie, diesem Opus Dei, diesem Schöpfungsgesang kann natürlich nichts, aber auch gar nichts vorgezogen werden, und so heißt es in der Regel des Benedikt: Sobald das Zeichen zum Gottesdienst gegeben wird, soll man alles aus der Hand legen, was es auch immer ist. Mit höchster Eile soll man laufen. »Operi dei nihil praeponatur.«

Der Gottesdienst, das Officium divinum oder das Opus Dei, sind ein objektives Werk. Der Choral, der so selten Stimmungen eines Einzelnen ausdrückt, ist die angemessene Musik. Auf den Einzelnen kommt es so viel oder so wenig an, wie es auf einen Einzelnen in einem tausendstimmigen Chor ankommt. Sicher aber kommt es nicht auf seine Gestimmtheit an, wenn er nur einstimmt in den großen Gesang der Schöpfung. Es gibt keine besondere benediktinische Spiritualität, sie kennen keine aszetischen Künste wie sie später die Jesuiten kennen mit großen Exerzitien, Selbsterforschung und Meditationen. Die Spiritualität jener Welt war die Liturgie, und dies reichte. Es ist eine vorpsychologische Zeit, die das Subjekt mit seinen Abgründen und Möglichkeiten nicht beachtet. Es gab keine religiösen Tänzeleien, es gab die Liturgie.

Und hier hakt der Zeitgenosse ein, beinahe prustend vor Empörung: Du verbirgst dich im Allgemeinen. Du versteckst dich hinter Engel- und Klosterchören. Du fragst nicht einmal danach, ob dein Gebet aus deinem eigenen Herzen kommt, dort verantwortet und geboren ist, deine Zunge redet mehr als dein Gewissen und dein Bewusstsein. Ist das eine verantwortete Sprache? Die Güte deines Gebetes entscheidet sich in deinem Herzen, denn das gute Herz bringt gute Gebete hervor, das gleichgültige Herz bringt Gleichgültigkeiten hervor. Du aber rechtfertigst deine Gebete durch den höheren Zusammenhang, in dem sie stehen. Geh in deine Kammer, wenn du betest! Schließe die Tür! Bete im Verborgenen, dein Vater sieht ins Verborgene. Rechtfertige dich durch dein Herz und durch dich selbst, und spekuliere nicht auf Engelschöre!

Und wiederum der Zeitgenosse: Sei du doch selber, unverwechselbar und einmalig vor deinem Gott! Wage doch deine eigenen Lieder und deine eigene Stimme, deine eigenen Gesichtszüge und deine eigene Sprache! Sei nicht nur eine benediktinische Statue mit deinen jahrhundertealten Gebeten und Melodien, begnüge dich nicht damit, anderen zum Verwechseln ähnlich zu sein!

Der Benediktiner hat eine boshafte Vermutung, dass nämlich vieles von dem Wunsch nach Einmaligkeit, Unverwechselbarkeit, Authentizität, Unvertretbarkeit eher vom Zeitgeist eingeflüstert als in der Bibel gelesen ist. Ihm fällt auf, dass Einmaligkeit und Unverwechselbarkeit auch Hauptwörter der Werbung sind.

Außerdem ist er schon alt, schon etwas lebensälter als der Protestant mit seinen Unverwechselbarkeitssehnsüchten und mit seinem Bestehen auf dem eigenen Gesicht und der eigenen Stimme. Vielleicht ist er auch schon älter als jener junge Mann, der sich zwischen Galiläa und Jerusalem herumtrieb und der so unerbittlich die Ganzheit und die Authentizität der Herzen einforderte. Er ist schon älter und er hat aus seinen Niederlagen gelernt, dass er nicht abendfüllend ist. Er hat eine neue Sehnsucht gelernt, sich einzufügen in den großen Gesang aller, auch der Engel. Er will nicht mehr allein sein und ist seiner Authentizität müde, auch wenn der Zeitgeist schäumt. Er will mit vielen singen, er will die Gesänge wiederholen, die ihn schon einmal getröstet und über die Abgründe getragen haben. Er will seine eigene zittrige Stimme bergen in das große Lob der Welt. Er fragt nicht mehr danach, ob sein Herz auch fromm genug dazu ist, ob auch alles echt ist und ob auch alles von innen kommt. Er schüttet die Tränen seines Glücks und seiner Trauer in das große Meer des Lobes Gottes, das nicht ohne ihn besteht, aber schon lange vor ihm und noch lange nach ihm.

Wer sind wir als Einzelne, liebe Geschwister? Sind wir mehr die Zeitgenossen, sind wir mehr die Benediktiner mit ihrem zeitlosen Gesang und mit ihrem Glauben an das immer schon vorliegende Lob der Schöpfung, in das sie als lumpige, zottlige und von Niederlagen Gezeichnete einstimmen? Ich glaube, es gibt zwei unerlässliche Charismen in unserer Kirche. Das Verlangen nach Eigenheit, Herz, Andersheit und Unverwechselbarkeit ist eher das Charisma von jungen Menschen. Die Sehnsucht danach, nicht allein zu sein, nicht anfangen zu müssen, die Bilder und die Lieder der anderen aufnehmen zu können, ist eher das Charisma der Alten. Sie wünschen, dass es ein opus operatum gibt, eine schon vorliegende Lebensgüte, die nicht erst durch unsere Hände erreicht ist; ein schon vorliegendes Lebenslob, das nicht erst durch unsere Stimmen gesungen wird. Wir müssen nicht auf uns bestehen, nicht auf uns allein. Welche Freiheit!

Ich wünsche, dass wir der Widersprüche fähig werden; dass wir fähig sind, wir selbst zu sein und uns selbst zu verlangen in unserer Frömmigkeit, in unseren Liturgien und Gebeten. Und ich wünsche, dass wir uns in die Welten des Lobes und der Lieder werfen können, die von allen gesungen werden, sogar von den Engeln. Aus der Sedanstraße kommen und Benediktiner sein, das zusammen wär's.

Fulbert Steffensky

Die Vernunft reinigt den Glauben

1. Korinther 14, 1–26

Den Gottesdienst in Korinth, den Paulus kritisiert, dürfen Sie sich nicht wie einen der charismatischen Gottesdienste in Hamburg vorstellen. Wenn protestantische Hanseaten in Zungen reden, dann geht es immer noch gepflegt und gedämpft zu wie im Ratskeller, und der Geist hört auf zu wehen, wenn der Pfarrer abwinkt. Als die Gemeinde um 55 den Brief des Paulus erhält, ist Korinth eine wilde Hafenstadt, ein Schmelztiegel von Religionen, Ideen und Volksgruppen. Die Gemeinde: ein Haufen kleiner Leute, die vorher römische oder griechische Gottheiten verehrt haben oder zu orientalischen Kultgemeinden gehörten. Und nun der Gottesdienst dieser Gemeinde von Hafenarbeitern, Fischweibern, Dirnen, Soldaten und Händlern, die meisten ungebildet und unbemittelt, ihr Glaube ist neu, und man kann sie nicht gerade liturgisch geschult nennen. Sie reden und reden und reden, sie reden verständlich und lallen in Zungen. Es redet immer einer, und es reden zwei oder drei zugleich, und es fällt einem der Satz von Wilhelm Busch ein: »Das Reden tut dem Menschen gut, zumal wenn er es selber tut.« Paulus ist gespalten vor diesem Phänomen der Entrissenheit. Einerseits mag er an die alten Verheißungen denken, in denen die Ausgießung des Geistes über Junge und Alte, über Knechte und Mägde und über alles Fleisch versprochen ist. Er mag an die 70 Ältesten in der Wüste denken, über die der Geist gekommen ist und die in Verzückung gerieten. Damals lief einer zu Mose und sagte zu ihm: »Verbiete den Alten das!« Und Mose antwortete ihm: »Wollte Gott, dass alle im Volk des Herrn Propheten wären und der Herr seinen Geist über sie kommen ließe!« Und schließlich denkt Paulus an seine eigene Erfahrung der Entrissenheit. Kann er dem Geist Einhalt gebieten, und kann man das Zungenreden nur als einen Programmpunkt im Gottesdienst haben, etwa zwischen Kollekte und Abkündigung? Paulus hat einen höchst rationalistischen Maßstab für Zungenreden und für jede Art von Entrissenheit. Er fragt nicht: Redet hier wirklich einer im Geist oder nicht? Er fragt: Ist diese Rede verstehbar? Wenn sie nicht verstehbar ist und wenn sie von keinem Interpreten ins Verständnis gebracht werden kann, dann soll dieser Mensch privat und zu Hause lallen – Geist hin, Geist her! Das Wunder der Entrissenheit und der Besetztheit allein hat keinen Beweiswert. Das ist ein wundervoller Rationalismus gegen alle Verschwommenheit, die sich als Geist gibt, und gegen alles Rauschhafte und Mirakelhafte in der Religion.

Mit dieser Skepsis gegen alles Außerordentliche steht Paulus nicht allein da. Von rabbinischen Gelehrten wird Folgendes erzählt: Einige von ihnen waren nicht einverstanden mit der Auffassung des Rabbi Eliesers vom Ritualgesetz. Darauf sagte Rabbi Elieser: »Wenn das Gesetz so ist, wie ich glaube, dann soll dieser Baum es uns sagen!« Worauf der Baum hundert Ellen weit von seinem Platz sprang (andere sagen vierhundert). Seine Amtsbrüder sagten ihm: »Man beweist nichts mit einem Baum!« Er erwiderte: »Wenn ich Recht habe, soll dieser Bach es sagen!« Worauf der Bach stromaufwärts floss. Seine Amtsbrüder entgegneten: »Man beweist nichts mit einem Bach!« Er fuhr fort: »Wenn das Gesetz so ist, wie ich glaube, sollen diese Wände es bezeugen!« Worauf die Wände einzustürzen begannen. Aber Rabbi Josua schrie die Wände an und sagte: »Wenn Gelehrte sich über eine Gesetzesfrage streiten, wozu habt ihr da einzustürzen!« Aus Achtung vor Rabbi Josua stürzten die Wände nicht weiter ein, aber aus Achtung vor Rabbi Elieser richteten sie sich auch nicht wieder auf: »Wenn das Gesetz so ist, wie ich denke, dann soll es uns vom Himmel gesagt werden!« Worauf eine Stimme vom Himmel sprach: »Was habt ihr gegen Rabbi Elieser, weil das Gesetz so ist, wie er sagt?« Worauf Rabbi Josua sich erhob und sagte: »In der Schrift steht: Das Gesetz ist nicht im Himmel. Was bedeutet das? Nach Rabbi Jirmjahu bedeutet es, seit die Thora auf dem Berge Sinai gegeben wurde, achten wir nicht mehr auf die Stimmen vom Himmel, weil geschrieben steht: ›Ihr sollt nach der mehrheitlichen Meinung beschließen!‹« Dann geschah es, dass Rabbi Nathan den Propheten Elija traf, der einen Spaziergang auf der Erde machte, und er fragte ihn: »Was hat Gott selber gesagt, als wir diesen Streit hatten?« Der Prophet gab zur Antwort: »Gott lächelte und sagte: ›Meine Kinder haben gewonnen, meine Kinder haben gewonnen.‹«

Das Außerordentliche hat keine Beweiskraft. Die Geistesergriffenheit wird nicht bestritten, aber sie ist auch nicht maßgebend, sie wird gemessen. Und der Maßstab ist die Verstehbarkeit der Rede. Ist Paulus ein platter Rationalist, der nur gelten lässt, was ins Argument und die Sprache gebracht ist; was durch Sprache kontrolliert und beherrscht werden kann? Vor dem 14. Kapitel, dem unser Text entnommen ist, steht im 13. Kapitel das Hohe Lied der Liebe. Es schließt so: »Nun aber bleiben Glaube, Hoffnung und Liebe; aber die Liebe ist die größte unter ihnen.« Die Liebe aber ist Mitteilung, sie bleibt nicht bei sich, sie kennt keine Abgeschlossenheit und kein Separeé! Was nicht Mitteilung ist und was nicht auf Mitteilung aus ist, ist nicht erheblich – von welchem Geist es auch immer stammen mag. »Gott ist das Allermitteilsamste«, sagt Meister Eckhard. Er ist keine Geheimklausel, die nur wenige kennen. Wenn der Grund der Welt Mitteilung, Wort und Sprache ist, dann ist das Lallen verdächtig; jene Äußerungen, die nur dem Einzelnen und dem Geist zugänglich sind. Darum schätzt Paulus die prophetische Rede, weil sie aufgeschlossene Rede ist; eine Rede, die zu den anderen eilt und sie erbaut, tröstet, ermahnt und warnt. Die unverständliche Rede kommt ohne Öl und Wein und Brot zu den anderen; mit in den Wind gesprochenen Worten und ohne Güte. Es ist eine aufgeblähte Rede. Keiner weiß, was gespielt wird, sagt Paulus, wenn diese Rede daherkommt und auch noch stolz ist auf die eigene Nichtverstehbarkeit. Lieber fünf Worte mit Verstand als zehntausend Worte mit Zungen!

Was tut ihr eigentlich den Unkundigen und den Ungläubigen an mit eurer unverständlichen Rede?, fragt Paulus. Nach solchem Getöse können sie höchstens sagen: Die spinnen, die Christen. Die unverständliche Rede lehrt die Fremden Gott nicht, sie enthält ihnen Gott vor. Wenn die Gemeinde verstehbar redet, dann wird der Fremde und Unkundige niederfallen auf sein Angesicht und Gott anbeten. Paulus macht die Gemeinde für die Einsicht und die Glaubensfähigkeit der Fremden verantwortlich. Die Mitteilungspflicht endet nicht an den Mauern der Kirche.

Liebe Gemeinde, was heißt das für die Sprache und für die Gesten unserer Kirche? Was heißt es für unsere Theologie? Selbst wenn die Fremden nicht glauben, wenn sie diese Gesten und diese Sprache hören, selbst dann müsste sie mitteilsam sein. Auch dem Ungläubigen muss ich sagen können, was Schöpfung, Erlösung, Gnade, Reich Gottes bedeuten. Wer nach unserem Glauben fragt, den können wir nicht mit einer Anzahl von ungeknackten Nüssen aus dem 16. Jahrhundert bombardieren. Wir können den Glauben allerdings auch nicht so niederschwellig machen, dass auch noch ein betrunkener Affe alles kapiert, weil es nichts mehr zu kapieren gibt. Das könnte eine neue Gefahr werden: der Verlust des Geheimnisses, und übrig bleibt ein bisschen Moral und eine dünnschissige Lebensklugheit.

Paulus nennt in diesem Kapitel eine Reihe Töchter der Vernunft, die den Glauben retten: Verstehen, Nützen, Erkenntnis, Wissen, Interpretieren, Psalmen singen mit Verstand, nicht Unmündige im Verstehen sein. Wenn wir Christen Vernunft und Glauben nebeneinander stellen, dann hat die Vernunft oft schon verspielt. Sie ist eine Hure, das haben wir doch von Luther gelernt. Aber mit wem hat der Glaube eigentlich nicht gehurt? Nur ein Beispiel einer solchen Hurerei, aus einem Brief eines Feldbischofs (schon dieses Wort ist eine Hurerei) von 1943:

»Christus ist es, der von sich sagen konnte: ›Ich habe die Welt überwunden.‹ Er stand über allen Stürmen, die über ihn hereinbrachen, als er seinen großen Opfergang begann [...] Möge Euch allen, Ihr tapferen Soldaten, ein starkmütiges und entschlossenes Herz in der Brust schlagen, wenn Euch der Führer und oberste Befehlshaber der Wehrmacht um des Endsiegs willen zu neuen Aufgaben ruft! Möge Euer Mut und Eure Treue alle Zeit größer sein als die Schwierigkeiten, die ihr zu bestehen habt! [...] Möge Euch alle der Aufblick zu Christus wissend, sehend und hellhörig machen, damit Ihr an den Euch auferlegten Prüfungen des Lebens und der Zeit nicht zerbrecht, sondern immer härter und entschiedener werdet in den gegenwärtigen und kommenden Stürmen, die ihr zu bestehen habt. Dazu verhelfe Euch der allmächtige Gott.«

Der empirische Glaube der Menschen ist so zweideutig wie alles andere bei ihm auch, so zweideutig, wie es auch die Vernunft ist. Dieser Feldbischof und alle, die auf ihn hörten mit götzendienerischen Ohren, hatten die Bibel und die Texte nicht als Gegenüber, das sie korrigierte und mahnte, wie eine alte Lehrerin einen verbessert und mahnt. Sie haben sich selber, ihre Wünsche und Ideologien einfach in die alten Texte hineingelesen. Sie sind die Laller, die Paulus meint und die sich von keiner Vernunft stören lassen. Der Bischof und seine Leser haben dem Gott ihrer Väter und Mütter das Gesicht ihres Götzen gegeben. So trug er noch den alten Namen, in Wirklichkeit aber hatten sie sein Gesicht geschnitzt nach den eigenen Zügen. Eben das ist das Gefährliche: die Vermischung der Schönheit und der Gemeinheit, der Lebensbilder und der Todesbilder. Jene taten das in so grober Weise, dass wir das Götzenbild heute leicht erkennen. Vielleicht ist es aber fast immer so, dass erst die Kinder oder die Enkelkinder die Götzen ihrer Vorfahren erkennen. Unsere Väter und unsere Mütter zu entlarven, ist nicht eine so große Kunst. Was aber sind unsere Götzen? Welchem Gott haben wir unsere Züge verliehen und beten ihn danach an?

Das Prinzip, das Paulus zur Kontrolle der Rede einführt, ist nicht so schlecht: Versteht, was ihr sagt, auch der Fremde, der nicht Dazugehörige? Versteht, was du, Feldbischof, sagst, auch der Franzose, der Russe, der Pole? Können sie das Amen zu jener Predigt sprechen? Können die Armen dieser Erde das Amen zu unserer Theologie und unserer

Predigt sprechen? Können unsere Enkelkinder das Amen sprechen? Können es andere religiöse Dialekte?

Wir sollten unserem Glauben seine hinkende Schwester lassen, die Vernunft, diese schöne, kühle Gefährtin. Es ist nicht die Aufgabe der Vernunft, alles zu legitimieren, was der Glaube sagt. Sie steht oft schweigend und staunend vor der Kühnheit und der Leidenschaft des Glaubens. Aber es ist ihre Aufgabe, diesen Glauben vor den größten Fehltritten zu bewahren und seine Bedenkenlosigkeit zu Fall zu bringen. Man glaubt schwerer und man glaubt würdiger, wenn man den eigenen Glauben aus der falschen Trunkenheit und Benommenheit reißt. Sobria ebrietas haben die Alten gesagt: eine nüchterne Trunkenheit, die schon viele Leben gerettet hat. In den wenigen Schuldbekenntnissen nach dem Krieg haben wir uns angeklagt, wir hätten zu wenig geglaubt und geliebt. Es ist ja richtig, nur haben wir eine Anklage vergessen: Wir haben zu wenig gezweifelt, wir haben die Vernunft und die Nüchternheit verjagt, wir haben uns in die falschen Selbstverständlichkeiten hineingelallt. Wie viele Menschen wurden im Verlauf der Glaubensgeschichten, nicht nur der christlichen, gequält, verachtet und ermordet, weil die Vernunft verjagt war, weil Menschen ins Lallen verfallen sind und sich in falsche Stimmigkeiten hineingesteigert haben!

Liebe Gemeinde, kann es sein, dass ich hier eine schon lange ausgemusterte Frage behandle? Hat der Hauptpastor Goeze in dieser Stadt und in diesem Land noch Anhänger, und sind sie von erheblicher Zahl? Eine Streitschrift von Lessing trägt den Titel: »Nötige Antworten auf eine sehr unnötige Frage des Hauptpastors Goeze!« Es gibt sie gelegentlich noch die Goezes, die Dunkelmänner, die Vernunftverdächtiger und ihre unnötigen Fragen. Aber wir leiden viel mehr daran, dass uns die Lebensentwürfe und Optionen abhanden gekommen sind und dass wir im Zynismus ersticken. Wo lernen wir glauben, wo lernen wir unser Gewissen, wo lernen wir unsere Lebenshoffnungen? – Das sind die schwierigen Fragen in unserer Gesellschaft.

Liebe Gemeinde, wir stehen mitten in der Passionszeit,

und wir denken an den, dem kein Wunder geholfen hat; den keine Geistesergriffenheit über seine Schmerzen hat triumphieren lassen. Am Ende ist alle Souveränität dahin. Jede Erhabenheit ist zerbrochen in die zwei kleinen Worte: »Mich dürstet«. Es sind die Worte, die man einem, der unter der Folter stirbt, am ehesten zutraut. Die physische Entbehrung und der körperliche Schmerz nehmen der Sprache jedes Pathos, und es bleiben die einfachen Worte: Ich habe Angst, ich bin zerbrochen, du hast mich verlassen, meine Seele ist ausgegossen, ich habe Hunger, ich habe Durst. Gott hat sich vermummt in Jesus von Nazareth in unsere eigenen Gestalten: in das Stöhnen der Gefolterten, in den Hunger der Kinder, in die Schmerzen der Verlassenen, in den großen Durst der Welt nach Leben und Glück.

Den Gerechten dürstet nach Leben wie uns alle. Aber er steigt nicht herab von seinem Kreuz. Er entkommt seinem Tod nicht, der Sohn der Güte. Kein Zeichen, kein Wunder, nur ein hilfloses, schwaches, unbewiesenes Gerücht, dass dieser Tod nicht das letzte Wort sei.

Dorothee Sölle

Der Glaube heilt die Vernunft

2. Korinther 10, 5

Paulus schreibt schwierige Sätze an die entstehende christliche Gemeinde in Korinth, die von Auseinandersetzung, ja Spaltung bedroht ist. »Die Waffen unseres Kampfes«, sagt er, »sind nicht von menschlich-irdischer Art, sondern Machtmittel Gottes zum Zerstören von Bollwerken. Gedankengebäude reißen wir nieder und alles ›Hohe‹, das sich gegen die Gotteserkenntnis erhebt. Und nehmen alles Denken in den Gehorsam gegen Christus gefangen.« (2. Kor 10, 4f.) Das Denken, die Vernunft, die Lebensrichtung soll gefangen gesetzt werden. Wie lässt sich das heute verstehen?

In meiner Geschichte mit dem Glauben bin ich, vor allem in den letzten zehn Jahren, immer jüdischer geworden, immer mehr auf die Schöpfung bezogen. Erlösung ist eine Einbindung in die Schöpfung und »Gehorsam gegen Christus« würde ich zuallererst verstehen wollen als Einbindung in den Glauben an die gute, von Gott gewollte Schöpfung. Meine Frage für heute Morgen ist: Müssen wir, um in diesem Glauben leben zu können, wirklich die technokratisch-wissenschaftliche Vernunft ins Gefängnis sperren? Ist das nicht religiöse Anmaßung, klerikale Einbildung, mit der Neuzeit endgültig vergangene Herrschaftsideologie einer veralteten Institution?

»Die Vernunft reinigt den Glauben«, so war das erste Thema dieser Reihe, die sich auf das Verhältnis von Vernunft und Glauben bezieht. Offenbar beschmutzt sich der Glaube immer wieder von neuem und braucht Reinigung. Heute heißt das Thema »Der Glaube heilt die Vernunft«. Daraus entnehme ich zunächst, dass die Vernunft, das Denken, die Wissenschaft krank ist in unserer Welt. Ein Beispiel aus dem Alltag: Ein behindertes Kind, das nur humpeln und nicht sprechen kann, kommt mit seiner Mutter zum Kinderspielplatz. Nach einer kurzen Zeit spricht eine andere Mutter sie an: »Musste das sein? War das nicht vorher erkennbar, konnten Sie das Risiko nicht vermeiden und abtreiben?« Die junge Frau, die mir das erzählte, war tief verletzt. Die Wissenschaft verspricht nur noch geplante Kinder, lauter Wunschkinder, bald werden sie zusammengeklont, schön wie Marilyn Monroe und intelligent wie Albert Einstein. Zufälle, Pannen, Unvollkommenes hat zu verschwinden aus unserer Welt, dafür haben wir keine Zeit. Es ist zu aufwendig, es ist beim Stand der Früherkennung vermeidbar.

Diese Vernunft ist krank und braucht Heilung. Das große Beispiel der Krankheit stammt aus der Wirtschaftswissenschaft, die uns erklärt, die Freiheit der Menschen und die absolute Freiheit des Marktes seien untrennbare Begriffe, so als ob die Gesetze des letzteren, die die egoistischsten, erbarmungslosesten Sozialordnungen hervorgebracht und den Menschen zu einer bloßen Ware degradiert haben, mit der Freiheit des Menschen im Einklang wären! Die Millionen Kinder auf der Welt, gezwungen für ihren Lebensunterhalt zu schuften, sich zu prostituieren, ihre Organe zu »spenden« und Drogen zu verkaufen – sie sind Folgen der totalen Liberalisierung.

Die Vernunft, das wissenschaftliche Denken ist krank in unserer Welt, vielleicht unheilbar krank, so dass ein Überleben dieser Welt mit ihren begrenzten Ressourcen nicht sehr wahrscheinlich ist. Es ist die Aufgabe des Glaubens, die Patientin Vernunft zu heilen.

Wie heißt denn ihre Krankheit? Eine ihrer wichtigsten Namen ist der Glaube an die eigene Omnipotenz. Vor Jahren während der Aufrüstung mit Mittelstreckenraketen ist mir der Satz eines führenden Generals aufgefallen, der sagte: »Wir vermögen technologisch alles.« Wir sind omnipotent. Wir können jederzeit alles: Kinder klonen, das Trinkwasser vergiften, touristische Besichtigungen auf dem Mond einrichten, das Weltall aufrüsten, die Kraft der Erneuerung der Schöpfung durch Saat und Ernte abschaffen und das Weizenkorn, das in die Erde fällt, durch gentechnologische Manipulate ersetzen, die dann jedes Jahr neu von den Weltbesitzern gekauft werden müssen. Gott, der früher

»unsern Kühen Weide und unsern Kinder Brot« gab, ist überflüssig. Wir produzieren eine bessere, eine weniger anfällige Welt. Der alte Traum, dass wir sein werden wie Gott, wird wissenschaftlich machbar.

Das wird im Alltag unserer Erfahrung an nichts so deutlich, wie an der Aufhebung der Rhythmen der Schöpfung. Tag und Nacht, Sommer und Winter, Ebbe und Flut, Jugend und Alter, eine Weile leben und dann sterben, sind Bedingungen des Lebens auf der Erde. Die Zeit selber ist ein rhythmisches Element, das nicht per Knopfdruck an- und abgestellt wird, sondern unser Leben in einen vorgegebenen Rhythmus bindet.

Vor kurzem sah ich einen Mann im Fernsehen, der erklärte, er werde sich nach seinem Ableben einfrieren lassen, Frostschutzmittel ins Blut bekommen und dann in einer Kühltruhe aufbewahrt bleiben, bis vielleicht nach 500 Jahren der Tod ganz aufgehoben sei und er, wieder aufgetaut, für immer leben könne. Es koste nur 38 000 Dollar, erzählte er, und das Unheimlichste war mir, dass er keineswegs krank oder spinnig wirkte, sondern völlig normal.

Kann es sein, dass hinter dieser Sucht, alle Rhythmen des Lebens aufzuheben, sich eine kranke, eine teuflische Suche nach Gott versteckt? Dass diese Suche nach Herrschaft in Ewigkeit, die ja nicht nur Einzelne betrifft, sondern die wie ein Zwang über die herrschende, die reiche Welt mit ihrem »schneller, öfter, mehr« in der wissenschaftlichen Vernunft selber lebt, der perfekte Ausdruck der religionsfreien Welt ist? Wenn ich Gott sein kann, brauche ich ihn nicht mehr zu suchen, wenn ich Herr der Zeit bin, sind der Sabbat, die Unterbrechung, die Stille überflüssig.

Behörden haben in Deutschland Milliarden von Mark verplant, damit Reisende von Hamburg nach Berlin 20 Minuten früher ankommen. Wenn Zeit gleich Geld ist – ein kapitalistisches Grundaxiom »time is money« –, dann ist der alte Satz »Gottes Zeit ist die allerbeste Zeit« überflüssig. Wenn ich mit der Welt, ihren Ressourcen und Möglichkeiten Gott spielen kann, dann ist die Angewiesenheit auf die Güte des Lebens, die ich nicht herstellen kann, überflüssig.

Dass diese Güte mir begegnet, dass sie gar auf mich wartet, dass die Schönheit eines herunterfallenden Blattes auf mich wartet, dass, um es altmodisch zu sagen, Gott darauf wartet, dass unsere Seele ihn lobt und darin sich selber vergisst, das wird in der Welt der Macher und der Machenschaften immer unbekannter. Die Sehnsucht stirbt in die Machbarkeit hinein.

Es gibt ein schönes Märchen von Hans Christian Andersen, in dem erzählt wird, dass der Teufel einen Spiegel konstruiert hat, der alles Schöne und Gute zu Nichts verzerrt: Die herrlichsten Landschaften sehen aus wie gekochter Spinat, die besten Menschen werden widerlich oder stehen ohne Rumpf auf dem Kopf. Jeder gute oder fromme Gedanke zeigt sich im Spiegel als widerliches Grinsen, es ist ein Spiegel, der die Schöpfung selber, die in der Bibel als »gut« und »schön« benannt wird, widerruft. Mit diesem Spiegel bewaffnet fliegen der Teufel und seine Zauberschüler zum Himmel, um Gott endlich zu zeigen, wie ekelhaft, dumm und gemein seine Welt ist. Der Spiegel fällt den Teufeln aus der Hand und er zerbricht in Milliarden Splitterchen, die in die Augen der Menschen dringen. Wer eine Spiegelscherbe ins Herz bekommt, dem wird das Herz zu einem Klumpen Eis.

Ich habe diese Geschichte nach langen Jahren des Vergessens unserm Enkelkind vorgelesen und nacherzählt und mich gefragt, ob Andersen nicht die wissenschaftlich-technokratische Vernunft meint. Manche Stückchen des Spiegels gerieten in Brillen, und dann ging es schlecht, »wenn die Leute diese Brillen aufsetzten um recht zu sehen und gerecht zu sein.« Sie sahen nur noch den Profit, den Erfolg, das Überleben der Fittesten, und Gerechtigkeit, dieser alte Name Gottes in der Bibel, trat zurück.

Es gibt verschiedene Veränderungen in uns, die mit dem wissenschaftlichen Herrschaftsdenken vor sich gehen. Das eine ist unser Verhältnis zur Zeit und zum Rhythmus des Lebens, der abgeschafft werden muss. Jederzeit ist alles überall käuflich. Erdbeeren im Dezember, Schlittschuhfahren im Hochsommer, Sexobjekte im Alter. Frühling jederzeit. Wir sind, wie René Descartes das klar auf den Begriff gebracht hat, Herrn und Besitzer der Natur, »maîtres et possesseurs de la nature«. Wir sind nicht Geschöpfe, sondern Herren, Sklavenbesitzer, Verfügende und die Vernunft befähigt uns zum Besitzen, Verfügen und Machen. Zeit ist in der uns beherrschenden Ideologie nicht eine grundlegende Kategorie des Lebens, die in der Tradition der Ewigkeit gegenüberstand, sondern bestenfalls Geld, das man verwerten kann, um mehr aus dem Leben herauszuschlagen. Dass Zeit auch Brot des Lebens sein kann, die uns den Neuanfang, das Wieder-Aufstehen bescheren kann, ein unverwertbares Geschenk, das wir miteinander teilen, ist vergessen. Es gibt ein afrikanisches Sprichwort, das diesen Sachverhalt auf den Punkt bringt. »Ihr habt Uhren, aber wir haben Zeit.«

Die andere Veränderung, die die technokratische Herrschaft der Wissenschaft uns zuweist, ist das Verhältnis zu uns selber. Wir vergessen im tüchtigen Leben, dass wir Gott brauchen, diese nicht planbaren Ereignisse, die die Tradition »Offenbarung« nannte, unsere Zugehörigkeit zu dem großen Ganzen, das uns trägt und erfüllt. Der Glaube könnte uns davon befreien, immer den omnipotenten Herren dieser Welt spielen zu müssen. Er könnte uns erinnern an diese anderen, altmodischen, überflüssigen Verhaltensweisen, zuhören, warten, schweigen, uns selber unterbrechen. Diese pathischen Fähigkeiten fallen uns immer schwerer. Wir verlernen, uns »zu lassen«, wie die Mystiker das genannt haben. Nur wenn wir wissen, dass wir nicht Gott sind, sondern Geschöpfe – endlich, sündig, sterblich – können wir Gott finden und Gottes teilhaftig werden. Dann vergessen wir die Sprache der Definitionen und der Erfolgsbilanzen und lernen die Sprachen des Rufens, des Flehens, des Schweigens und des Gebets wieder.

Was mich vielleicht am meisten stört in der von Wissenschaft bestimmten und beherrschten Welt, ist ihre Sprache, die alle Emotionen, alle Ängste und Hoffnungen zum Schweigen verdammt. Zu der Freiheit, zu der wir berufen sind, gehört auch die Ausdrucksfähigkeit dessen, was wir wünschen, welches unsere Träume vom anderen Leben sind, wohin wir zielen. In der Welt der wissenschaftlichen Sprache ist es mir zu kalt, wir müssen lernen, noch anders zu kommunizieren. Erst dann werden wir aufhören, Herren und Besitzer der Erde zu spielen, wenn unsere wirklichen inneren Sehnsüchte Sprache finden und Gestalt annehmen. Was Religion leisten kann, auch in der verwissenschaftlichten Welt, ja vielleicht gerade in ihr, ist das »mehr als alles« sichtbar, hörbar, fühlbar zu machen. »Es muss doch mehr als alles geben!« Wir haben in unsern alten Kirchen eine Sprache für die wichtigsten Dinge des Lebens, wir können diese Dinge miteinander teilen. Gott ist, wie Meister Eckardt sich ausdrückt »das Allermitteilsamste«, er wartet darauf, geteilt zu werden, er ist nicht, wie der Neoliberalismus uns weismachen will, eine Privatangelegenheit von einzelnen Individuen, denen man die religiöse Wahlfreiheit zugesteht, sondern allen gemeinsam. Scholastisch geredet, könnte man sagen, dass Gott das bonum commune ist.

Paulus wollte mit seinem Text weder Wissen noch Vernunft verdammen. Er wollte ihnen die Alleinherrschaft nehmen, er wollte unsere Wünsche an das Leben für alle wach halten. Der Weg ins Gefängnis, von dem unser Text spricht, ist zugleich der Weg in die Freiheit, die sich nicht mit Haben, Verfügen und Besitzen begnügt. Wir brauchen eine größere Freiheit, die Gott uns versprochen hat.

Gott befreit uns von dem Zwang, alles zu machen und Gott zu spielen. Wir können mit Gott eins werden, wie alle MystikerInnen gewusst haben. Wann immer wir mit seinem Willen des Lebens aller seiner Geschöpfe übereinstimmen, wo immer wir wissen, dass unsere Kraft der Erkenntnis auf ein anderes Leben aus ist, da verlässt die Wissenschaft das Gefängnis, in dem sie zur Zeit lebt, und wird eine Angestellte der Liebe.

Dorothee Sölle

Du sollst nicht ehebrechen

2. Mose 20,14

Das sechste Gebot klingt ziemlich veraltet, es stammt aus einer agrarischen Welt mit kurzen Lebenszeiten für die allermeisten Menschen, mit wenig Mobilität und einem hohen Interesse daran, zahlreiche Nachkommen zu haben. Es ist ein patriarchalisches Gebot, es redet dem freien, grundbesitzenden Mann an, er soll die Ehe seines Nachbarmannes respektieren. Seine eigene Ehe konnte er gar nicht »brechen«, und abgesehen von der Nachbarehe hatte er weitgehend sexuelle Freiheit, die sich auf Sklavinnen, Prostituierte und junge Mädchen bezog. Die Auslegungsgeschichte und die spätere Entwicklung der Monogamie hat dieses Gebot in einem tiefen Sinn verändert, aber wir stehen am Ende dieser Epoche.

Die Zahl derer, die mehrere Ehen oder eheähnliche Verhältnisse leben, wächst und der Zeitgeist sagt uns: Eine Liebe reicht einfach nicht fürs Leben! Die lebenslängliche Ehe wird als ein Gefängnis angesehen, in dem alle Liebe stirbt, in dem Zuneigung, Hoffnung und Trost erstickt werden. Flexibilität ist eine ökonomische, wichtige neue Tugend, alles ist doch im Fluss, und Langfristigkeit, Dauer und Bindung werden als sinnlose, destruktive Überich-Forderungen angesehen, Schnee von vorgestern!

Mein Interesse ist nicht, das alte Gebot fundamentalistisch festzuhalten, wohl aber möchte ich eine Stimme hören, die mich an eine andere Vision von den Grundgesetzen der Liebe erinnert. Da tauchen so altmodische Wörter auf wie »Treue«, »in guten und in bösen Tagen«, »rain or shine«, »jetzt und immerdar« oder gar »bis der Tod uns scheidet«. Die Warnung vor dem »Bruch«, den Scherben, der Zerstörung von Liebe hat nichts zu tun mit der falschen Anmaßung, die Liebe ausschließlich in der Ehe oder ausschließlich in der Heterosexualität anzusiedeln. Der positive Sinn des Gebotes ist für die christliche Tradition einfach zu benennen – und schwer zu leben: Du sollst an die Liebe glauben, du sollst sie für möglich halten, die ist – wie alle Gnade – ein Geschenk und zugleich eine Aufgabe, beides lebenslänglich. Ob homo- oder heterosexuell, das interessiert Gott nicht so sehr wie einige seiner Verwaltungsbeamten.

Ich höre aus dieser Tradition der Liebe zwei Grundsätze, die im Widerspruch zum Zeitgeist stehen. Der erste ist am schönsten bei Goethe formuliert, er heißt »Freiwillige Abhängigkeit, der schönste Zustand, und wie wäre er möglich ohne Liebe?« Der Zeitgeist vergötzt die Unabhängigkeit des Individuums, behauptet uns selber als autark, sich selbst genügend. Aber ist das genug zum Glück? Die wirklichen Beziehungen zwischen Menschen sind immer ein Angewiesensein, ein einander Brauchen, eine co-dependency, die sich selbst freiwillig abhängig macht. Wir sind einfach kleiner, dümmer, hässlicher ohne die Liebe, und je tiefer unsere Beziehung zum anderen ist, desto mehr wissen wir, wie es im Volkslied einmal heißt: »Ohne dich kann ich nicht leben, ohne dich kann ich nicht sein.« Ich kann zwar vielleicht essen, oder »genießen« oder mich amüsieren, aber ich kann nicht »sein«. Ich muss nicht meine eigene Kraftspenderin oder mein Tröster sein, ich muss nicht nur ich selber sein, diese Grundannahme des abgelösten Individualismus zerstört, wir wissen es alle, die Erde und die anderen Lebewesen. Das feministische Denken hat zu diesem Verständnis von Gegenseitigkeit, von »freiwilliger Abhängigkeit« Wesentliches beigetragen, und es gehört mitten in dieses neue Verständnis von Liebe hinein, das wir brauchen und das in dem uralten Gebot versteckt ist.

Das zweite, was die Tradition lehren kann, ist, dass die Liebe kein Privatding ist, sie will mehr als das, sie braucht und will Öffentlichkeit, und gerade das ist in dem alten Begriff »Ehe« mitgedacht. Ich erinnere mich an eine lesbische Theologiestudentin, die im Gespräch mit einem Bischof sagte: »Warum wollen sie meine Liebe nicht segnen, Herr Bischof? Warum darf ich mich nicht öffentlich zeigen?« Sie verstand besser als andere, dass die Liebe nicht etwas ist, was niemanden außer den beiden Beteiligten etwas angeht.

Die Liebe braucht ein Haus, in das viele andere hineingehen, sie braucht das Zusammenessen und Reden, das Lachen und Weinen, sie braucht Kinder, nicht notwendig die eigenen, und vielleicht gar alte Tanten, sie braucht eine Einbettung in Gemeinsamkeiten. Es ist ein zerbrechliches Haus, wer könnte das bestreiten, aber zeitweilig Spaß zu haben ist keine Alternative zum Hausbauen! Das wirkliche Miteinander braucht mehr als das, was zwei Menschen sich geben können. Es braucht den Segen.

Dorothee Sölle

Kann denn Liebe Sünde sein?

Gottesdienst zur Projektwoche »Kann denn Liebe Sünde sein?« in Bethel

Die menschliche Sexualität ist von Gott, dem Schöpfer gegeben. Sie ist nicht eine Einflüsterung des Teufels oder der bösen Triebe, sondern ist von Gott mit der Schöpfung gewollt. Diese ganze Schöpfung wird von Gott am Ende des sechsten Tages, nach dem erzählt ist, dass wir »als Mann und Frau« geschaffen sind, diese Schöpfung wird »sehr gut« genannt. Das schließt unsere Sexualität ein. Sie ist sehr gut. Wir sollten den loben, der das geschaffen hat. Jeder und jede von uns kann die Ekstase des Lebens kennen, sie ist auch unser. Geschaffen sind wir als unterschiedliche Wesen. Das Geheimnis des anderen ist, dass er anders ist. Das entzündet die Liebe. Ich halte es für falsch, diese Andersheit nur heterosexuell auszudrücken, ich glaube nicht, dass das Gottes Wille ist, sondern »die Liebe treibt die Furcht aus« (1. Joh 4, 11), und es ist nicht richtig, dass man aus lauter Angst ein Heterosexist wird. Gott will, dass wir an die Liebe glauben und nicht an den Heterosexismus! Das ist das, was wir heute bezeugen sollen in dieser Welt, in der es noch umstritten ist. Wirklich an die Liebe glauben, das möchte ich heute Morgen versuchen, das will ich erklären und befestigen.

Im zweiten Kapitel des Schöpfungsberichts steht nach der Schöpfung der schöne Satz: »Sie waren beide nackt, der Mensch und sein Weib und sie schämten sich nicht« (1. Mose 2, 25), sie schämten sich nicht ihrer Sexualität. Sie hielten es nicht für etwas, was man verstecken, verbergen oder unsichtbar machen muss, sondern sie waren beieinander, nackt, das heißt ohne Waffen, ohne Rüstung, ohne Schutz, das bedeutet, sie machten sich verwundbar, das gehört zur Liebe. So nackt werden wir immer in der Liebe, das gehört dazu.

Dass wir verwundbar sind, dass wir enttäuscht werden

können, dass wir Schmerzen erfahren, das gehört zum Risiko der Liebe, und nichts ist falscher als sich vor diesem Risiko zu schützen mit allen möglichen Versuchen. Du sollst mit deinen sexuellen Beziehungen niemanden verletzten, demütigen, beschämen oder missbrauchen, auch dich selbst nicht.

»Sie waren nackt und sie schämten sich nicht.« Die Liebe hat keine Angst. »Wahre Liebe vertreibt die Angst, wer sich aber fürchtet der ist nicht in der Liebe« (1. Joh 4, 13).

Wer bedroht die Liebe? Wer macht sie denn kaputt? Ist es die Kirche? Ist es die Diakonie? Ist es der Papst? Auf alle Vermutungen kann man kommen, trotzdem will ich ganz einfach sagen, es ist die Angst, es ist die Furcht. Die Liebe kennt keine Furcht. Liebe lernen bedeutet, immer weniger Angst zu haben, ohne Furcht vor der eigenen Sexualität sein, sie ist geschaffen von Gott, und sie ist kein notwendiges Unglück. Ich glaube, dazu gehört eine gewisse Bewusstheit in dem, was wir tun. Du sollst wissen, was du tust, du sollst deine eigenen Wünsche kennen lernen und sagen, du sollst nichts halb bewusst oder bloß jemandem zuliebe tun. Ich sage das besonders für Frauen, die manchmal in dieser Gefahr leben, etwas ungewollt oder halbherzig oder halbgewollt zu tun. Du sollst auch nicht ungewollt Leben schaffen. Du sollst Verantwortung für die Verhütung teilen. Das ist ein Minimalgebot. Was da herauskommt, ist die Liebe ohne Angst zu leben.

Ich möchte ein kleines Gedicht einfügen:

Die vollkommene liebe lese ich in dem buch treibt die furcht aus
solange ich denken kann wollte ich wissen
was die vollkommene liebe sei und wo sie zu finden
und stolperte über meine füße
immer wenn ich meine ich könnte meine ängste nennen
dann finde ich unter der letzten eine allerletzte versteckt
und hinter der allerletzten von gestern kommt eine andere
hervorgekrochen
wie dumm über die eigenen füße zu stolpern
wie feige nicht alle im eigenen haus lebenden zu kennen
auch die unvollkommene liebe sag ich mir
treibt und treibt aus

viele ängste doch nicht genug
über deine stimme könnte ich zumindest das sagen
dass sie bestimmt ist und warm
und austreiberisch

Es ist ein Prozess, ein langer und schwerer und immer wieder stattfindender Lebensprozess, die Furcht loszuwerden, die Ängste hinter sich zu lassen, mit Gott zu sein. Die Liebe ist das Sakrament, das uns am allermeisten in der Welt gibt, wie kein anderes. Ich zitiere aus dem Hohen Lied, dem schönsten Liebesgedicht der Bibel: »Stark wie der Tod ist die Liebe«. Wir haben es eben in einem Gedicht gehört »ich kann nicht leben ohne dich«. Es ist dasselbe. Die Stärke der Liebe ist, dass sie uns ganzheitlich in allen Situationen unseres Lebens betrifft und verändert. Sie ist nicht eine Nebenbeschäftigung, so wie man ein Eis lutscht. Genau das müssen wir in unserer Welt mehr als alles andere lernen, wir sollten alle viel dafür tun, glauben und daran arbeiten. Das heißt auch, nie jemanden zu instrumentalisieren, auch dann nicht, wenn sich dein Lustobjekt einverstanden erklärt.

Der andere ist der andere, von Gott geschaffen. Beide zusammen erleben dieses Sakrament, dieses Wunder, diese Schönheit der Liebe. Stark wie der Tod ist die Liebe, und sie bleibt bei uns. Die Liebe hört nicht auf, sie glaubt alles, sie hofft alles, sie duldet alles, das sind die Grundsätze aus dem 1. Korintherbrief.

Es ist ein Irrtum innerhalb der christlichen Tradition gewesen, eine Trennung zu machen zwischen Eros, der erotischen Liebe, dem Begehren, dem sich Sehnen, dem Wünschen, und der Caritas, der barmherzigen Liebe. Manchmal bin ich dankbar dafür, dass wir in unserer deutschen Sprache tatsächlich nur *ein* Wort haben für diese beiden Kisten, die in der Antike auseinander gerissen waren. Eros war für die Christen nicht das richtige Wort, deswegen suchten sie nach einem anderen. Caritas, das bedeutet, die sich herabneigende, barmherzige Liebe. Aber denken wir doch daran, dass beides wirklich zusammengehört! Wo Barmherzigkeit und erotische Liebe ist, da ist Gott. Das ist der Text eines mittelalterlichen Liedes: »Ubi caritas et amor, ibi deus est.«

Es ist falsch, die christliche Liebe von der irdischen Liebe zu trennen. Das ist ein Verstoß gegen die Wahrheit der Schöpfung. Du sollst, wo du Lust gibst und empfängst, auch Leid teilen können. Du sollst die Ekstase des Glücks nicht trennen von dem Trost, den Menschen füreinander bedeuten können, in einer erotischen Liebe in Ekstase und Vertrauen. Beides ist dazu notwendig: Liebe ist Vertrauen, und Liebe ist das Glück der Ekstase. Die Geschichten von Ehen gehen meistens so, dass sie mit Ekstase anfangen und mit Vertrauen enden. Und dann ist von der Ekstase leider nur wenig übrig. Ich wünschte, wir könnten beides immer zusammenhalten, dieses Glück der Überraschung, des Überraschtwerdens in alle Richtungen. Wir kennen einander nicht ganz, da ist immer noch ein kleines Stückchen Amerika zu entdecken. Da ist immer noch etwas, was wir brauchen und wahren sollen. Die Ekstase und der Trost, das Glück und das Vertrauen können nicht auseinander gerissen werden, ich sage das in einer Welt, in der Liebe auch käufliche Ware ist. Gestern habe ich gelesen, dass in dem Flüchtlingslager der Menschen aus dem Kosovo die Bordellbesitzer schon herumstehen und sich die jungen Mädchen heraussuchen, die sich verkaufen müssen. So bitter ist diese Welt. Vielleicht frage ich manchmal, was ist denn das Glück? Wir wissen, dass wir durch den Tod das Leben bekommen, wenn wir leben wie Geschwister. Wer den anderen nicht liebt, der gleitet in den Tod. Ohne Liebe sind wir nicht glücksfähig, nicht eigentlich lebensfähig. Wir zerstören uns selbst.

Glück ist die Gewissheit, gebraucht zu werden. Ich sage das im Bewusstsein hier im Raum (in Bethel). Wo viele mit Behinderten umgehen, ist es schwer den Menschen zu vermitteln und deutlich zu machen, dass auch sie gebraucht werden. Es ist die größte Aufgabe der Diakonie.

Wenn wir ersetzbar sind und nicht gebraucht werden, dann fühlen wir uns überflüssig. Wir werden jederzeit gebraucht. Gott braucht für sein Reich unsere Liebesfähigkeit. Gott braucht uns. Die Liebe lässt sich nicht von der Gerechtigkeit trennen, und die sexuelle Beziehung nicht von der politischen Klarheit, in der wir in unserer Welt leben sollten. Liebe ist kein Schlaraffenland, kein Schlupfwinkel, keine Insel zu zweit.

Die wirkliche Liebe ist auf die Welt bezogen. Ich erinnere an einen Satz, der aus den 68er Jahren stammt:« The more I make love the more I want to make the revolution.« Um so mehr ich liebe, um so mehr will ich eine andere Welt als die, in der wir leben. Diese ungeteilte Liebe zum Leben brauchen wir in allen unseren Zeiten.

Ich möchte schließen mit einem kleinen Erlebnis, das ich Bethel verdanke: Ich war hier bei einem Sommerfest und ging durch die Menge, die Luftballons flogen herum, da sah ich einen Schwerstbehinderten, einen Menschen in einem Rollstuhl, geschoben von einem Zivi. Dieser Mensch war so behindert, dass ich Schwierigkeiten hatte, sein Gesicht anzuschauen: der Speichel lief, diese fahrigen Bewegungen, das Luftholen, diese Hilflosigkeit, dieses Bündel im Rollstuhl. Der Zivi sah auch verdrießlich und gelangweilt drein. Da erhebt der Schwerstbehinderte plötzlich den Arm. Er hat einen Luftballon entdeckt, und ich sehe, wie der Luftballon ganz langsam auf ihn zukommt, da stupst er ihn an und verzieht sein Gesicht zu einem Lächeln. Ich kann gar nicht sagen, wie schön es war, Gott war da, der Zivi strahlte. Wo Liebe ist, da ist Gott.

Dorothee Sölle

An der Furt – Da rang einer mit ihm bis zur Morgenröte

1. Mose 32, 23–32

Predigt zum Seniorenkirchentag 1990 in der Hauptkirche St. Nikolai zu Hamburg

Über einen dunklen Fluss übersetzen, das müssen wir alle immer wieder. Das Leben ist keine Autobahn, sondern eher eine Reise, die unterbrochen wird durch schmerzhafte Lebensübergänge, Risse, Abbrüche, Verluste, Neuanfänge. So ging es auch Jakob, von dem wir gehört haben, als er am Jabbok steht, an diesem Fluss, den er überqueren soll und will. Und Jakob stand auf in jener Nacht, und er nahm seine beiden Frauen und seine Mägde und seine elf Kinder und überschritt die Furt des Jabbok. Und er nahm sie und führte sie über den Fluss. Und auch all seine Habe brachte er hinüber. Jakob aber blieb zurück. Er steht an einer lebensentscheidenden Wende. Er musste 20 Jahre zuvor fliehen von seinem Elternhaus. Er hatte seinen Bruder Esau aufs Schändlichste betrogen und musste dann fort. Jetzt kommt er als reicher Mann zurück und will sich versöhnen. Zugleich aber hat er Angst vor seinem Bruder Esau. Das ist die Nacht, vor der die Versöhnung stattfinden soll, die Nacht, in der er an diesen dunklen Fluss, den Jabbok, kommt. Er ist allein. Er hat alles was er hat und seine Angehörigen hinübergeschafft. Das, womit wir uns schützen im Leben, die Familie und der Besitz, beides ist fort. Das sind die beiden Schutzmechanismen, die wir in unserem Leben brauchen und benutzen, damit uns das Unglück nicht überfällt. Das drückt diese Geschichte so einfach aus, dass er die anderen fortschickt, und er bleibt allein zurück. Er muss über den dunklen Fluss. Und er hat Angst vor seinem Bruder, den er betrogen hat. Wird er sich mit ihm versöhnen können? Was wird die Zukunft bringen?

Jakob hat Angst vor einem Lebensübergang, wie wir alle Angst haben vor den vielen Lebensübergängen, die wir zu bestehen haben. Und was geschieht, das wissen Sie. Ein übermächtiges Wesen greift ihn an. Einige übersetzen: »Da rang einer mit ihm, bis die Morgenröte anbrach.« Wer das ist, wissen wir zunächst so wenig wie Jakob. Irgendjemand überfällt ihn und ringt mit ihm.

Die Religionswissenschaft weist auf den Glauben an einen Flussdämon hin, der diesen Fluss bewacht, eine Art Gespenst, ein Geist, ein Blutsauger. Andere haben überlegt, ob Jakob nicht Angst vor einem normalen Banditen, einem Räuber hat, die sich gerne an solchen Stellen aufhalten. Wer ist es, der ihn überfällt und mit ihm ringt? Was kommt da auf ihn zu? Was ist das, dass wir plötzlich aus einer bestimmten Phase unseres Lebens herausgedrängt werden? Wir sagen, es lief doch eigentlich gut, warum musste das jetzt passieren? Wieso dieser Übergang, wieso ständig wieder herausgeworfen werden aus etwas, in dem man sich eingerichtet hat? Wenn wir ehrlich sind, dann müssen wir sagen, dass solche Übergänge unser ganzes Leben bestimmen. Wir alle werden immer wieder überfallen von irgendeiner dunklen Macht, die zunächst keinen Namen hat, nur wehtut, grausam ist, etwas wegnimmt, uns zerstört.

Ich möchte Ihnen eine kleine Geschichte von mir erzählen, nämlich wie ich aus der Kindheit herausfiel: Ich war damals 12, 13 Jahre alt, meine Eltern hatten eine jüdische Frau in unserem Hause einige Wochen versteckt. Ich freundete mich mit dieser Frau an und unterhielt mich oft mit ihr. Ich ging hinauf in das Zimmer, wo sie versteckt war, wir mussten leise sein, wenn Fremde da waren. Ich unterhielt mich mit ihr, und ich wusste genug über das, was geschah, und sagte: »Ich habe Angst für Sie.« Da sagte diese Frau zu mir: »Du brauchst keine Angst um mich zu haben. Sieh hier.« Und sie nahm ihre kleine Handtasche, öffnete sie, zog einen Glasflakon heraus und gab mir das in die Hand. Ich wusste sofort, was es bedeutete. Darin war Gift. Sie sagte dann noch: »Sie werden mich nie bekommen.« Ich spüre dieses kalte Glas noch heute in meiner Hand. Ich hörte an diesem Tag auf, ein Kind zu sein. Ein Übergang, ein Weggehen aus einer behüteten Welt, in eine unverständliche Finsternis über einen dunklen Fluss gehen. Und mit einem Dämon, einem Blutsauger, einem Verbrecher, irgendeinem furchtbaren Wesen, dessen Namen wir nicht kennen, ringen. Das ist der Übergang, von dem diese Geschichte, die wir hier hören, handelt. Ein Übergang, den wir immer wieder erleben.

Ich erinnere mich sehr deutlich an den Übergang vom Studentensein in das so genannte normale Leben, dieses Erwachsenwerden. Ich kann das nicht so genau auf ein Ereignis datieren, aber das Gefühl, plötzlich eine andere Ordnung zu haben, von einem Alltag überfallen zu sein, mich nach anderen Leuten und nach meinem Beruf richten zu müssen, eingezweckt zu werden in die Welt dieser Zwecke, nicht mehr frei zu sein, meine Träume mehr oder weniger aufgeben zu müssen, immer kleiner gemacht zu werden von diesem so genannten Erwachsenenleben, das habe ich sehr genau erlebt und mit Schmerz. So wie viele junge Menschen ja auch heute Angst davor haben, erwachsen zu werden, Verantwortung zu übernehmen, sich einzupassen in die Strukturen der Gesellschaft.

Nun heute, das können Sie sich alle denken, habe ich, wie viele von Ihnen, auch Angst vor dem dunklen Fluss vor mir. Ich habe Angst davor, älter zu werden. Ich habe Angst davor, verlassen zu werden von denen, die ich lieb habe. Ich habe Angst davor, eine Krankheit zu bekommen, hinfällig zu werden, meinem Körper nicht mehr Dinge zuzumuten, die ich ihm gerne zumute. Ich habe Angst vor dem Dunkel, vor dem, was mich überfällt und was auf mich zukommt.

Wer ist das, der Jakob in der Nacht am Jabbok überfällt? Wer ist das, der uns schlägt, zerstört, Menschen wegnimmt, die wir lieben, unsere Gesundheit wegnimmt, unsere Lebensfähigkeit, uns einsam macht, schwach, voller Angst? Was ist dieses Bedrohliche? Es hat das Gesicht des Bösen. Es hat das Gesicht des Überfalls, des Schlagens, des Ringens, des Kampfes. Gott überfällt uns, sagt die Bibel. Gott ist nicht nur lieb und nett, das ist ein liberaler Irrtum und daran stirbt das Christentum. Gott hat auch die Kraft, furchtbare Dinge auf uns zu häufen. Und die Frage ist, was machen wir, wenn Gott uns überfällt? Was machen wir mit diesen

Übergängen im Leben? Wie leben wir sie denn, wie gehen wir damit um, mit uns selber, denen ein altes Leben zerbrochen wird, und wir wissen nicht, kommt überhaupt etwas danach? Ist es das Ende oder geht es weiter?

Die Geschichte geht sehr schön weiter. Wenn der erste Satz heißt, Gott überfällt uns, so heißt der zweite Satz, wir ringen mit Gott. Jakob ringt mit Gott oder mit einem Engel, wie die Tradition es dann später ausgedrückt hat. Er kämpft die ganze Nacht bis zum Morgengrauen. Er ringt weiter um sein Leben. Es ist vielleicht ein wenig anders als das schöne Lied, was wir eben gehört haben von Eduard Mörike, wo es heißt: »Doch in der Mitten liegt ein holdes Bescheiden«. Jakobs Stimme sagt mir etwas anderes. Jakob bescheidet sich nicht. Als der Ringkampf zu Ende ist und der Überfalltäter fort will, weil die Morgenröte anbricht – das hat die Religionswissenschaftler dazu gebracht, anzunehmen, dass es sich um so einen Dämonen handelt – da lässt Jakob ihn nicht gehen, sondern besteht darauf, dass dieser Unglücksbringer, dieser Überfalltäter, ihn segnet. »Ich lasse dich nicht, du segnest mich denn.« Das ist der größte Satz in dieser Geschichte. Und wenn Sie ihn heute am Morgen mitnehmen könnten und versuchen könnten, ihn zu leben, wie wir das alle immer wieder versuchen sollen, »Ich lasse dich nicht, du segnest mich denn.« Ich lasse dich nicht, der du mich herauswirfst aus meinen Gewohnheiten, aus dem, in dem ich heimisch war, wo ich meinte, das Leben sei ganz schön und ginge so, und Gott wirft uns heraus. Aber wir sollen nicht verzweifeln, sondern dieses ringend bestehen und so lange ringen, bis wir sagen können: Ich lasse dich nicht, bis auch das hier ein Segen wird. Ich gebe nicht auf. Ich gebe mich selbst nicht auf. Ich werfe mich nicht weg. Ich gebe den Stimmen nicht nach, die in mir sagen, jetzt hat alles keinen Sinn mehr, sondern ich ringe, ich kämpfe wie Jakob, so möchte ich werden. Gottesstreiter, mit Gott handeln, mich nicht einem dunklen Schicksal fügend, sondern mit Gott lebend, mit Gott streitend, mit Gott handelnd.

Ich möchte noch etwas von mir erzählen. In ihrem letzten Lebensjahr ist meine Mutter, die 87 geworden ist, sehr krank geworden. Wir haben gedacht, wir bekämen sie nicht durch, und dann ist ihr noch mal ein Jahr geschenkt worden, in dem sie lebt, aber beschädigt, nicht geistig. Sie ist völlig wach und klar, aber das Atmen wird ihr schwer. Und in diesem Jahr habe ich mit ihr die Erfahrung gemacht, dass sie immer näher an den Wunsch heranrückt, den sie sich früher verboten hat: den Wunsch zu sterben. Sie sagt zu mir, »Ach, weißt du, wenn ich einfach nicht mehr aufwachte morgens, das wäre schön«. Sie fragt den Arzt, »Wenn ich diese Tabletten nicht mehr nehme, was passiert dann, sterb' ich dann schneller?« Dann sagt der Arzt: »Nein, nur qualvoller«, also nimmt sie sie. Aber dieser Wunsch, den sie erst nicht hat haben wollen, weil sie ein sehr lebendiger, aktiver, wacher Mensch war, der hat langsam in ihr Platz genommen. Eine meiner Töchter hat zu ihrem letzten Geburtstag ihr einen Brief geschickt, in dem sie schrieb: »Großmutter, ich wünsche dir *nicht mehr* Geburtstage.« Das war, was meine Mutter sich auch wünscht. Ich hätte nicht gewagt, es auszusprechen, aber die Enkel sind ja manchmal klüger und wacher. Meine Mutter hat sich darüber gefreut, dass jemand ihren Wunsch teilte. Nämlich Wünsche sind dazu da, dass wir sie miteinander teilen und sie nicht in uns selber fressen, daran erstickt man gewöhnlich. Die Wünsche sind so, dass wir sie miteinander teilen, und einen Menschen lieben, heißt, die Wünsche dieses Menschen zu teilen, oder wenn wir sie nicht teilen können, sie zu korrigieren und daran zu arbeiten. Meine Mutter hat eigentlich das ganze Jahr daran gearbeitet, bald zu sterben. Es ist wie ein Kampf um diesen Übergang, den letzten dunklen Fluss, über den wir herübergehen. Der letzte dunkle Fluss! Wir sind auch in dieser Zeit des Dunkels, des Alleinseins, in dem unsere Familie und das, was uns an Gewohnheiten lieb war, fortgenommen ist, nicht ohne Gott. Aber Gott hat nicht so ein »Tischlein-deck-dich-Gott«-Gesicht, sondern das Gesicht des Dunkels, des Schmerzes, des Überfalls, des natürlichen Todes, der mit unsrem Leben gegeben ist. Wir mögen in diesem Kampf Abschied nehmen lernen und einverstanden werden mit dem, was geschieht; ja sagen, auch zu diesem

Übergang und ihn durchgehen ohne Bitterkeit, ohne Resignation, ohne Verzweiflung, ohne Bosheit.

Das alles wird über uns kommen, ob wir wollen oder nicht. Bitter zu werden, böse, eingeengt, eingekapselt, ganz anders, als wir früher waren – das sind unheimliche Gefahren, es sind die Gespenster, die uns bedrohen. Lasst uns weiter ringen mit diesem Dämon, der uns überfällt: Lasst uns sagen: »Ich lasse dich nicht, du segnest mich denn.« Ich gebe dich nicht auf, Gott. Ich denke nicht daran, einfach mich wegzuwerfen, sondern ich halte an dir fest, Gott. Ich glaube an dich. Ich bleibe bei dir. Ich weiß, dass du mich festhältst, aber dies geschieht nicht von selbst oder nur in Erinnerung an eine fromme Kindheit oder an ein gutes Lied. All das mag uns helfen, aber das Ringen, das müssen wir schon selber tun, niemand kommt daran vorbei.

Wir gehen durch den dunklen Fluss. Wir werden überfallen von dunklen Mächten. Wir ringen, wir kämpfen, und wir bitten um den Segen. Wir müssen nicht sagen am Ende, alles geht kaputt, es war alles sowieso nichts, das Leben war sinnlos. Das ist nicht notwendig. Es gibt die andere Stimme in uns, auch wenn sie ganz klein ist. Sie sagt: Nein, es gibt auch in meinem Leben das Schöne, das Gute, das Lachen, Freiheit, die Musik vielleicht, ein Gedicht. Es gibt auch in meinem Leben die Güte, das Aufeinanderzugehen in Güte. Niemand kann mich von Gott trennen. »Ich lasse dich nicht«, heißt auch, ich lasse mich nicht trennen. Ich lasse mich nicht abschneiden von der großen Kraft des Lebens, die uns trägt. Ich bin ein Teil Gottes. Die Bibel sagt oft, wir sind Kinder Gottes. Das ist ein Bild, das Bild der Familie, des Vaters, der Mutter, der Kinder. Aber gemeint ist ja, dass wir ein Teil Gottes sind, dass Gott in uns ist, und das heißt, dass wir einen Teil der Liebe Gottes auf dieser Welt sind.

Auch in uns steckt etwas von Gott. Auch wir sind nicht allein. Auch im Schmerz, auch in den Kämpfen, die wir zu bestehen haben, sind wir nicht allein. Gottes Segen kommt zu uns. Gott will uns segnen, wie Gott Jakob gesegnet hat. Und als der Dämon merkte, dass er ihn nicht überwältigen konnte, berührte er seine Hüfte, sodass das Gelenk der

Hüfte Jakobs verrenkt wurde. Und der Dämon sprach: »Lass mich los, die Morgenröte bricht an.« Jakob aber antwortete: »Ich lasse dich nicht, du segnest mich denn.« Dann fragte jener ihn und sprach: »Wie ist dein Name?«, er antwortete: »Jakob.« Der Unbekannte sagte: »Du sollst nicht mehr Jakob heißen, sondern Israel, denn du hast mit Gott und Mensch gekämpft und hast gesiegt.« Und Jakob fragte ihn und sprach: »Gib mir deinen Namen kund.« Er aber sprach: »Warum fragst du nach meinem Namen?« Und er segnete ihn daselbst.

Der Unbekannte schenkt den Segen. Er gibt nicht den Namen. Das ist ein alter Gedanke der hebräischen Religion und der Bibel, dass der Name Gottes unaussprechbar, unnennbar ist. Wohl aber ist benennbar der Segen Gottes. Von Gott wissen wir, was Gott an uns tut. Das ist das Entscheidende.

Von Gott wissen wir, dass Gott segnen oder fluchen kann, dass Gott mit uns, in uns sein kann, sodass wir unser Leben lieb haben, auch dann, wenn es zu Ende geht. Und dass Gott fern von uns sein kann, sodass uns alles egal ist und wir alles als kaputt und zerstört ansehen. »Ich lasse dich nicht, du segnest mich denn.«

Wenn wir beten lernen, einfach, mit Gott sprechen, dann kommen wir vielleicht diesem Ringen von Jakob etwas näher. Es ist ein Du da, es hört jemand zu. Ich kann das nicht begründen, ich glaube es. Ich glaube es aus meinem eigenen Leben, aus der Erfahrung der Kirche, aus der Tradition und auch dann, wenn ich denke, ich bin vollkommen allein, dann erinnere ich mich daran, dass jemand zuhört. Schon das ist ein Segen. Schon, wenn wir nur jammern oder klagen oder schreien, auch das hört Gott. Gott hört zu. Wir halten an Gott fest im Gebet. Wir halten unsere Menschenwürde fest im Gebet. Wir halten daran fest, dass wir Gottes geliebte Kinder sind. »Ich lasse dich nicht, du segnest mich denn.« Viele lassen Gott ohne Segen gehen. Sie geben auf. Ich halte das für eine moderne Art von Feigheit, den Kampf nicht zu leben, sich selbst vorher aufzugeben und Gott nicht festzuhalten. Wir brauchen Gottes Segen. Wir brauchen

Gottes Ja. Und ich glaube, dass auf die Frage, was ist dein Name, wie heißt du, Gott, für Jakob eine Antwort eigentlich schon überflüssig war, er wusste es ja. Es wusste, dass dieses, was aussieht wie Zerstörung, Unglück, Wegnahme des Lebens, Überfall, ein Segen werden kann. Dass auch in diesem Dunkel Gott handelt und uns segnet. Dass das, was wie Finsternis und Verzweiflung erscheint, doch das ist, was uns in Gott fester gründet, in Gottes Liebe. Wir sind nicht allein. Niemand kann uns trennen, »nichts kann uns trennen von der Liebe Gottes«, wie der Apostel Paulus das später gesagt hat.

Ich möchte noch sagen, wie wir beten sollen. Ich glaube, dass Beten und Kämpfen sehr nahe beieinander sind. Die allzu friedlichen Gebete öden mich immer an. Wenn Sie an einen Menschen denken, den Sie lieben und der in Gefahren ist, dann wissen Sie vielleicht etwas von diesem Ringen um das Leben eines Menschen. Mit dem dunklen Gott um das Leben eines Menschen zu ringen, beten, dass dieser Mensch nicht stirbt oder dass er nicht wieder zur Flasche greift, nicht wieder zur Nadel, dass er nicht fortfährt in dieser Selbstzerstörung, die wir manchmal an den Menschen neben uns beobachten. Heil ihn doch, Gott, nimm ihn doch heraus. Es gibt Situationen, in denen wir tatsächlich nichts anderes mehr tun können für einen Menschen, als unsere Liebe so auszudrücken, dass wir für ihn beten und Gott bitten, ihn oder sie frei zu machen, frei. Dass dieser Mensch aus der Verzweiflung herauskommt. Ich glaube, dass wir das alle kennen. Und ist es nicht wahr, dass wir mehr beten, wenn wir mehr lieben? Umso mehr wir lieben, umso mehr erkennen wir die Schutzbedürftigkeit eines Kindes, eines Menschen, der sich in den Straßenverkehr begibt, eines, der eine Reise macht und eines, der all diese großen Lebensreisen macht, von denen ich eben gesprochen habe. Ich glaube, dass wir mehr beten, wenn wir mehr lieben. Dann wissen wir genauer, was der andere Mensch braucht. Wir werfen uns Gott in den Weg. Wir »nötigen« Gott, wie die Juristen das nennen. Ich glaube, dass viele Dinge, die ich getan habe und weiter tun werde, nämlich aufzustehen für den Frieden und die Gerechtigkeit; in denen ich auch juristisch »genötigt« habe, das heißt, blockiert habe und an gewaltfreien Blockaden teilgenommen habe, das ist nichts anderes, als ein Sich-Gott-in-den-Weg-Werfen und Sagen: Lass es nicht zu! 40 000 Kinder an einem Tag sind doch genug!

Für das Leben, für den Frieden, für den Frieden mit der Natur, gegen die Mächte des Todes und des Profits, die über uns herrschen, aufstehen, ist nichts anderes, als das, was Jakob tut, ringen, ringen mit Gott. Gott um den Segen bitten, auch für die schwarzen Kinder in Soweto, auch das sind meine Kinder, auch das sind unsere Geschwister. Versteck dich doch nicht, sagen wir zu Gott, hör doch auf, uns immer nur Versprechen zu geben, Verheißungen, Verkündigungen und wie all die schönen frommen Wörter heißen: Führ doch mal Frieden herauf, ein kleines Stück Brot für die Verhungernden. Zeig uns den Weg des Friedens, zeig uns ein Stück von dem, was wir eben aus der Apokalypse, aus der Offenbarung gehört haben, vom Wasser des Lebens. Beten kann man nur, wenn man durstig ist nach dem Wasser des Lebens. Durstig, hungrig nach dem Brot des Lebens. Und deswegen sagen uns diese Visionen, dass es einmal anders sein kann, dass es sich schon hier bei uns ändert.

Beten und Kämpfen gehören zusammen, aber auch, wenn wir nur beten, dann ändert das etwas. Ich glaube das immer mehr, obwohl ich nicht daran glaube, dass Gott von oben herunter Hokuspokus inszeniert. Aber ich glaube, dass das Gebet eine geistige, seelische Kraft ist, die etwas vor Gott bringt, und es ändert sich etwas. Der Segen geschieht. Eines Tages erkennen wir diesen fremden unbekannten Dämon, der uns überfällt, als den Gott, der uns liebt, der bei uns und in uns sein und wohnen will in unserem Herzen und nicht nur in der Kirche, sondern hier, wo wir selber lernen, denken und fühlen. Dann nennen wir das mit dem großen, alten, frommen Wort Segen. Und er segnete ihn daselbst. Dann empfangen auch wir den Segen vom Jabbok. Wir lassen uns nicht von Gott trennen, sondern leben mit diesem Segen Gottes, so wie Jakob, der nun Israel heißen wird. Wir alle sind das Volk Israel nach der biblischen Tradition. Wir gehören dazu. Wir sind nicht ausgegliedert, allein gelassen und der Sinnlosigkeit überantwortet. Gott ist bei uns und segnet uns.

Jede von uns hat einen Engel
lass uns ihn erkennen
auch wenn er als blutgieriger Dämon kommt
Jeder von uns hat einen Engel
der auf uns wartet
Lass uns nicht vorbeirasen am Jabbok
und die Furt versäumen

Auf uns wartet ein Engel

Jeder von uns kämpft mit Gott
lass uns dazu stehen
auch wenn wir geschlagen werden
und verrenkt
Jede von uns kämpft um Gott
der darauf wartet
gebraucht zu werden

Auf uns wartet ein Kampf

Jede von uns wird gesegnet
Lass uns daran glauben
auch wenn wir aufgeben wollen
Gib uns die Dreistigkeit mehr zu verlangen
Mach uns hungrig nach dir
lehr uns beten: ich lass dich nicht
das kann doch nicht alles sein

Auf uns wartet ein Segen

Jeder von uns hat einen geheimen Namen
er ist in Gottes Hände geschrieben
die uns lieben lesen ihn
eines Tages wird man uns nennen
Land der Versöhnung
Bank die ihren Schuldnern vergibt
Brunnenbauerin in der Wüste

Auf uns wartet Gottes Name

Dorothee Sölle

Zeugen der Wahrheit

Apostelgeschichte 1, 8

Predigt beim Oscar Romero Gedenkgottesdienst 1992 in Hamburg

Der Text zu unserem Gottesdienst steht in der Apostelgeschichte und lautet in den Worten des auferstehenden Christus: »Ihr werdet die Kraft des heiligen Geistes empfangen, der über euch kommen wird. Ihr werdet meine Zeugen sein in Jerusalem und ganz Judäa, in Samaria und bis in die entferntesten Länder der Erde.« (Apg 1, 8)

Ich will zwei Gedanken aus diesem Text entfalten: 1. Die Toten sind nicht tot. 2. Auch wir werden Zeugen sein.

Die Toten sind nicht tot, das können wir an Oscar Romero lernen. Er ist lebendiger denn je. Es war unmöglich, ihn zu töten. In einem amerikanischen Volkslied über den revolutionären Arbeiterführer Joe Hill heißt es: Was sie zu töten vergaßen, machte weiter und organisiert.

What they forgot to kill
Went on to organize.

Das gilt auch für Oscar Romero. Er organisiert uns, will sagen, er bekehrt uns. Er zieht uns in den großen Bekehrungsprozess hinein, der heute von den Armen zu den Reichen, von den Ungebildeten zu den Studierten geht. Wie er selber bekehrt worden ist, vor allem durch den Tod seines Freundes, des Jesuitenpaters Rutilo Grande, bekehrt sein Tod auch uns und viele andere, die die Realität nicht wahrhaben wollen. Die Toten sind nicht tot, sie sind bei uns, sind nicht allein, nicht abgeschnitten von der Wurzel, die trägt. Wir haben miteinander eine Tradition des Glaubens und der Hoffnung. Wir können uns an andere erinnern, die vor uns geglaubt und gehofft haben. Viele von ihnen sind gefoltert und ermordet worden, aber das hat die Sache der Gerechtigkeit nicht zerstören können, weil sie die Sache Gottes ist.

Was ich damit sagen will, hat das Volk in El Salvador

schon lange und klarer gesagt. Es hat seinen Bischof Oscar Arnulfo Romero längst heilig gesprochen. Irgendwann einmal wird es auch der Vatikan in Rom merken und nachvollziehen. Aber das Volk führt in dieser Angelegenheit, und es nennt ihn einen Heiligen, einen Tröster, einen Helfer. Wie es in unserem Textwort Christus den verängstigten Jüngern sagt: »Ihr werdet meine Zeugen sein.« Wie Oscar Romero, so auch wir. Wie Jesus, so auch wir. Die Toten sind nicht tot. Auch wir werden Zeugen sein, zu Jerusalem, in ganz Judäa, in Samaria und bis in die entferntesten Länder der Erde. In Agiulares, dem Ort des Zuckerrohrs, wurde Oscar Romero 1977 zum Zeugen der Wahrheit, als Rutilo Grande ermordet wurde; in dem kleinen Ort Ciudad Barrios, wo Romero nach dem Schulbesuch eine Schreinerlehre machte, in San Salvador, als Oscar Romero die Soldaten und Polizisten beschwor: »Hört mit dem Morden auf! Gottes Gebot sagt: Du sollst nicht töten.« Ihr werdet meine Zeugen sein, sagt Christus, in all diesen Orten und warum dann nicht auch in Hamburg-Altona, in Brockdorf und in Brunsbüttel? Es gibt keinen Ort in der Welt, der zu finster wäre oder zu leblos, als dass er nicht Ort der Zeugen werden könnte. Als ob nicht das Licht der Boten dorthin kommen könnte! Auch wir werden Zeugen sein. Verbreiterinnen der Wahrheit. Es gibt unter uns eine dumme Meinung, als seien die Heiligen ganz und gar anders als wir, als seien sie nur zum Anstaunen da, zum Anbeten von etwas, das wir doch nie erreichen. Auf Oscar Romero trifft das nicht zu, er war keineswegs vorbildlich, er machte Fehler wie alle. Einmal kam er an einen Ort, wo eine Reihe von Leuten ermordet worden war. Er hielt eine Ansprache, aber die Menschen waren aufgebracht und rissen ihm das Mikrophon weg. Er verstand zuerst nicht, was er falsch gemacht hatte. Er hatte die Namen der Mörder nicht genannt und das ertrugen die Leute nicht.

Eine andere Geschichte hat mich noch mehr bewegt, weil sie so menschlich ist. Einmal musste der Erzbischof an einen entfernten, schwer zugänglichen Ort. Nach vier Stunden Marsch durch einen Schlammweg kam er vollständig entkräftet an und bat um etwas zu essen. Sie gaben ihm eine kleine Tamale, ein Fleischbrötchen. Er aß es und bat um mehr. Es war aber nichts mehr da. Da bat Oscar Romero die Leute im Dorf um Verzeihung. Ich denke, dass er sich geschämt hat. Jedenfalls gehört diese Geschichte unter die Überschrift »Von den Armen lernen«, die für die Theologie der Befreiung so wichtig ist.

Ich will hier auch an einen anderen Bischof erinnern, der heute in Lebensgefahr schwebt, das ist der Lutheraner Medardo Gomez, der in den letzten Wochen Morddrohungen bekommen hat und in dessen Kirchenbüro eine Bombe explodierte. Auch Medardo Gomez hat erzählt, wie er von den Armen evangelisiert worden ist, durch ihre Art zu denken und zu fühlen und eben einfach nichts zum Essen da zu haben. Er hat das Christsein in einer ganz anderen Tiefe verstanden und die Kraft des heiligen Geistes empfangen, wie es in unserem Textwort heißt. Ihr werdet Kraft bekommen, der Geist wird über euch kommen. Was ist die Kraft des Geistes? Nach alter Lehre zweierlei: Mut und Wahrheitsfähigkeit. Mut für die Gerechtigkeit einzutreten und sie einzuklagen, und eine Beziehung zur Wahrheit, die im Johannesevangelium das »Aus der Wahrheit sein« genannt wird. Wir brauchen uns nicht zu fürchten und wir brauchen nicht zu glauben, nur die Experten wüssten Bescheid und wir alle seien wahrheitsunfähig. Ihr werdet meine Zeugen sein, sagt Christus. Wir alle sind gemeint, in Jerusalem und San Salvador und in Hamburg.

Fulbert Steffensky

Seid mutig und seid stark

Predigt bei der Trauung von Inken Christiansen (evangelisch) und Ingo Socha (katholisch)

Ich habe lange gebraucht, aus Eurem Trauspruch Ehehonig zu saugen. »Wachet, steht im Glauben, seid mutig und stark! Alle Eure Dinge lasst in der Liebe geschehen!« Zwei Teile hat der Spruch, der erste: »Wachet, steht im Glauben, seid mutig und stark!« Als Paulus diese Mahnung an die Korinther geschrieben hat, war das Leben für die Christen gefährlich, und sie konnten vor den Löwen im Circus Maximus enden. Ihr aber steht nicht vor dem Circus Maximus, ihr steht vor einer Ehe. Wachen – stehen – mutig sein und stark! Hier kommt der protestantisch-moralische Teil dieser Ehe zu Wort. Ingo, jetzt müssen wir den Katholizismus retten! Wir müssen den Schlaf, das Ausruhen, die Gelassenheit retten. Ihr beide steht nicht vor den Löwen oder vor einer Nordpolexpedition. Ihr seid beieinander angekommen. Ihr esst miteinander, Ihr trinkt miteinander, Ihr schlaft miteinander, Ihr spült miteinander; hört miteinander Musik und betet miteinander Psalmen. Ihr seid angekommen. Die erste Fähigkeit im Land, in dem man angekommen ist und dem man trauen kann, ist nicht die Wachsamkeit, die Stärke und der Mut. Das erste, was Ihr lernen müsst, ist, beieinander zu Hause zu sein. Also gerade nicht die Wachsamkeit, sondern der arglose Schlaf. Steht fest im Glauben! Der erste Glaube, den Ihr lernen sollt, ist, dass Euch voneinander keine Gefahr droht; dass Ihr die Fenster und die Türen offen lassen könnt; dass Ihr nicht auf der Hut voreinander sein müsst. Lernt als erstes, voreinander schwach zu sein, dann könnt Ihr später miteinander stark sein. Aber das kann man doch von selbst, sagt Ihr. Die Ungeschütztheit, die Ungewappnetheit, die Mutlosigkeit und die Schwäche voreinander sind doch selbstverständlich, sagt Ihr. Aber es ist eine schwere Kunst, sich nicht durch die eigene Stärke zu rechtfertigen. Eine schwere Kunst in der Liebe ist es, auf die

Wachsamkeit gegeneinander zu verzichten. Schwer ist, voreinander zu weinen, sich trösten zu lassen, voreinander die Schwächen nicht zu verbergen, sich voreinander nicht zu rechtfertigen. Ihr kennt die Ehepaare, ältere oder jüngere, die sich darin erschöpfen, voreinander Recht zu behalten. Er sagt: Liebling, weißt du noch, wie wir vor vier Jahren in Tunesien waren. Sie: Schatz, du irrst, es war vor fünf Jahren. Er: Vor vier Jahren, so steht es in meinem Kalender. Sie: Man sieht, dass du alt wirst, du verwechselst alles. Diese Ehen sind nur noch grauenvolle Burgen der Selbstverteidigung. Und wenn Ihr einmal gegeneinander Eure Kalender anführt, dann ruft an! Dann werden wir die Prügelstrafe wieder einführen. Nicht Recht haben müssen, das ist das Zeichen einer großen Freiheit. Sich nicht rechtfertigen müssen ist der Verzicht auf das grämliche Spiel der Selbsterbauung.

Sich lieben bedeutet voneinander abhängig werden, vom Trost des anderen, von der Vergebung der anderen; von den Augen des anderen, die einen schön finden. Sich lieben bedeutet, auf sich selber zu verzichten. Ich meine das keineswegs zuerst im moralischen Sinn; ich meine es nicht im Sinn der Selbstaufopferung, dass jeder sofort aufspringt, wenn der Mülleimer rauszutragen ist, die Socken zu waschen oder die Kartoffeln zu schälen sind. Selbstverzicht meine ich in einem grundsätzlicheren Sinn: den Verzicht darauf, sich selbst genug zu sein; den Verzicht darauf, in der Pose der Selbstrechtfertigung zu erstarren; den Verzicht darauf, gegeneinander bewaffnet und hochgerüstet zu sein. Das also ist das Erste, was mir zu Eurem Trauspruch einfällt: Vergesst das Wachen, vergesst Euren Mut, vergesst Eure Stärke und werdet voreinander bedürftige Menschen. Je geistiger eine Kreatur ist, um so bedürftiger ist sie. Je mehr wir wissen, dass wir angewiesen sind, um so menschlicher und erträglicher werden wir. Dorothee und ich schreiben immer voneinander ab, und manchmal wissen wir im Ernst nicht mehr, wer nun wirklich die Gedankenbrote gebacken hat, die wir so lustig verteilen. Vielleicht sind wir beiden nicht besonders gute Ehevorbilder für Euch, aber in diesem einen Punkt wohl. Schreibt voneinander ab. Schreibt die Lebenshoffnungen voneinander ab! Schreibt den Mut voneinander ab! Schreibt den Glauben voneinander ab. Seid nicht wie kleine Eichhörnchen, die ihre Lebensnüsse allein sammeln und fressen! Beim Prediger im Alten Testament heißt es:

Zwei sind besser dran als einer.
Denn fallen sie, so hilft einer dem anderen auf.
Doch wehe dem einzelnen, wenn er fällt
und keiner da ist, der ihm aufhilft!
Liegen zwei beieinander, so haben sie warm.
Wie aber könnte einer allein warm werden?
Und mag auch der Einzelne überwältigt werden,
so halten doch Zweie stand.

Ein Trauspruch ist eigentlich nicht dazu da, dass der Prediger ihn bei der Trauung zerpflückt. Was also höre ich mit Zustimmung aus der Wahl Eures Spruches: »Wachet, steht im Glauben, seid mutig und seid stark«? Ihr wollt mehr als nur Euch selber. Es ist nicht nötig, dass Ihr beide Euch genug seid, so reichhaltig Ihr beide seid. Aber es gibt mehr als Euch, es gibt eine Welt. Es gibt Freunde und Freundinnen. Es gibt große Themen. Es gibt Geschlagene und zu Tröstende. Es gibt Arbeiten und Aufgaben. Es gibt Grund zur Empörung und Grund zum Glück, das nicht nur in Euch selber liegt. Ihr habt Geschwister, leibliche und geistige. Ihr habt Väter und Mütter, leibliche und geistige, Ihr sollt Kinder haben, leibliche und geistige. Ihr sollt Euch nicht nur in Euch selbst einkerkern, Ihr sollt nicht ineinander absaufen. Dazu seid Ihr zu schade. Es gibt die Möglichkeit, in einer Ehe unsäglich zu verdummen, wenn man nicht mehr hat als sich selber; wenn man keinen Weltblick hat, sondern nur den Blick in die Augen des Ehepartners. Eine Ehe muss Kinder haben, es müssen nicht unbedingt leibliche sein. Wer nicht väterlich oder mütterlich der Welt gegenüber zu sein gelernt und geübt hat, dessen Ehe wird in dem großen Gähnen enden, weil die Welten und die Wünsche immer kleiner geworden sind. Das ist die Stunde des Leidens an der stummen Unerheblichkeit des Lebens und an der eigenen Gleichgültigkeit. Ja, wachet! Glaubt an etwas! Erstickt nicht im Ehemief! Seid mutig und stark! Findet Euch wieder im gemeinsamen Blick auf alles und alle, die Eure Augen brauchen. Die Liebe zueinander in einer Ehe bleibt nur, wenn sie eine fremde Gestalt annehmen kann; wenn sie erscheinen darf als Liebe zu den eigenen Kindern, als Liebe zum Recht, als gemeinsame Empörung, vielleicht sogar als gemeinsame Liebe zum Kirchentag und als wundervollen Tratsch über diesen. Es gilt auch hier die alte Weisheit: Wer sein Leben findet, der wird es verlieren. Wer nichts anderes sucht, kennt und interessant findet als das eigene Eheleben, der wird es verlieren. Und umgekehrt: Wenn zwei Leute fähig sind, mehr zu suchen als sich selber und das eigene Leben; wenn sie ihr Leben und ihre Liebe verbergen können in anderen Themen und in großen Wünschen, dann wird es geborgen sein.

»Alle eure Dinge lasst in der Liebe geschehen!«, heißt der zweite Teil eures Spruchs. Ich würde das Wort Liebe, an dem man sich so oft überhebt, gerne in die bescheideneren Münzen Recht, Respekt und Ehrfurcht umtauschen. Recht: Es reicht nicht, dauernd symbiotisch zu verschwimmen. Je näher man zusammenlebt, um so mehr muss man die Lebensrechte des anderen billigen. Er hat das Recht – sie hat das Recht, eine andere zu sein, als ich selbst es bin. Sie hat das Recht, andere Menschen zu lieben, andere Musik zu schätzen, eine andere Meinung zu haben, als ich selber sie habe. Ich plädiere für Distanz: Ingo soll Inken Inken sein lassen, Inken soll Ingo Ingo sein lassen. Es ist eine hohen Kunst, eine Glaubenskunst, einander zu lassen und nicht zu sich selber zu zwingen. Verlangt nicht von Euch, dass der andere, die andere Euer eigenes Bildnis sei. Trottet nicht wie sich aufs Haar gleichende Ehemöpse durchs Leben, die zur gleichen Zeit den Mond anbellen und an denselben Laternenpfahl pinkeln!

Ehrfurcht voreinander und Respekt ist die andere Form der Liebe. Ihr versprecht gleich, Euch zu lieben und zu ehren – wundervoll, dieses altmodische Wort »ehren«. Es gibt auf Dauer keine Intimität ohne Respekt und Ehrfurcht. Es ist wahr: Jede Liebe ist anarchistisch und durchbricht Distanzen und Formen. Es ist aber auch wahr, dass die Langfristigkeit und die Alltäglichkeit der Liebe durch ehrfürchtige Distanz und respektvolle Formen geschützt wird. Es zählen nicht nur die innere Überzeugung, die Herzensnähe und die Unmittelbarkeit. Die Form und die Distanz helfen, dass die Herzensnähe nicht verschlissen wird. Die Form wird gerade in den Ambivalenzen der Nähe und in ihrer langfristigen Gewöhnlichkeit wichtig. Wenn die Zuneigung bedroht ist und wenn man es schwer miteinander hat, ist die Form oft klüger als das Herz; ist die Höflichkeit wahrer und hoffnungsvoller als die innere Augenblicklichkeit des Menschen. Schlimm ist es, wenn man in Zeiten der Dürre nichts anderes hat als die eigene Unmittelbarkeit; wenn man nicht an Formen gearbeitet hat, die die Menschen hinüberretten in das Land der Versöhnung. Die Höflichkeit ist wie die Maske des Gelingens, die dieses vorspielt, wo es noch nicht ist. Der Mensch ist mehr als sein Augenblick. Er ist auch sein Gestern, als seine Liebe noch groß war. Er ist auch die Hoffnung auf sein Morgen, wo sie wieder wachsen wird. Die Höflichkeit und die Formen sind die in die Gesten geflossene Langfristigkeit des Menschen.

Bisher habe ich gesagt, was man sagen kann. Ich begnüge mich nicht damit, und ich nenne Gott. »All Eure Dinge lasst in der Liebe geschehen!« Ich spiele mit dem Wort: Lasst geschehen! Ihr seid nicht die Hauptmeister Eurer Liebe, Eurer Ehe und Eures Lebens. »All Eure Dinge« geschehen im Blick und in der Liebe Gottes. Ihr seid nicht die einzigen Autoren der Liebe in Eurer Ehe, Ihr lasst die Liebe geschehen! Ihr beide seid die Aufführung, die Inszenierung des großen Liebesspiels Gottes mit den Menschen. Und so seid Ihr nicht nur, die Ihr seid. So habt Ihr mehr Hoffnung für Euch als Eure eigene. Wie viele andere werdet auch Ihr mit Eurer Ehe nicht ins Paradies und ins Eheschlaraffenland kommen. Trotzdem ist in allem, was Ihr zusammen tut, eine Ganzheit, deren Autoren Ihr nicht seid. In jedem Kartoffelschälen, in jedem Buch, das Ihr gemeinsame lest, in dem Streit, den Ihr streitet, spielt die Ganzheit dieses Gottes, der Euch nicht verlässt. Ihr steht nicht für die Endgültigkeit Eures Lebens. Ihr müsst nicht Gott spielen, Ihr seid nicht gezwungen, die vollständigen Garanten Eurer selbst zu sein. Und darum könnt Ihr ohne Panik und mit Heiterkeit Fragment sein. Man kann weit kommen mit sich selber und in einer Ehe, wenn man weiß, dass man nicht gezwungen ist an alle Ziele zu kommen. Ihr müsst nicht Eure vollständige gegenseitige Erfüllung sein. Ihr müsst nicht die besten Köchinnen und Liebhaber sein. Ihr müsst nicht jederzeit für alles Verständnis und mit allem Geduld haben. Ihr müsst nicht Gold füreinander sein, es genügt wenn ihr Brot seid – Schwarzbrot, tägliches Schwarzbrot, wie wundervoll! Lasset die Liebe Gottes geschehen! Glaubt daran, dass Gott Gott ist, dann könnt Ihr Menschen sein! Man kommt weit miteinander, wenn man weiß, dass man nicht ans Ziel kommen muss. Man hat viel voneinander, wenn man weiß, dass man nicht alles voneinander haben muss. Meine Frau, die radikaler ist als ich, wird dies vielleicht das sozialdemokratische Ehemodell nennen. Glaubt ihr nicht! Lasst Euch nicht unter Perfektionszwänge stellen. Gott ist vollkommen, und er ist Eure Vollkommenheit. Wir alle hier werfen Euch mit allen unseren Wünschen und mit unserer Liebe für Euch in seinen Namen. Ihr seid da gut aufgehoben, besser als in Euren eigenen Händen.

Fulbert Steffensky

Der Anfang eurer eigenen Freiheit

Predigt zur Segnung von Michael und Nils

Lieber Michael, lieber Nils, zwei Texte habt ihr mir aufgegeben, einmal den Spruch aus dem 126. Psalm, der euer Trauspruch sein soll: »Wenn der Herr die Gefangenen Zions erlösen wird, so werden wir sein wie die Träumenden.«, dann den Text der katalanischen Schriftstellerin Mercè Rodoreda:

> Senyora Enriqueta hatte mir einmal gesagt, dass wir nicht nur ein Leben hätten, sondern viele, und die seien alle miteinander verwoben, aber ein Todesfall oder eine Heirat, sagte sie, könnten manchmal, nicht immer, diese verschiedenen Leben voneinander trennen, und dann könnte das wirkliche Leben, das jetzt frei geworden ist von den Fäden der kleinen Leben, an die es gefesselt war, endlich anfangen und so leben, wie es eigentlich immer hätte leben sollen, wenn es die vielen kleinen Leben und die vielen schlechten nur in Ruhe gelassen hätte. Und sie sagte, dass die ineinander verwobenen Leben miteinander kämpfen und uns foltern würden, und wir selbst wüssten nichts davon, wie wir ja auch nichts von der Arbeit wissen, die unser Herz vollbringt, oder vom Tun unserer Gedärme.

Ich maße mir nicht an, den Text von Rodoreda zu verstehen, und ich kenne seinen Zusammenhang nicht. Etwas vom Leben dieser Frau weiß ich. Sie ist 1909 in Barcelona geboren. Nach dem spanischen Bürgerkrieg lebte sie im Exil in Paris, in Bordeaux und in Genf. 20 Jahre hat sie in ihrem Exil geschwiegen und nichts geschrieben, auch sie eine Gefangene aus Zion in den Gefangenschaften an der Seine, an der Rhône und an der Garonne. Auch sie hat geweint in den Gefangenschaften an den fremden Flüssen. Sie hat wie die Gefangenen Zions an den Wasserflüssen Babylons 20 Jahre keine Lieder mehr gesungen und keine Texte mehr geschrieben.

Nun dieser merkwürdige Text vom gefangenen Leben. Wir haben nicht nur ein Leben, wir haben die vielen ineinander verwobenen Leben. Wir haben das Leben, aber wir haben auch die vielen kleinen und schlechten Leben, die sich gegenseitig fesseln und sich nicht in Ruhe lassen. Und ich erweitere den Gedanken von Mercè Rodoreda: Wir haben nicht unsere Leben. Wir sind verwoben in die Gefangenschaften mit den anderen Leben. Wir sind auch das Museum der Hoffnungen, der Befürchtungen, des Kleinmuts und des Großmuts, der Kraft und der Verzagtheit unserer Eltern und Großeltern und deren Eltern, weit weit zurück. Wir sind nicht nur wir selbst und unser eigenes Heute. Wir sind auch die Gefangenen unserer Vergangenheit und unserer Herkünfte. Eure Toten konnten die Freiheit eurer Liebe noch nicht denken. Das ist ein Teil eurer Unsicherheit und eures Leidens als Schwule. Eure Toten brauchen auch eure Vergebung. Und diese Vergebung ist der Anfang eurer eigenen Freiheit. Erwachsen werden heißt immer auch, den Toten vergeben. Unerwachsen bleiben heißt, von den Vorwürfen gegen die Vorfahren nicht lassen können. Ihr habt angefangen, zu träumen vom Ende der Gefangenschaft, aber ihr seid noch nicht da, wohin ihr eigentlich gehört, im Reiche der Freiheit. Schon seid ihr wie die Träumenden, aber der Traum ist noch nicht Wahrheit.

Nein, wir tragen nicht nur den Tod der Toten in uns. Wir sind nicht nur das Horrorkabinett der verschiedenen Leben, die in unser eigenes verwoben sind. Wir sind auch in die Träume der Toten verwoben, in ihre ersten Ahnungen der Freiheit und des Gelingens. Wir sind nicht nur verwoben in Leben, die unser eigenes Leben und unsere eigene Freiheit bekämpfen. Ihr seid verwoben in die Güte und die Wärme aller derer, die vor euch waren und aller, die euch begleiten. Zum Glück braucht keiner einsamer Meister seiner selbst zu sein, zum Glück essen wir von den Lebensbroten, die wir nicht selber backen mussten. Die Großeltern von euch beiden sind tot. Ich habe gesagt: Vermutlich konnten sie die Freiheit eurer Liebe noch nicht denken. Vermutlich hätten sie euch heute nicht segnen können. Aber sie haben euch mit anderen Broten gefüttert, und ihr seid in ihre Liebe verwoben, die den ganzen Segen enthält und die mehr meint, als sie selber sagen und aussprechen konnten. Nein, es kämpfen nicht nur die verschiedenen Leben gegeneinander. Sie sind nicht nur eure Fesseln, sie sind auch eure

Freiheit. Und so können wir, obwohl noch an den Flüssen Babylons, ein Dankeslied für die Liebe eurer Eltern, der Großeltern und aller großen Träumer und Liebhaber aus der Reihe eurer Herkunft singen. Ihr müsst euren Toten nicht nur vergeben. Die Dankbarkeit gegen die Menschen eurer Herkunft ist die zweite Stufe eurer eigenen Freiheit.

Mercè Rodoreda spricht von der fatalen Verwobenheit der verschiedenen Leben ineinander und sagt, es gäbe gelegentlich eine Unterbrechung in der Fatalität. Es gäbe das Aufblitzen der Freiheit und des wahren Lebens: Ein Todesfall oder eine Heirat, sagte sie, könnten manchmal, nicht immer, diese verschiedenen Leben voneinander trennen, und dann könnte das wirkliche Leben, das jetzt frei geworden ist von den Fäden der kleinen Leben, an die es gefesselt war, endlich anfangen. Ich verstehe den Satz nicht, aber ich spiele mit ihm. Der Todesfall ist die Unterbrechung der kleinen gefesselten und fesselnden Leben, das verstehe ich. Leider ist er auch die Unterbrechung des wahren Lebens. Aber was ist mit der Heirat? Ich kenne nur zwei Fälle eines Namenswechsels, der eine: Wenn einer ins Kloster geht und Mönch wird, bekommt er einen neuen Namen, man nennt ihn z.B. Fulbert. Der zweite Fall: der mögliche neue Name eines Partners bei der Trauung. Namenswechsel ist kein technischer Vorgang, er ist nicht nur ein Benennungswechsel. Im Kloster war der Namenswechsel in einer Art Grablegung des alten Menschen inszeniert. Der neue Name bedeutet die grundsätzliche Flucht aus den Fängen des alten Lebens. Offensichtlich spielt dieser Gedanke also dort eine Rolle, wo Menschen öffentlich ihre Gemeinsamkeit erklären. Es heißt auch Abschied vom alten Leben, von den Herkünften. Es heißt auch Bruch mit dem was war. Es gibt eigentlich keine Neuheit, keine Freiheit, die nicht auch Bruch und Riss bedeutet. »Gedenket nicht des Alten. Denn siehe, ich mache alles Neu!« Michael, wir Katholiken wollen zwar immer alles integrieren, behalten, den ganzen Plunder mitnehmen und uns von nichts trennen. Die Erinnerung und Bewahrung ist ja auch eine lebensnotwendige Kunst. Aber die Freiheit kommt nicht ohne die protestantische Kunst der Bezweiflung des Alten, ohne die Geste der Aufkündigung und des Vergessens: »Vergesst, was hinter euch liegt, und streckt euch aus nach dem, was vor euch liegt.« Ihr lebt zwar schon eine Zeit zusammen. Aber eure Liebe wird hier öffentlich, notorisch, heute und an dieser Stelle. Es ist keine Winkelliebe und keine Stubenliebe mehr. Es ist eine Liebe, erklärt und gesegnet vor der Öffentlichkeit eurer Verwandten, eurer Freunde, eurer Toten und eurer Kirche. Ihr werdet die, als die ihr euch zeigt. Ihr werdet die, als die ihr euch erklärt. Die öffentliche Erklärung ist der Bruch mit dem alten und der Anfang der Neuheit. Das war ja das Unrecht gegen Lesben und Schwule, dass man ihnen die Öffentlichkeit und die öffentliche Erklärung nicht gönnte. Auch wir, eure Freunde, werden anders und bekommen für euch andere Augen. Wir werden Nils nun immer als den Nils von Michael sehen, und Michael werden wir als den Michael von Nils sehen. Unsere Augen werden zu euren Zeugen. Und diesem Blick entkommt ihr so leicht nicht. Ihr könnt uns als Zeugen nicht so leicht beseitigen.

Und nun eine neue Freiheit! Ihr habt euer Leben miteinander verwoben, ihr werdet es täglich dichter miteinander verweben, bis ihr ein einziger Text geworden seid. Dieser Text ist gewebt aus großen und kleinen Dingen, aus miteinander schlafen und miteinander spülen; aus miteinander Gedichte lesen und miteinander das Klo säubern; aus miteinander beten und miteinander kochen. Es ist eine Textur aus guten und bösen Tagen, aus Streit und Vergebung. Es ist nicht mehr die alte Textur, von der Rodoreda spricht: die Fesselungen des kleinen und blinden Lebens. Es ist die Textur eurer Freiheit. Ihr werdet voneinander abhängig, das ist der Weg eurer Freiheit. Je geistiger ein Wesen ist, um so bedürftiger ist es. Begrabt die Kinderträume von eurer Unabhängigkeit. Begrabt die kindischen Erwartungen, dass jeder sich selbst trösten, ernähren, lieben und vergeben soll. Werdet bedürftige Menschen! Das ist viel leichter gesagt als getan. Es ist schwer, sich trösten zu lassen. Es ist schwerer, sich vergeben zu lassen als zu vergeben. Es ist schwer, sich auszuliefern an die Liebe eines anderen Menschen.

Dorothee Sölle

Der Geist der Freiheit

2. Korinther 3, 17

Festgottesdienst anlässlich des 80. Geburtstages von Reta Schmitz

Für die älteste Christenheit ist die Erfahrung, vom Geist Gottes ergriffen zu sein, grundlegend. Sie erlebte das Pneuma als die Macht der Ekstase und der Wunder. Zungenreden und Krankenheilungen waren Zeichen dieses Durchdrungenseins vom Geist. Die Menschen, die sich zu Christus bekannten, gingen anders miteinander um, als es in ihrer Umgebung üblich war; sie teilten, was sie hatten und sie übten keine Gewalt, sie beteten um den Geist Christi, dass er sie stärke, und ich stelle mir vor, dass sie genau wie wir diesen Geist in der Geistlosigkeit ihres Alltags oft vermissten. Ein altes Gebet wie »Komm, heiliger Geist« spricht diese Sehnsucht nach dem Geist aus, die Sehnsucht danach, von dem Geist berührt und bewegt zu werden. Es spiegelt die Erfahrung, die eines der schönsten deutschen Wörter »Be-geisterung« nennt. Der Weimarer Superintendant Johann Gottfried Herder schrieb begeistert über die Begeisterung, ohne sie sei nichts Gutes oder Schönes in die Welt gekommen!

Ich habe von schwarzen Amerikanern eine Redewendung gehört, die man braucht, wenn es einem sehr schlecht geht: »Ain't gotten no spirit«, ein Ausdruck der Leere, des bloßen Funktionierens ohne den Geist. Und ich kenne das Spiritual, das mit den Worten beginnt: Jedes Mal, wenn ich den Geist spüre… Everytime I feel the spirit moving over me… Wenn ich dieses Lied höre, frage ich mich, wann ich zum letzten Mal den Geist gespürt habe, bei welcher Gelegenheit und wo. Das Lied weckt meinen Hunger nach dem Geist, diesen Geisthunger, ohne den wir zwar vegetieren aber nicht leben können.

Paulus hatte angesichts der Geistbegeisterung der Urgemeinde eine doppelte Auseinandersetzung zu führen: einmal gegen die kirchliche Domestizierung und zum andern gegen die Schwärmer und Enthusiasten – ein Kampf gegen die Geistlosigkeit und gegen die Übergeistigen. Die ersteren sind vor allem an der Ordnung interessiert, unser Bibelvers wird von ihnen am liebsten so gedeutet: Wo der Geist des Herren ist, da herrscht Ordnung! Da läuft der Gottesdienst nach Schema F, da schweigt die Frau in der Gemeinde. Das Tätigkeitswort, das zu diesem Geist gehört, heißt *conservare* – bewahren, behüten, beschützen. Der revolutionäre Inhalt des Evangeliums, seine grundlegende Kritik an Eigentum und Gewalt – womit es die Militärgewalt, die Staatsgewalt des Imperium Romanum meint – wird da lieber verschwiegen.

Auf der andern Seite kritisiert Paulus auch die übergeistigen Schwärmer, die sich von der Realität so entfernen, dass sie sie in einer Art Geisttrunkenheit überspringen zu können glauben. Paulus erinnert seine korinthische Gemeinde daran, dass es der Geist Christi ist, auf den alles ankommt. Und wie unterscheidet man den von anderen Geistern, auch von denen, die in seinem Namen auftreten? Das wichtigste Kriterium, an dem wir erkennen können, ob jemand vom Geist Christi getragen ist oder nicht, ist das Kreuz. Die Übergeistigen übersehen nämlich gerne diese blutige Realität: dass das Imperium Romanum alle, die Gottes Willen erfüllen und Gerechtigkeit leben, ausgrenzt und unterdrückt, ja zu Tode foltert. Der Christus, der in uns aufersteht, ist zugleich der, der weiter am Kreuz hängt.

Ein bisschen stelle ich mir die leidensfreien Enthusiasten wie die Anhänger der New-Age-Welle vor. Wo der Geist Gottes ist, sagen sie, da ist Harmonie. Da ist Ganzheit, Erfüllung, Licht in uns. Da spielen der Hunger und die, die ihn hervorrufen, keine Rolle, da kürzt man den Weg Christi zu Gott ab – und vermeidet aus lauter Freude am Geist sein Kreuz, die heutige Realität der Armen. Wo der Geist Gottes ist, da »fühl ich mich heute unheimlich gut, da hab ich alles beisammen, da kann ich mich verwirklichen.«

Nein, sagt Paulus, der Geist Christi ist noch mehr als Selbstverwirklichung. Wo dieser Geist ist, da ist auch noch eine andere Freiheit, die ist größer als die des neuen Bewusstseins, das sich vorspiegelt, die Rüstungsindustrie und die Bomben, die die Verelendungspolitik den Armen gegenüber betreiben, stürzten morgen ganz von selbst, ganz ohne Kampf, bloß durch das innere Bewusstsein zusammen. Nein, sagt Paulus, wo der Geist Christi in uns herrscht, da ist nicht eitel Sonnenschein, aber Freiheit.

Und was ist das? Ich habe in den letzten zehn Jahren eine Erfahrung mit dem Begriff der Freiheit gemacht. Oft hatte ich das Gefühl, singen zu wollen: »Freiheit, die ich meine, die gekannt hier nie …« Und als wollte ich beten »Befrei uns Gott, von der furchtbaren historischen Rolle der Mittelklasse der reichen Länder.« Und indem mein Durst nach Befreiung wuchs, wurde mir immer klarer, dass Freiheit immer Befreiung meint, immer auf mehr Freiheit aus ist. Ubi autem Spiritus Domini, ibi liberatio, liberación, der Prozess der Befreiung. Je mehr Geist Gottes, desto sichtbarer die Gefängnisse, an denen wir bauen, in denen wir verkommen lassen. Ich kann meine Befreiungswünsche nicht auf das Maß z.B. der freien Wahlen, zurückschrauben, als lebten wir deswegen schon in einem »freien« Land! Frei wäre unser Land, wenn wir frei vom Militärkrebs wären, der das ganze Land, seine Forschung, seine Produktion, seinen Export überwuchert.

Frei wären wir in einem Land ohne Gefängnisse. Ein großer amerikanischer Sozialist, Eugen Debs, hat einmal (1918) gesagt: »Solange es eine Arbeiterklasse gibt, gehöre ich dazu. Solange auch nur eine Seele im Gefängnis ist, bin ich nicht frei.« Ich finde in diesen Sätzen den Geist Christi wieder. Wo der Geist ist, da wächst Befreiung, da wächst der kämpferische Wunsch nach ihr, die »noch nicht« sichtbar ist in unseren Gewaltverhältnissen, aber auch die Erfahrung von größerer gelebter Freiheit, »schon jetzt«.

Und hier möchte ich ein paar persönliche Worte für meine alte Freundin Reta Schmitz sagen. Reta, Du warst für mich eine befreiende Lehrerin. Du hast uns in den Jahren der gemeinsamen Arbeit am Politischen Nachtgebet vor den Irrwegen kirchlicher Domestizierung und enthusiastischer Blindheit bewahrt. Manchmal hast Du die Diskussion aufgehalten, weil Du eine historische Parallele einbrachtest, ich war dann manchmal ungeduldig und wollte voran, aber Du bliebst dabei. Minderheiten in einer Gruppe hatten immer Dein Ohr, auch wenn Du ihre Meinung ablehntest. Es war etwas in Dir, richtiger um Dich, das Paulus »parresia« nannte und Luther »Freidigkeit«, der freie Zutritt und Umgang mit andern, die geistig auf einer höheren oder einer tieferen Stufe standen. Der Freisinn vor Königsthronen und auch vor Gott! Etwas von dieser Luft der Freiheit, ohne die der Geist ersticken muss wie ein eingesperrtes Feuer, gehört einfach zu deiner Aura.

Und du hast nie aufgehört, zu lehren und zu lernen – es wäre Dir nicht in den Sinn gekommen, das eine vom andern zu trennen. Darum dachte ich, als ich das Wort des Paulus hörte »Wo der Geist Gottes ist, da ist Freiheit« sofort: Das ist für Reta. Das ist für Dich gemacht. Ubi Spiritus Domini, ibi libertas. Und dazu gehört der andere Satz aus der biblischen Tradition: Wo die Liebe ist, da ist Gott. Ubi caritas – et amor – ibi Deus est.

Fulbert Steffensky

Predigt im Trauergottesdienst für Prof. Gunter Otto

Vor einigen Jahren haben Gunter Otto und ich die Trauerfeier für unseren Kollegen Wolfgang Schulz vorbereitet. Nach dieser Feier sagte er mir: »Ich danke Ihnen dafür, dass ich für eine Stunde Gast im Hause Ihrer Sprache sein durfte!« So hat er sich gesehen der alten Sprache und den alten Geschichten der Hoffnung gegenüber – er war ihnen nahe, und er war nicht beheimatet in ihnen. Wenn er in seinen wissenschaftlichen Gegenständen in die Nähe der Religion geriet, dann sprach er lieber indirekt als direkt; lieber mit geliehener Sitmme als mit der eigenen. Die Stimme seines Zwillingsbruders hat er sich geliehen oder die Stimme von Henning Luther, eines Theologen, den er schätzte.

Vielleicht geht es den meisten von uns heute wie ihm damals beim Tode seines Freundes Wolfgang Schulz: Wir sind für eine Stunde in einem Haus, in dem wir nicht wohnen und das uns nicht völlig fremd ist. Wir leihen uns eine Sprache, die eher Fremdsprache als eigene ist. Aber jede Fremdsprache ist besser als die Stummheit angesichts des Todes eines Menschen, der Freund und Kollege und Lehrer und Vater war.

Vielleicht können wir diese Sprache auch darum sprechen – die Psalmen, die Lieder, das Vaterunser –, weil Gunter Otto sie damals gesprochen hat. Die Toten haben diese Sprache geheiligt und gereinigt mit ihren Wünschen und mit ihren Seufzern. Wir müssen sie nicht verantworten. Wir bergen unsere Klage und unsere Wünsche in diese Sprache und lassen sie nicht verkommen in der reinen Sprachlosigkeit.

Jeder von uns trägt Erinnerungen an den Toten in seinem Gedächtnis und in seinem Herzen. Dies genügt. Diskretion und die Scheu, ihm zu nahe zu kommen, soll das Stilgesetz unseres Gedächtnisses sein. Etwas anderes hat er nicht vertragen, und so werden wir dies auch in seinem Tod respektieren.

Ich höre viele Stimmen zum Tod von Gunter Otto. Die einen sagen: Es ist ein Tod nach einem vollen Leben. Es gibt eine Summe und einen guten Abschluss dieses Lebens, er hat es zu Ende gebracht, wie man eine gute Arbeit vollendet und dann aus der Hand gibt: Im Herbst ist sein dreibändiges Werk erschienen; vor Weihnachten hat er das Graduiertenkolleg abgegeben; am Ende des Jahres hat er seine Zeitschrift »Kunst und Unterricht« übergeben, die er gegründet und 30 Jahre betreut hat. Wenn die Arbeit das Leben rechtfertigte und damit den Tod unerheblich machte, könnte man zustimmen. Er, der Preuße und Arbeitswütige, hat am Ende sein Leben wohl nicht gerechtfertigt gesehen durch die Summe der Arbeit. »Das Bild wird immer klarer!«, hat er in einem letzten Gespräch einem Kollegen gesagt. »Es war zu viel!«

Ich höre Gunter Ottos Stimme zu Sterben und Tod. Es ist eine geliehene Stimme. Denn zu Fragen hoher Existenzialität verbarg er sich gerne hinter Zitaten, es war seine Form der Scham. Und so haben wir ihn sprechen gehört mit Henning Luther, mit Bloch, Adorno und Levinas. Der Tod bricht das Leben ab. Jeder Tod ist ein unzeitiger Tod. Kein Alter und kein Werk rechtfertigen den Tod. Er ist nackte Gewalt und pure Zerstörung.

Ich möchte diesen Stimmen zunächst widersprechen. Ich möchte mit dem Prediger der Hebräischen Bibel von der Gnade der Endlichkeit sprechen: Alles hat seine Zeit – die Geburt und der Tod, das Weinen und das Lachen, das Herzen und das Aufhören-zu-herzen. Alles hat seine Zeit. Und jede Zeit ist Frist – zu Ende gehende Zeit. Wir müssen nicht unendlich sein, nicht zeitlos und nicht Gott. Das Bewusstsein der eigenen Endlichkeit könnte uns geschwisterlicher machen. Denn nur endliche Wesen sind geschwisterliche Wesen. Der Tod hat seine Zeit! Er ist nicht nur nackte Gewalt und Abbruch. Man kann abdanken, mit Danksagung scheiden und die Arbeit, das Lachen und das Weinen aufhören. Die Welt geht nicht unter, wenn wir untergehen. Vielleicht muss man an Gott glauben, um einverstanden zu sein mit der eigenen Endlichkeit.

Ich höre Gunter Ottos Stimme ein zweites Mal: Der Tod bricht das Leben ab. Kein Alter und kein Werk rechtfertigen ihn. Er ist nackte Gewalt und pure Zerstörung. Die Unbescheidenheit dieser Sätze berührt mich, der Durst nach der Fülle und die Unfähigkeit, sich mit weniger abzufinden als dem ganzen Glück und dem nicht weggewischten Lachen. Es ist der Einspruch gegen die Banalität und die Zerstörung. Es sind Sätze der Revolte, die einem auf die Zunge kommen, wenn man das Leben derer bedenkt, die offensichtlich nur einen Teil der Zeit hatten: das Klagen, die Tränen, das Verlieren, die Wunden und eben den Tod. Einen schönen Satz lese ich in Vers 11 unseres Predigertextes: Gott hat alles schön gemacht, er hat die Ewigkeit in ihr Herz gegeben. Die Ewigkeit, jene Luft von einem anderen Stern und jener Hunger nach einem ungeschändeten Leben, ist es wohl, die Otto und Bloch und Adorno ihre wütenden Sätze sagen lässt: Der Tod ist nackte Gewalt. Es gibt eine Unversöhntheit mit dem Tod, die unsere großen Wünsche an das Leben, unsere großen Hoffnungen auf das Leben zur Mutter haben. Je größer wir die Würde des Menschen zu denken gelernt haben, umso mehr werden wir fähig sein zu vermissen: das Brot für alle, das Recht für alle, das Lachen von allen. Vielleicht wird man umso mehr trostlos, wie man wünschen und hoffen gelernt hat. Gott hat die Ewigkeit in unser Herz gelegt. Und wo sie nicht herausgerissen und verschüttet ist, da lernt man weinen über die unzeitigen Tode.

Lassen Sie mich an einem Thema die Fähigkeit des Vermissens, die großen Wünsche und Befürchtungen dieses Toten beschreiben, am Thema Faschismus. Bis in die Träume hat es Gunter Otto verfolgt. Nach seiner schweren Herzoperation hat ihn ein Kollege besucht. Gunter Otto, noch nicht ganz bei Bewusstsein, hat ihm gesagt: »Nehmen Sie sich vor den Faschisten in Acht. Sie kommen!« In einer Festschrift zum 60. Geburtstag seines Zwillingsbruders Gert Otto beschreibt er die Kindheit der beiden. Der Humor der Beschreibung ist ständig gebrochen durch die Erinnerungen an die Nazis. Er beschreibt den 30. Januar 1933 und das

Fahnenmeer, er beschreibt die Holzkästen, in denen der »Stürmer« aushing, und dies mit ottonischer Genauigkeit: »Auf der oberen Verblendung der rot gestrichenen Holzkästen standen allenthalben mit weißer Farbe, in Frakturschrift mit einem Flachpinsel geschrieben, Parolen wie ›Juda verrecke!‹, ›Die Juden sind Deutschlands Untergang‹ oder ähnliches.« In dieser Zeit war Otto etwa acht Jahre. Er beschreibt den Eintritt der Brüder ins Jungvolk, die Uniform und die Postkarte an ihrer Zimmertür: »Die Deutsche Jugend muss sein: zäh wie Leder, hart wie Kruppstahl, flink wie Windhunde.« Einen Menschen erkennt man daran, woran er sich erinnert. Einen Menschen ehrt, woran er sich erinnert. Die Erinnerung an jene Zeit war die Perspektive seiner politischen Arbeit, seiner Arbeit als Lehrer und als Künstler.

Ich vermute eine Nähe zwischen seiner ästhetischen Auffassung und dem Glauben. Beide lehren, was ich das Vermissen genannt habe. Im Kunstwerk und im Glauben ist, wenn sie sich selber nicht verraten haben, eine aufrüherische Vorstellung vom Leben. In beiden wird der Geschlagene dargestellt als einer, der nicht geschlagen werden soll. In beiden wird der Blinde dargestellt als einer, der sehen soll. In beiden wird der Tyrann dargestellt als einer, der gestürzt werden soll. Beide sind am stärksten, wo sie im Aufruhr leben gegen die Korruption der Gegenwart. Ich will seine Kunst nicht religiös machen. Aber sie weiß, was Transzendenz ist: Überstieg über die Gegenwart, die für viele eine Hölle ist. Und so ist in ihr die Musik vom ganzen Leben – sie ist Vorspiel.

Die Sprache des Kunstwerks weiß, dass keiner stumm gemacht, keiner geblendet und keiner geschlagen werden soll. Dies zu wissen, kann man von ihr verlangen, mehr vielleicht nicht. Es gibt die Würde der Unversöhntheit; die Würde dessen, der nur dies weiß: Dies soll nicht sein, dass einer geschlagen, getreten und verachtet wird. Es gibt für den Glauben eine andere Pflicht und eine andere Sprache: neben die Würde der Unversöhntheit die Hoffnungen zu stellen, die noch durch nichts ausgewiesen sind: Einmal wird es sein, dass die Wüste blüht und die Steppe jubelt. Einmal wird es sein, dass die Tränen getrocknet sind und dass ein Lachen auf unseren Lippen ist, das nicht weggewischt wird. Das ist die Pflicht des Glaubens, naiv zu sein und die versprochene Ganzheit zu nennen. Es mag schwer sein, das Versprechen auf das gelingende Leben zu behaupten in Zeiten, die mit routinierter Belustigung auf jeden Versuch einer Ganzheit schauen. Die dies tun, mögen in die Nähe des Kitsches geraten mit der Behauptung vom guten Ausgang des Lebens und mit seiner Bergung über den Tod hinaus. Aber lieber des Kitsches verdächtigt werden, als die Solidarität mit den Toten und mit den Gequälten dieser Erde aufgeben.

Thomas Mann nennt in seinem Josefsroman den alten Jakob »schwer von Geschichten«. 72 Jahre ist nicht sehr alt, aber schwer von Geschichten war sein Leben. Vielleicht können wir einen Lebensdank sagen für alle Geschichten des Gelingens im Leben von Gunter Otto. Ich meine nicht so sehr die vordergründigen Erfolge. Mit ottonischer Ironie sei davon einiges genannt: Er hat studiert ohne richtiges Abitur; er wurde Professor ohne die Ochsentouren von Promotion und Habilitation. Er, der heute kaum ein Berufungsverfahren überstehen würde, hatte Rufe nach Heidelberg, Göttingen, Siegen, Köln, und er war Ehrendoktor in Marburg. Otto war viel zu genussfähig, um sich darüber nicht zu freuen. Aber dies zählt nicht in dieser Stunde. Ich denke an die anderen Geschichten: Er und sein Bruder waren Luftwaffenhelfer, Soldaten, in Gefangenschaft, sie sind entronnen und waren seit jener Zeit »in der Wolle gefärbte Zivilisten«, wie Gert Otto dies nennt. Er hat geliebt, er hat Kinder, er hat Enkelkinder. Er war lange Zeit ein kranker Mensch und doch ein starker Mensch – schwer von Geschichten. Und er ist gestorben – nicht sehr alt und nicht lebenssatt. Vielleicht hat ihn am Ende seine Schwäche einsamer als nötig gemacht: seine Angst davor, Haltung zu verlieren; seine Angst davor, bedürftig zu erscheinen; seine Unfähigkeit, sich gehen zu lassen. Preuße zu sein, ist nicht nur ein Vorteil.

Lieber Gert Otto, mit Respekt erwähne ich Sie, den Zwilling, und Ihren Schmerz. Ich will ihn ehren mit einer kleinen Geschichte, die Gunter zu Ihrem 60. Geburtstag aufgeschrieben hat: »Die Mutter von Gert und Gunter erzählt, wenn einer, Gert oder Gunter, vor dem großen Spiegel am Kleiderschrank gestanden sei, habe er mit dem Finger auf das Spiegelbild gezeigt und gesagt: ›Brüderchen‹. Weil G. auch G. ist, lastet auf seinen Anmerkungen zu G. ein für die Kindheit von G. nachträglich nicht mehr lösbares Problem. G. kann nicht immer zwischen G. und G. trennen – nicht nur im Blick auf damals.«

Ich habe gesagt, was man sagen kann. Aber dieser Gottesdienst sagt in seinen Liedern und Gebeten auch immer das Unsägliche: Wir empfehlen Gunter Otto – sein Leben und seinen Tod – der Gnade Gottes. Lassen Sie uns nicht buchhalterisch sein in dieser Stunde der Trauer und des Abschieds! Wir nennen Gott, das Unmöglichste und das Weitreichendste, was man sagen kann. Mit diesem Wort schnellen wir aus unserer Sprache und sagen, was wir nicht verantworten können und was unerlässlich ist. Gott hat die Ewigkeit in das Herz dieses Menschen gelegt. Und er allein wird seine Sehnsucht stillen können.

Fulbert Steffensky

Die Träume sind unendlich – die Träumer aber sind endlich!

Andacht zum 75. Geburtstag von Prof. Hans-Eckhard Bahr

Lieber Eckhard, wir, die Freunde aus Deiner Generation, sind alle Menschen mit Narben – im Sinne des Wortes: Wir haben unsere Bypässe, unsere Herzinfarkte, und unsere anderen Krankheiten. Unveränderliche Kennzeichen: unsere Narben. Wir haben die Narben nicht nur an unserem Leib, wir haben auch vernarbte Seelen. Etwas ist noch nicht vernarbt, etwas ist unsere ewig offene Wunde, das ist die Erinnerung an unsere eigenen Träume. Wir haben den Krieg erlebt und sind davongekommen. Und wir Entronnenen haben, nachdem wir der Benommenheit der Nachkriegszeit entkommen waren, angefangen zu träumen. Wir haben an den bösen Zeiten gelernt, was nie mehr sein sollte: Nie mehr wollten wir eine Waffe in die Hand nehmen. Nie mehr sollte das Recht verletzt werden, wie es in jenen Zeiten geschehen ist. Nie mehr wollten wir irgendjemandem blind gehorchen. Ein Traum entzündete sich am anderen. Wir hatten ein Stück Ewigkeit im Herzen, und unsere Träume waren unendlich.

Wir waren nicht allein. Die Zeiten waren jung, und wir waren jung, so schien uns nichts unmöglich. Unmöglich schienen uns die, die die Unmöglichkeit behaupteten. Wie haben wir gegen den anthropologischen Pessimismus in der Theologie gewettert! Die Pessimisten waren unsere Feinde und gelegentlich auch die Realisten. Und gelegentlich wurden wir eines Schlechteren belehrt. Wir haben gearbeitet. Unsere Arbeit war nicht immer vergeblich. Wir stehen nicht mit leeren Händen da. Wir haben an einer anderen Kirche gearbeitet, an anderen Schulen und an anderen Universitäten, anders wurden die Väter und Mütter, die Lehrerinnen und die Richter. Wir haben gearbeitet und uns durch unsere Erfolge gerechtfertigt. Ich bin stolz darauf, mit geringer Kraft am bescheidenen Ort in jenen Zeiten dabei gewesen zu sein. Wir waren unbeirrbar, und wir hatten unsere speziellen Irrtümer. Ich sage das mit Heiterkeit und ohne Zerknirschung. Wer nicht irrtumsfähig ist, ist auch nicht wahrheitsfähig. Wir konnten Widersprüche nur schwer erkennen und dulden. Wir haben gemeint, wir hätten schon Recht, weil wir mit unseren Träumen auf der richtigen Seite standen, auf der Seite des Friedens und der Gerechtigkeit. Die großen Träume machen gelegentlich die eigenen Irrtümer unsichtbar. Wir haben nicht mit Niederlagen gerechnet. Unsere Träume waren unendlich, leider waren wir selber endlich und fehlbar.

Jetzt sind wir alt, wir sind 75 und 73 und 70. Noch halten wir den einen oder anderen Vortrag. Aber es reicht nicht mehr dazu, dass wir mit unserer Stärke unser Leben rechtfertigen. Und das ist vielleicht das Beste, was wir haben und was wir gelernt haben: Wir können uns nicht mehr durch uns selber rechtfertigen. Es ist nicht ganz leicht zu sehen, dass man nicht mehr unbedingt erforderlich und nicht mehr unentbehrlich ist. Aber es ist zugleich das Ende der Verbissenheit. Wir müssen nicht mehr Lebensmeister sein, weder die eigenen noch die der anderen. Es kommen andere nach uns. »Geschlagen ziehen wir nach Haus, unsere Enkel fechten's besser aus.« Ob sie es besser ausfechten, ist noch nicht ausgemacht. Auf jeden Fall ist es für uns Alten nicht ganz leicht, sich gegen das Misstrauen gegen die Nachfolger in der Arbeit zu wappnen, gegen die böse Vermutung, sie könnten vielleicht doch nicht so gut sein, wie wir selber waren. In diesem Misstrauen steckt vielleicht noch ein Rest Glaube an unsere eigene Unentbehrlichkeit. Wenn man Böll zu etwas haben wollte und wenn man zu ihm gesagt hat, seine Anwesenheit sei unentbehrlich, hat er geantwortet: »Der Friedhof liegt voll von Leuten, die unentbehrlich waren.« Wir können leichter leben, wenn wir einsehen, dass wir entbehrlich sind. Wir sind ein Glied in der Kette, wir müssen nicht die Kette sein. Eines haben wir noch: unseren Traum davon, dass es anders sein könnte, als es ist. Von den Ideen, die wir hatten, kommen wir so leicht nicht los. Wir können Jerusalem nicht vergessen. Das ist vielleicht die letzte Ehre und die letzte Schönheit von uns Alten. Wir brauchen das Land nicht zu vergessen, in dem die Waffen zu Pflugscharen umgeschmiedet sind; in dem das Lamm mit dem Löwen weidet und aus dem die Seufzer geflohen sind. Das ist unsere letzte Würde, und es ist unser letzter Schmerz. Unser Traum ist die nicht vernarbende Wunde. Sie schmerzt um so mehr, je weniger wir Jerusalem vergessen und jenes Land, in dem das Recht aufgerichtet ist und aus dem die Seufzer geflohen sind. Dieser Traum ist die Ewigkeit, die Gott in unsere Herzen gegeben hat.

Am Ende unserer Arbeit und am Ende unseres Lebens steht der Name Gottes. Wir wissen nicht genau, was wir sagen, wenn wir ihn nennen. Alt werden heißt erkennen, dass wir nicht genug sind – nicht genug, die Welt zu retten und das Leben zu wärmen. Wir Einzelnen und wir alle zusammen sind nicht genug, die Stadt zu bauen, in der der Tod entmachtet ist. Der Name Gottes ist unsere große Erleichterung: Wir müssen nicht genug sein. Die Last der Welt liegt nicht auf unseren Schultern. Wir können in Heiterkeit Fragment sein. Das gibt unserem Leben Spiel, dass wir selber nicht alles sein müssen. Der Gedanke, dass wir an Gott genesen und dass niemand an unserem Wesen genesen muss, macht uns erträglich für uns selber und für die anderen. Wir können die Arbeit aus den Händen legen, nachdem wir unseren Teil getan haben, gut oder schlecht – wir müssen darüber nicht urteilen. Vielleicht ist das die letzte große Kunst, die wir zu lernen haben, dass wir das Urteil über uns selbst nicht fällen. Wir sind, die wir sind am Ende unseres Lebens. Wir brauchen uns nicht zu loben, wir brauchen uns nicht zu verdammen. Wir sind vor den Augen der Güte, die wir sind. Unsere Frist ist bald abgelaufen. Bis dahin aber werden wir weiter träumen. Und wir werden das wundervolle Altersprivileg genießen, dass niemand mehr uns ganz für voll nimmt, nicht einmal wir uns selber. Lasst uns in Heiterkeit diese Narrenfreiheit genießen!

Verzeichnis der Bibelstellen*

* Fett gedruckte Bibelstellen beziehen sich jeweils auf die gesamte Predigt.

Bibliografische Information der Deutschen Bibliothek
Die Deutsche Bibliothek verzeichnet diese Publikation in der Deutschen Nationalbibliografie; detaillierte bibliografische Daten sind im Internet über http:// dnb.ddb.de abrufbar

Kreuz Verlag, Stuttgart
in der Verlagsgruppe Dornier GmbH
Postfach 80 06 69, 70506 Stuttgart

www.kreuzverlag.de
www.verlagsgruppe-dornier.de

Umschlagbild: © Miguel S. Salmeron / Getty Images
Foto Sölle: © Brigitte Friedrich, Köln
Umschlaggestaltung: Bergmoser + Höller Agentur, Aachen
Satz: de·te·pe, Aalen
Druck: GGP Media GmbH, Pößneck

ISBN 3-7831-2522-7